ヨットの乗り方は、どうやって覚えたらいいのでしょうか？　ヨット黎明期の日本では、丁稚奉公のようにして既存のヨットのクルーになり、イロハを学ぶというのが一般的な入門方法でした。しかし今では、小型船舶操縦士の免許を取ってヨットを購入し、最初からオーナー&スキッパー（艇長）としてヨットを始める人も少なくありません。

ところが、小型船舶操縦士の免許教室ではモーターボートの乗り方ばかりで、ヨットのことはまったく教えてくれないというのが実情です。結局、ヨットのイロハは自己流で覚えていくことになります。

本書は、そうしたビギナー・スキッパーを中心に、ある程度経験を積まれた人でも「いまさら人には聞けない」というような基本的なポイントをおさえて話を進めていこうと思います。

モデルは、プロセーラーの伊藝徳雄さんと、大学生セーラーの茂木春菜さんのお二人です。彼らと一緒に、楽しくヨットを学んでいきましょう。

目次 CONTENTS

ようこそヨットの世界へ

一言でヨットといっても、いろいろな種類がある。最初に、ヨットの種類と、その特徴をみてみよう。

ヨットとモーターボート

世の中にはあらゆる種類の船がある。貨物船やタンカーなどの一般商船や漁船、軍艦、巡視艇と用途によって形も大きさも様々だが、中でも個人が遊びに用いる船をすべてひっくるめてプレジャーボートと呼んでいる。

プレジャーボートの中でも推進方法にエンジンを用いるものを「モーターボート」、櫓や櫂で漕ぐのは「ローボート」。セール(帆)を持ち、風の力で走ることができる船を「セールボート」と呼び分けている。

ボートというと一般には小さな船の事を指し、大型のモーターボートの事を「ヨット」と呼ぶこともある。しかし、一般的にはセールボートの事を「ヨット」と呼ぶことが多い。本書でヨットといえばセールボートの事を指し、ヨットで走る事をセーリング、ヨットの乗り手はセーラーと呼ぶ。

セーラー達はセールボートのことを単にボートと呼ぶこともあり、このあたりの呼び分けはかなり曖昧で、同じヨットでも、大きさや用途でいくつかに呼び分けられている。ちょっとややこしいのでまとめてみてみよう。

モーターボートの中でも、小型でクルクル走り回るタイプをランナバウトと呼んでいる。その多くはキャビンなし、あるいはごく小さいキャビンしか持たない。釣り、水上スキー等の引き物系と、多用途だ

キャビンを備えたモーターボートを、モータークルーザーという。中でもスポーツフィッシングに特化したものが、スポーツフィッシャーマン(写真)。釣りのポイントまで素早く移動できるよう、大型エンジンを備えて足(スピード)が速い

のんびり、ゆったりとしたクルージング生活を楽しめるよう、広いキャビンをそなえたタイプをトローラーと呼ぶ。本来はトロール漁船という意味なのだろうが、こちらは釣りよりも生活重視という感じ

超大型モーターボートというか、小型客船のような個人用の船をメガヨットと呼ぶ。日本にも、ごくわずかながら存在する。これが英語本来の「ヨット」なのだが、日本でヨットというと帆のある小船をいう

セーリングディンギー

セールボートの中でもオープンタイプでキャビンはなく、バラストキールもないので乗員の体重移動によって転覆しないように操船するボートを、セーリングディンギーという。

バラストキールがないということは、操作を誤れば簡単に転覆する。これを沈(ちん)といい、セーリングディンギーでは珍しいことではない。「沈起こし」をして、再帆走できる艇種がほとんどだ。

セーリングディンギーの中にもさまざまな艇種があり、艇種ごとにヨットレースも行われている。

ディンギー(dinghy)とは本来「小舟」の意味だが、手漕ぎ、あるいは小型の船外機が付き、足船に用いられるものはテンダーと呼ばれ、単にディンギーというとセーリングディンギーを指す場合が多い。

1本マストで、マスト前後にセールを持つスループリグの470級。2人乗りでオリンピック種目にもなっており、日本では学生ヨット競技でも採用されている日本の代表的艇種だ

同じ1本マストでもセールが1枚のキャットリグと呼ばれるタイプのレーザー級。こちらもオリンピックで用いられる1人乗りディンギーだ。自動車の屋根に積んで運搬できることから、カートップディンギーとも呼ばれる

船体(ハル)が2つあるカタマランタイプのディンギー、ホビーキャット。幅が広い分復原力が高いため、より大きなセールを用いることができ、スピードも速い。エキサイティングなセーリングを楽しめる

キールボート

セールボートの中でもバラストキールを持ち、転覆しにくくなっているものをキールボートという。

キャビンの付いている外洋ヨットはみなバラストキールが付いているのでキールボートなのだが、キャビンがなく、外洋を走ることはできないようなヨットでもバラストキールが付いているものもある。そこで、キールボートという呼び方が必要になる。

アメリカズカップで用いられる国際アメリカズカップ級(International America's Cup Class)も、全長24メートルと巨大で、バラストキールが付いてはいるが、キャビンはないので外洋ヨットとは呼べない。キールボートに属する大型のセーリングボートということになる。

外洋ヨットでも、スポーティーなもの(J/24クラスなど)はキールボートと呼ばれることもある。

1932年からオリンピック種目として採用されているスター級も、バラストキールを持つディンギー(キールボート)だ。他にもドラゴン級、ソリング級、イングリング級などがバラストキールを持つ

上：現在の外洋ヨットの多くは強化プラスチック（FRP）製だが、古くは木造艇が多かった。今でもこのようなクラシックなスタイルを好むセーラーは多い
左：今回、モデル艇として写真に出てくるのはジャノー・サンファスト26（全長7.63m）。2人で十分に扱え、居住性も良く、クルージングも、そしてたまにはレースも楽しめる快速艇だ

外洋ヨットに乗ろう

本書で取り上げているのは、バラストキールを持ち、キャビンなど外洋航海に耐えうる装備を持った外洋ヨットだ。

キャビンを持つモーターボートがモータークルーザーなら、こちらはセーリングクルーザーという。通常クルーザーというとセーリングクルーザーを指す場合が多い。

セーリングクルーザーにもさまざまな帆装（リグ）がある。1本マストでマストの前後に三角帆を持つマルコニーリグド・スループが最も標準的で、簡単にスループリグと呼ばれる。

同じスループリグでも、ヘッドステイの付け根がマストトップまであるマストヘッドリグや、中間までしかないフラクショナルリグ（中間リグ、ミドルリグともいう）。ヘッドステイの内側にもステイがあり、そこにもセールを展開するカッターリグなど、バリ

最近のクルーザー／レーサー。こちらはヘッドステイがマストヘッドまで伸びているマストヘッドリグ艇

最も多く見られるのが、レースでもクルージングでも遊べるクルーザー／レーサーと呼ばれるタイプ。写真は36ftのシドニー36CR

レースで用いることに特化した外洋レーサー。全長52ftのトランスパック52クラスは、ヨーロッパで人気の純レーサーだ

エーションは多様だ。また、船が大きくなるとセールの面積も大きくなって取り扱いが大変になるため、2本マストとして一つ一つのセールの大きさを押さえるようにしたリグ（ケッチ、ヨール）もある。

ヨットのサイズは主に全長で表し、それもft（フィート）単位で表現されることも多い。小さいものなら18ft（約5.5m）あたりからあり、30ft（約9m）以下なら小型艇、40ft（約12m）以上になると大型艇、その中間を中型艇と大きく呼び分けている。

また、艤装などがヨットレースに特化したレーサー（外洋レーサー）や、逆にクルージングに特化したクルージングヨット、あるいはその中間のものをクルーザー／レーサー、あるいはレーサー／クルーザーなどと呼び、用途に合わせてさまざまな艇種が存在する。

船体は強化プラスチック（FRP）のものが標準的となっており、同じ型を使って建造される量産艇（プロダクションボート）がほとんどだが、中にはオーナーの好みに合わせて一艇づつ設計建造されるワンオフ艇もある。

ヨットでどんな遊びがしたいのか？ 技術や経験、予算によってサイズも決まってくる。大きなヨットほど外洋での堪航性は良くなるといえるが、慣れないうちは取り回しが大変だ。特に狭い港内では、小型艇の方が扱いが楽になる。

クイック・リファレンス

外洋ヨットを乗りこなすために、覚えなくてはならないことは多い。
ヨットは単純な乗り物なのだが、単純がゆえに一つ一つを見ていくとけっこう複雑……。
本書は、必ずしも前から読み進む必要はない。分かりにくい部分は読み飛ばし、先に進んでかまわない。
このページでは、全体の流れをざっと見ていただきたい。

1. 艤装

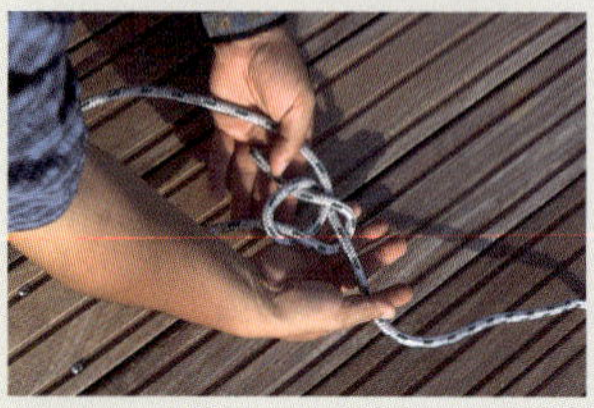

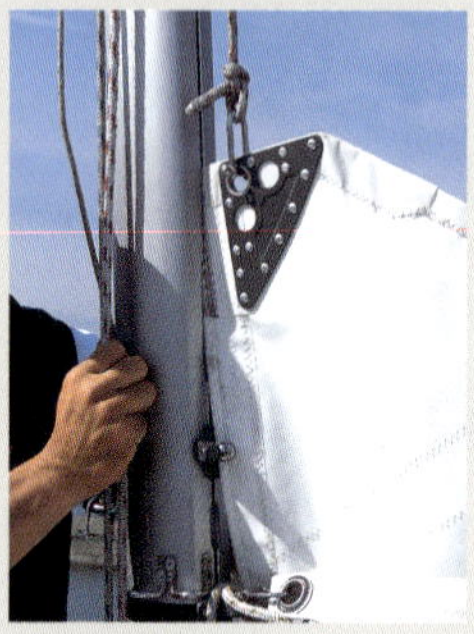

艤装
波がないマリーナ内で、船が揺れないうちにメインセールやロープ類をセットしておこう(20ページ)

2. 離岸

エンジンをかけて、いざ離岸。港内は最微速(デッドスロー)で走ろう(70ページ~)

3. セールアップ

マリーナを出たら、波の小さい内水面でメインセールを揚げよう(58ページ)

4. セーリング

いよいよセーリング。風の吹く方向をよく考えてタッキング(96ページ)、ジャイビング(118ページ)。より効率のよい走り方(106ページ)も必要になるし、強風下の走り(142ページ)もまた難しい。天候にも注意が必要だ(124ページ)

5. セールダウン

セーリングが終わったら、機走に移る。メインセールは揚げたまま、機帆走でマリーナを目指そう。最後はメインセールも降ろし、デッドスローで入港だ(62、68ページ)

6. 着岸

そして着岸。もしかしたらこれが一番緊張するかも。コツさえつかめば、そして小型艇なら、恐るるにたらずだ(70、73ページ)

7. 解装

各部に付いた海水を真水で洗い流し、デッキを片づけ。次回も気持ちよくヨットに乗れるよう、日頃の手入れも重要だ(69ページ)

第 1 章

ヨットに乗る

まずは、なにはともあれ、ヨットに乗ってみよう。そこからすべては始まるのだ。

ヘルムスマンへの第一歩

ティラー(舵棒)とラダー(舵)

ヨットにはさまざまなロープが付いていて、ちょっとおじけづいてしまうかもしれない。しかし難しいことは後回し。まずは舵を持ってみよう。

ヨットの針路は、ラダー(舵)を使って調整する。ラダーは、いくつかの重要な役目を担っているが、その一つが真っ直ぐ走ることだ。「舵を持つ」と簡単に言うが、実際には、舵を動かすための“ティラー(舵棒)”を操作することになる(写真左)。ティラーはラダーシャフト(舵軸)を介してラダーにつながっている。つまり、ティラーを動かすことによって、その動きは直接ラダーに伝わるというわけだ。

ラダーが角度を持つことによって、水面下の水流の流れが変わり、船はその向きを変える。水流が速いほど、つまり艇速が出ている時ほど舵利きはよくなる。低速時は舵利きも悪くなる。

上:これがティラー(舵棒)だ。写真右端の部分がラダーシャフト(舵軸)につながっており、船底部に出ているラダーブレード(舵板)を操作する
右:船底部にあるラダーブレード。この向きが変わることにより、ヨットが回頭していく

ヨットが走ることによって、ラダーには水流が当たる。ラダーの角度を変えれば水流も曲がり、そこから揚力(88ページ)が発生、それに連られてヨットの針路が曲がる。厳密に言えば、船首が回るのではなく、船尾が振れると言った方がいいのかもしれない。自動車はハンドルを切ると前輪が動いて舵を切るが、ヨットでは後輪で舵を切っている感覚だ。

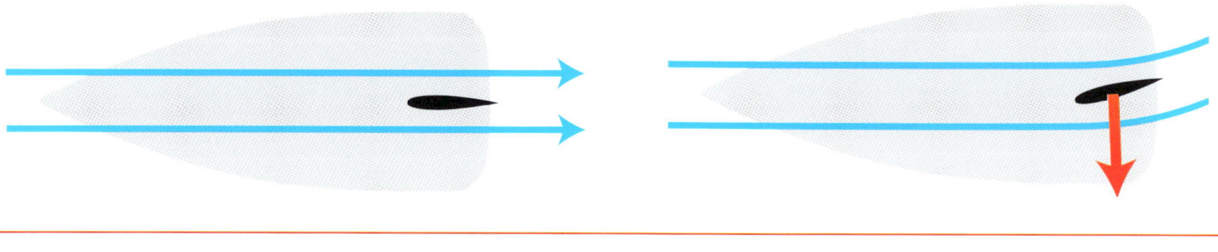

ヘルムスマンは意外と簡単

ティラー操作を行う人を「ヘルムスマン」と呼んでいる。ティラー操作そのものをヘルム、あるいはヘルムを取る、などという。

ヘルムスマンは、原則として風上側に座る。ヨットの上では、風上、風下がどちら側にあたるのかは重要だ。常に意識していよう。慣れれば、無意識のうちにも、どちらが風上か風下かを感じることができるようになる。キャビンの中にいても、だ。

さて、風上に座ったヘルムスマンが舵を引くと、船は風下側にコースを変える。舵を押すと船は風上側にコースを変える。文章にするとややこしいが、実際にやってみればすぐに納得できるだろう。

ただし、ヨットを真っ直ぐ走らせるのはなかなか難しいかもしれない。

船の反応はやや鈍い。舵を切ってからワンテンポ遅れて船は回頭を始め、舵を戻し始めてからワンテンポ遅れて回頭が止まる。したがって、針路を一定に保つコツは、「早めに舵を切って、早めに戻す」こと。ティラーを大きく動かさずに、小刻みに、何度かに分けて操作してみよう。ちょっとの動作でも、ラダーが水を切る手応えがじかに伝わってくるだろう。

慣れるにしたがって、舵を切る回数を減らしていくようにする。大きく舵を切ってしまうと、それを修正するにも大きな舵角が必要になり、結果として、船は蛇行しやすくなる。

小さな舵角で数多く切る。慣れてきたら舵を切る回数を減らしていく。最終的には、たまに軽く「舵を当てる」感覚で、ヨットは直進するようになる。

まずは、ティラーを持ってみよう。すべてはそこから始まる。

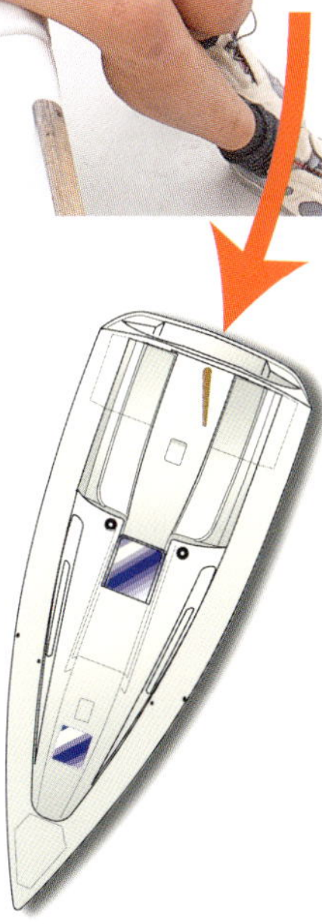

舵を切った方向と逆に船は回頭する。切った側に船尾が振れると考えてもいい。このあたりは理屈ではなく慣れだ。舵の動きと船の動きを体に覚え込ませよう。時間はそれほどかからないはずだ

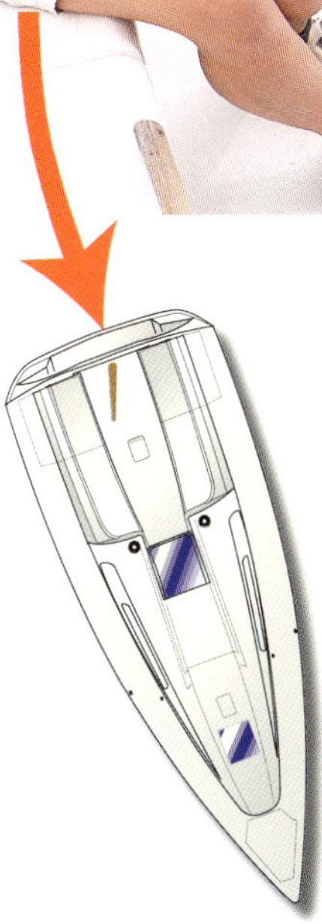

目標を見つけて走る

真っ直ぐ走るといっても、道路と違って広い海の上では目標を見つけにくい。

最初は、陸地にある何かを目安にして真っ直ぐ走ってみよう。実際の航海では灯台に向かって走ることが多いが、ここでは山の頂でもいい。目立つビルでも煙突でもいい。

ここで注意したいのは、ヘルムスマンは常に船の中心にいるわけではないということ。つまり、正しく目標に向かうには、ヘルムスマンとステム（舳先）を結んだ線に目標を置くというわけではない（右図）。ヘルムスマンの目線は、船の中心線と平行に延ばした直線上に置く。そこに目標を定め、真っ直ぐ走っていこう。

もちろん、海の上では前方に目標となる陸地がない場合も多い。水平線がただ広がるのみ、あるいは真っ暗闇の夜に走ることだってある。そんな時には、コンパス（方位磁石、羅針盤）を頼りにして走ることになる。

コンパスの数字が常に一定になるように舵を取ることにより、前方に目標がなくても目的地へ向けて真っ直ぐ走ることができるわけだが、手元のコンパスばかり見ていてもなかなかうまくいかない。なるべく遠くに、なんらかの目標を見つけてみよう。そこには、雲や波（つまり海面）、あるいは漁船や海鳥だっているかもしれない。なんとなく目標はつかめるはずだ。もちろん、それらは時間と共に移動していってしまう。たまにコンパスに目を落とし、コースがずれていないか確認しつつ、前方を見ながら走ってみよう。コンパスのみを凝視しているよりも、ずっと楽に針路を維持できるはずだ。

ここではまず、真っ直ぐ走ること。それがヘルムスマンの基本技術となる。

目線は船体中央線に平行になるように。ヘルムスマンは船の中央に座っているわけではない。時には舷側いっぱいに座っていたりする。舳先との延長線上に目標を置くのではないことに注意しよう

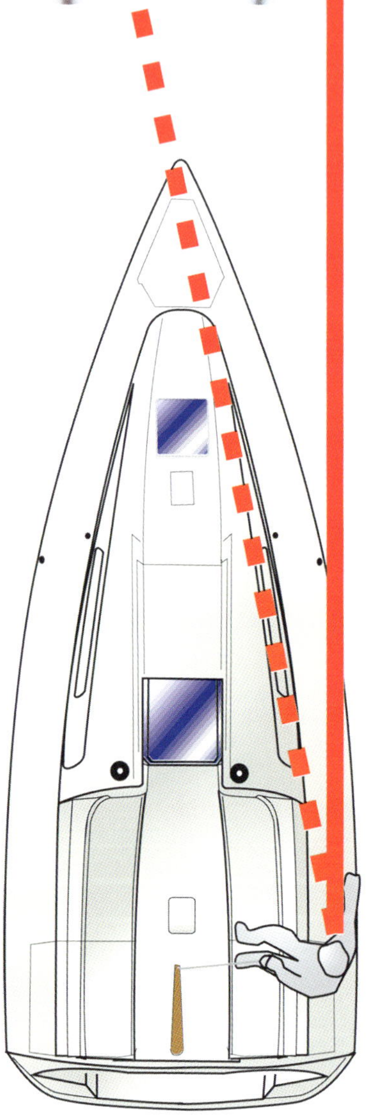

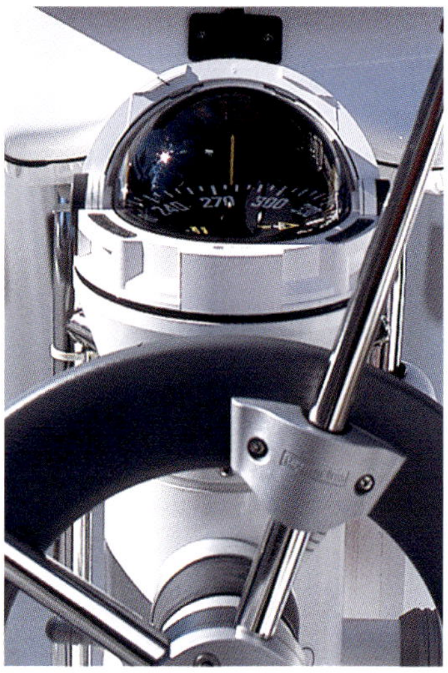

陸地の目標がない場合は、コンパスを頼りにして走る。まさに羅針盤だ。GPSの時代でも、やはり最後に頼りになるのはコンパスなのだ

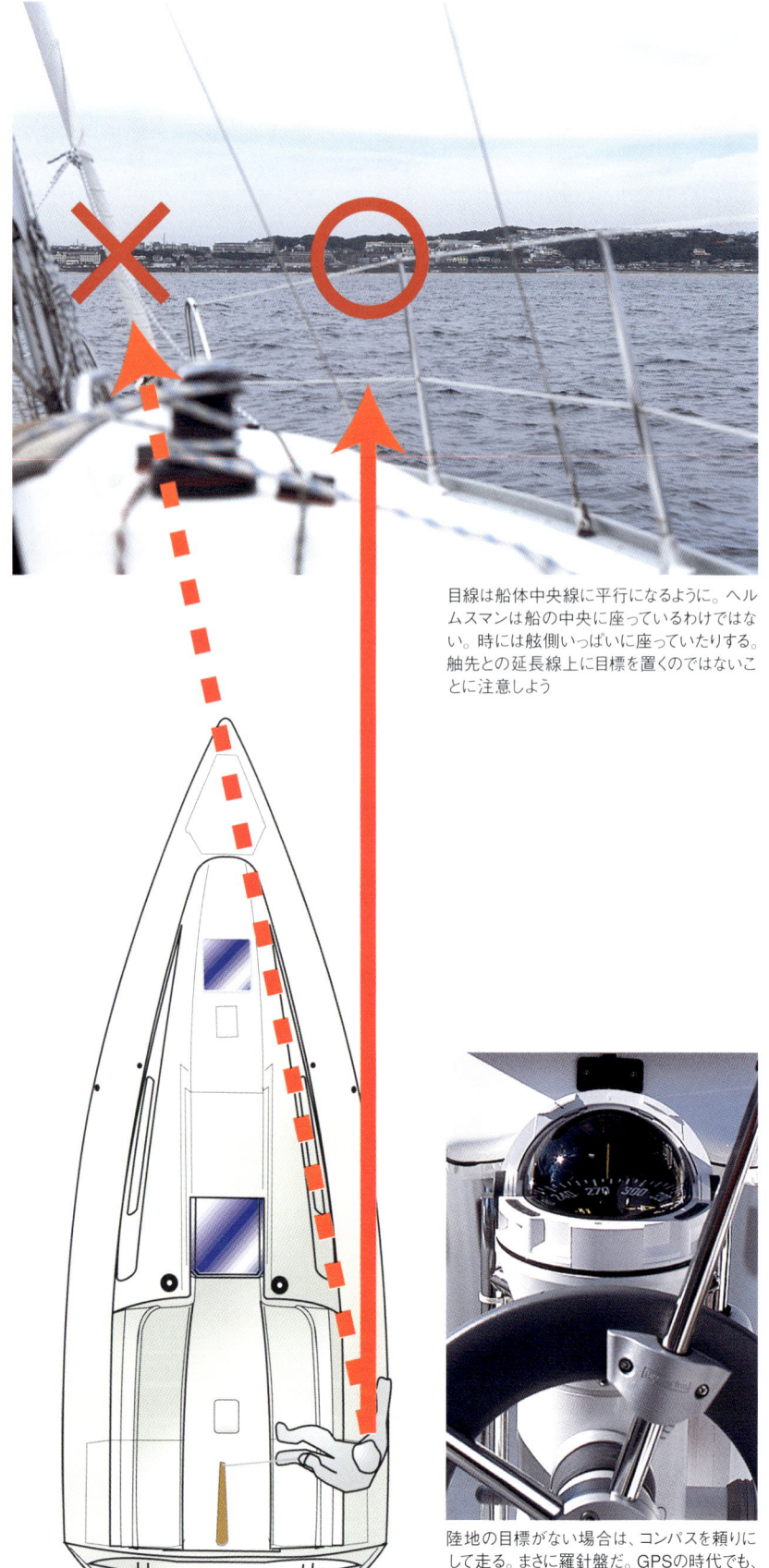

針路の変更

真っ直ぐ走れるようになったら、次は針路の変更だ。舵のもう一つの役目が、コースを変えること。これを変針という。陸上と違い、海の上では道路もなければセンターラインもない。自動車のコーナーリングとはだいぶ雰囲気が違ってくる。実際の針路変更では、「200度から240度へ変針」というように、次の針路が指示されるわけだ。次の針路へ向けて舵を切っていこう。

ここでもポイントは、あまり大きく舵を切らないこと。小さな舵角で船を回し、目指す針路に達する前に舵を戻す。舵を戻しても、惰性で回頭し続けるはずだ。足りなければまた少し舵を切り、早めに舵を戻す。何段階かに分けて回す感じで良い。

直進するときと同じく、小さな舵角で早めに舵を戻す。足りなければ、また小さく舵を切り、そして早めに戻す。大きく舵を切りすぎて戻すのが遅れると、目指すコースを行き過ぎてしまうので注意しよう。

以上、直進と変針はうまくできるようになっただろうか。

穏やかな海面なら、意外に簡単にコツをつかめるようになるはず。しかし、波が出てきたり風が強かったりすると、グッと難しくなる。そのあたりのコツは、セーリングの項目で詳しく説明していくことにしよう。

ヨットは奥深い。だからヨットは面白い。しかし、難しいことを考える前に、舵を持ってみよう。そして海に出よう。習うより慣れよだ。

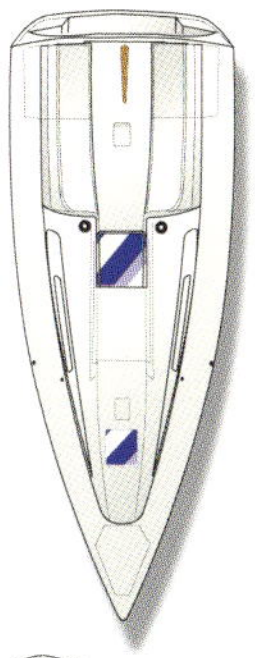

舵を切ると船は回り始める

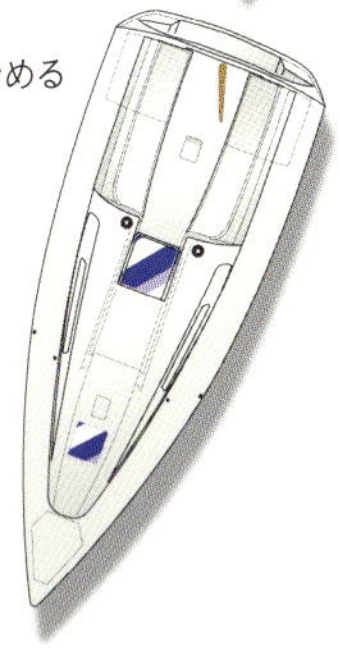

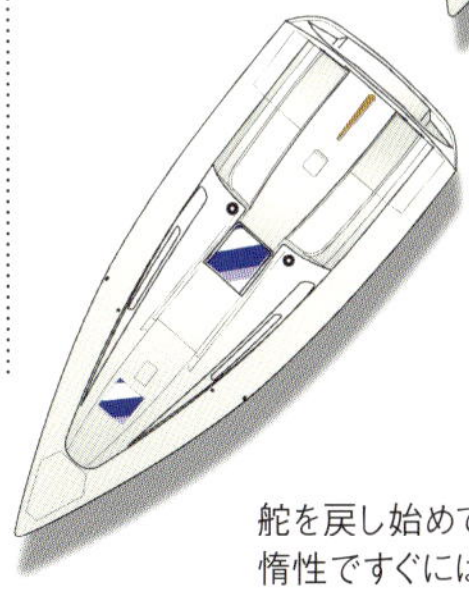

舵を戻し始めても、
惰性ですぐには回頭は止まらない

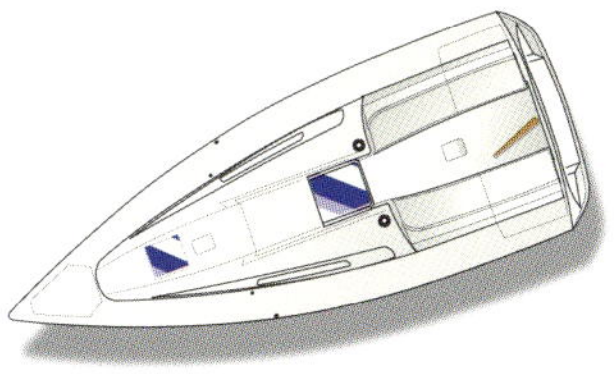

目標まで回り切っていなければ再び舵を切る

ここでも早めに舵を戻し、目標ラインに載せる

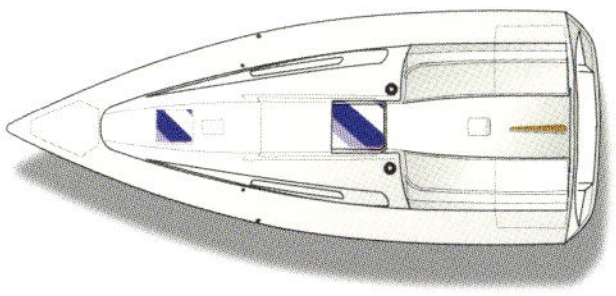

舵輪（ラット）もあるぞ

舵の操作は、本文に挙げたティラーのほかに、ラット（ホイールとも呼ばれる）で行う船もある。操作は自動車のハンドルと同じ。ラットを回すとギアやコードラント、ワイヤなどを介してラダーが動く仕組みになっている。

船のサイズが大きくなると、ラダーと直結しているティラーでは操作が重くなってしまう。ラットにすることによって、より軽く操作できるようになるのだ。

その他、ラットの利点は、場所を取らない、立っても座っても様々な姿勢を取れるなどがあるが、逆に舵の操作量が多くなったり、舵の中立が分かりにくい、あるいは微妙な感触が伝わりにくいといったデメリットもある。

一方ティラーは、シンプルな構造や、ティラーエクステンションを併用しての操作範囲の広さなど、メリットも多い。

ラットとティラーの一番の違いは、切る方向が感覚的に違うということ。たとえば、風上に座っているとして、船首を風下に回頭させるには、ティラーは引くがラットでは押す（風下側に回す）ことになる。

ヨットは基本的に僅かに風上へ回頭しようとしている。つまり、ティラーだと常に引いている状態になる。

対してラットの場合、押す動作というのは力が入れにくい。そこで、風下側に座ることによって、ラットを引く感じになり、操船しやすくなる。いずれにしても、楽な姿勢を見つけて乗ってみよう。

ヨットに慣れる

デコボコデッキでリラックス

ヨットのデッキにはデコボコがある。これはむやみに出っ張らせたり、へこませたりしているのではない。動きやすく、くつろぎやすい体勢を取れるように工夫されたデコボコなのだ。

係留中はもちろんだが、ヨットは走りだすと揺れたり傾いたりする。そうしたあらゆる状況で、楽に乗船姿勢を取れるように考えて、窪ませたり傾斜させたりカーブが付けられていたりする。乗り手は、状況に合わせてこのデコボコをうまく利用するわけだ。

艇種によってデコボコ具合もさまざまだ。自艇のデコボコをうまく利用して、居心地の良い安定したポジションをとれるよう工夫しよう。

簡単なようでいてこれが案外経験と慣れを要する。船によっても違ってくるので、ここで簡単に教えることはできない。各自の動物的な勘と冴えに期待したい。

左上：ティラーエクステンションを使って舷側で舵を取る
右上：ティラーを直接持ってデッキに座る
左：あるいは、狭い港内などでは、このように立って舵を持つ場合もある。本文では、「ヘルムスマンは風上に座り……」とあるが、もちろん状況次第では風下側に座ってもいい。安全かつリラックスできるポジションを捜そう

乗り降りのコツ

意外と初心者が苦労するのが、ヨットへの乗り降り。特に女性や体の小さな人は、アタフタしてしまうことが多い。

コツは、まずライフラインの外側に両足で立つこと。乗る時も、降りる時も同様だ。なんとなくライフラインの外側に完全に体を出してしまうのは不安になるかもしれない。しかし、ライフラインをまたいで一気に降りる、あるいは乗ろうとすると股が裂けるぞ。ここは落ち着いて一度ライフラインの外側に両足で立ってみよう。ライフラインはやや頼りないので、マストを支えているサイドステイをつかめば体も安定する(写真右)。

ヨットの前後は細くなっている。つまり、栈橋から遠くなる。したがって、乗り降りはヨット中央部の一番膨らんでいるあたりがいい。サイドステイもちょうどこの辺にある。

サイドステイをつかむといい

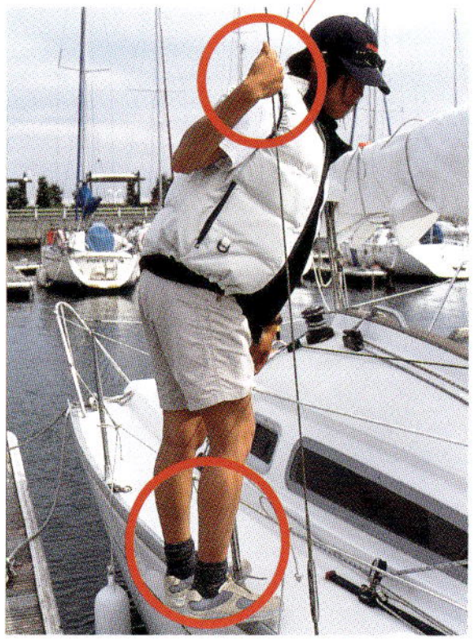

まず両足をライフラインの外に置く

改めてライフラインをまたぐ

最初に小言も聞いてくれ！

海をあなどるな

第一章では「とりあえず乗ってみる」ことにしたが、ここで最も注意しなくてはならないのが落水だ。

ヨットがいきなり沈んでしまうという事故はまれだ。まれにはあるが、基本的にヨットは安全な乗り物だと言える。しかし、不注意による落水、つまりヨットから海に落ちてしまうという事故は少なからず起きている。

映画やドラマでは、簡単に泳いで船まで帰り着いたりしているが、現実には落水から死に至るケースが多いのだ。

落水事故の場合、亡くなった落水者ばかりか、残された人にとっても捜索から海難審判に至る道義的、法的責任、あるいは精神的ショックと、その負担は計り知れないくらい大きい。

あっさり助かって笑い話で終わるのか、シリアスな海難事故となってしまうのか、紙一重なのが落水だ。

まず、自分自身で十分な注意を払って落水しないように気を付けること。しかし、どんなに注意していても落ちる時は落ちる。事故というのは、そういうものだ。

そこでライフジャケットだ。

現時点で法的規制はないものの、常時ライフジャケット着用はもはや常識になりつつある。

動きやすい物を選ぼう

ライフジャケットの概念には大きく分けて2つあると考えよう。

一つは、船が沈む時に慌てて着用するタイプのもの。母船は沈み、人は海のまっただ中に投げ出され、助けはいつ来るか分からない。そのため、ライフジャケットには大きな浮力が必要になる。映画「タイタニック」でも出てきた、いわゆる救命胴衣だ。

これに対して、ヨットの上では、船が沈みそうになる前から、つまり普段からライフジャケットを着用することになる。ライフジャケットを着たまま操船したり食事をとったりするわけだから、動きやすいものでなければならない。

一般的に、浮力が大きい物ほど着用時は動きにくい。法定備品として船に備わっている救命胴衣は沈没用と考えて、それとは別に、常時着用に耐える動きやすいライフジャケット（欧米ではその他様々な浮力を有するものを合わせてPFD“Personal Flotation Device”とも呼ばれている）を各自で用意したい。この本で、女性モデルが着ている白いベストもPFDのひとつだ。

右は膨張式のライフジャケット。軽量でかさばらず、慣れれば着ているのを忘れるくらいだ。左は落水防止用のセーフティーハーネス

落ちないために

さて、いくらライフジャケットを着けていても、夜中の海に落水したらまず見つけることができない。昼間でも波が高く視界の悪い海面では、すぐに見失ってしまうだろう。おまけに小人数の操船で、落水者に近づき、引っぱり揚げる作業は困難を極めるだろう。

そこで、セーフティーハーネスだ。

セーフティーハーネスで体をヨットにつないでおけば、大波にさらわれることもない。落水そのものを防ぐというわけだ。

ただし、動きが制限されることも確か。状況に合わせて使用しよう。

ライフジャケットとセーフティーハーネスを一体化した物も市販されている。詳しくは項を改めてタップリと解説したい。それほど、重要なことなのだ。

——海をなめてはいけない。時に恐ろしいものと心しよう。

第一章では、ヨットのエンジンともいえるセールの存在をすっ飛ばして解説したが、言いたいことは、「何はともあれ、ライフジャケットを着けて、ヨットに乗ってみよう」ということだ。

第２章

風向とヨットとの関係

ヨットは風で走る。
風は気ままである。
風向きも強さも常に変化している。
風の変化によって、波やうねりといった海のコンディションも大きく変わってくる。
海のコンディションが変われば、ヨットの操作も変化する。
デッキ上の状況も大きく変わってくるというわけだ。
風向や風速とヨットとの関係を見ていこう。

海の顔色をうかがう

風向を知ろう

まずは風向、つまり風向きを知ることから始めよう。

風が強ければ、風向も分かりやすい。しかし実際、風そのものは目に見えない。風速が落ちてくると、いったいどこから吹いてきているのか分かりにくくなったりするのだ。

まず、雲を見てみよう。上空の雲が流れているのがよく見えることがあるだろう。当然ながら、雲が流れている方向に空気も流れている。ただし、これは上空の風だ。海面を吹く風は、まったく逆だったりする場合がある。

次に陸地をよく観察してみよう。煙突の煙や、たなびく旗など、役に立つ情報があるはずだ。沖合の漁船の向きにも注目だ。漁船は船尾にスパンカーと呼ぶ帆を揚げ、風位に立てていることが多い。つまり、船首方向から風を受けているということだ。同時に、帆走している他のヨットも有力な情報になる。

海面にも注目だ。鏡のような海面、つまり風がまったくない状態は別として、微風時でも小さなさざ波が立っているのを見つけることができるはずだ。風はこのさざ波に直角に吹いている。

風が強くなれば、さざ波はしだいに大きくなっていく。風にむらがある時は、さざ波がある部分とない部分、あるいは、さざ波が大きな場所と小さな場所があるのに気づくはずだ。遠目に見ると、さざ波が大きな所は色が濃く見える。ここには、ほかより強い風が入っている。これをブロー、ガスト、パフなどと呼んでいる。

同じようなさざ波に見えて、実は潮目(潮と潮がぶつかるところ)だったり、小さな鰯が群がっているだけだったりすることもある。

海の顔色は複雑だ。これらの現象に出くわすことで、海の息吹を感じることができる。これもヨットの楽しみのひとつなのだ。

海や空の表情をよく観察し、風の傾向を見分けよう。

見かけの風と真の風

風向を知るには、まず陸地や海面をよく観察することから始めるわけだが、もちろんヨットの上で直接風を感じることも重要だ。

肌で風を感じることもできるが、もっと正確に風向を知るために「風見《かざみ》」も付いている。メーターで風向が表示されるような風向／風速計が付いている船もあるだろう。

ここで重要なのは、走るヨットの上で感じる風は、実際に吹いている風とは異なるということだ。

無風状態の時に、モーターボートで走ることを考えてみよう。仮に艇速が10ノットだとすると、無風のはずなのに艇上では10ノットの風を前から受けているように感じるはずだ。

ヨットがセーリングしている時も同様に、自分が進むことによって生じる風を前から受けているように感じる。さらには風が吹いているわけだから、実際に吹いている風と自分が進むことによって生じる風とを合わせた風を艇上で感じることになる。

実際に吹いている風を「真の風(True Wind)」、走っている艇上で感じる風を「見かけの風(Apparent Wind)」と呼び、両者を区別して考えなければならない。

見かけの風と真の風は、風速ばかりではなく、風向も違ってくる。ヨット上の風見が示しているのは見かけの風向(Apparent Wind Angle)である。

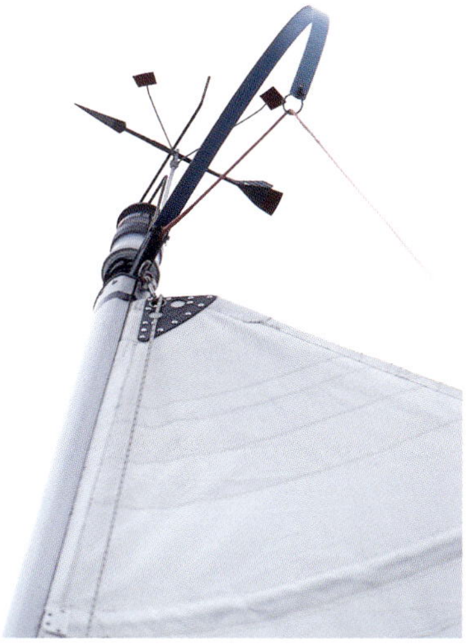

ヨット上で風向を知るための道具が風見。見かけの風向を示す。デイビス社(米国)の「Windex」という商品がよく使われている

マイルとノット

海上での速度を表すには「ノット(knot)」という単位を用いる。1時間に1マイル(1.852km)移動する速度を、1ノットとしている。

海の上で普通に「マイル」というとノーティカルマイル(nautical mile、海里)のことであり、陸上で用いるマイル(約1.6km)とは異なる。

風速はm/s(メートル毎秒)で表すことも多いが、外洋ヨットでは、艇速と合わせて風速もノットで表現することが多い。

ちなみに1時間＝3,600秒なので、
1kt＝1,852m／3,600秒≒0.5m/s
つまり、10kt≒5m/sということになる。

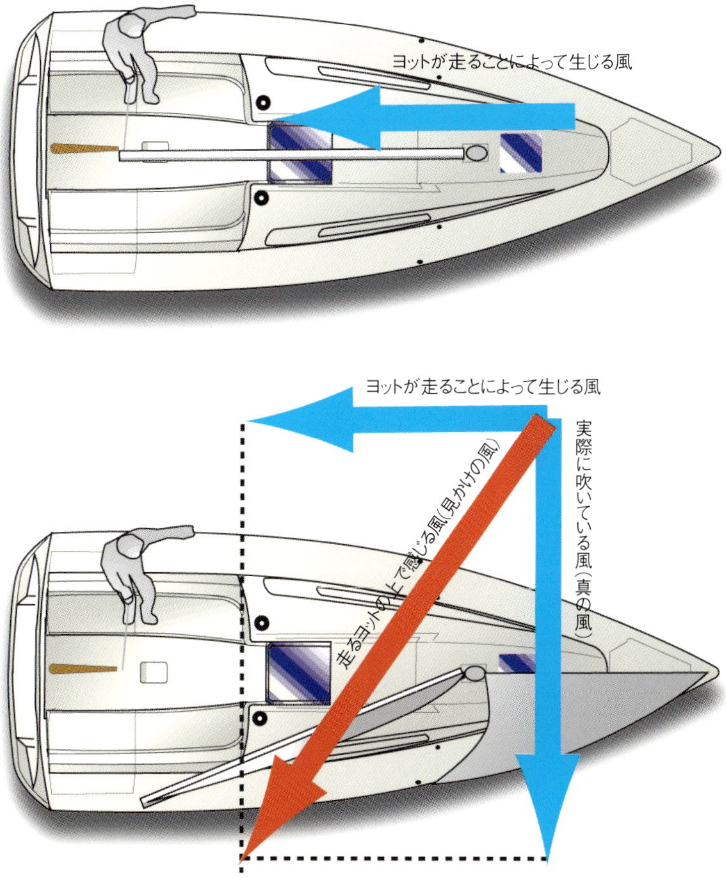

まったく風がない時にエンジンで進めば、艇速と同じ風速の風を前から受けているように感じる

風が吹いてきた。艇上では、実際に吹いている風と、艇速によって生じる風とをベクトル的に合わせた風を感じる

真の風と見かけの風。ちょっとややこしいが、略語としてまとめると、こうなる。
真風速＝TWS(True Wind Speed)
真風向＝TWA(True Wind Angle)
見かけの風速＝AWS(Apparent Wind Speed)
見かけの風向＝AWA(Apparent Wind Angle)

図1

風向とセーリング

風位

Points of Sailing

風向によって、セーリングは違ってくる。逆に言えば、同じ風向なら目的地への方位でセーリングは違ってくる。

風速、風向によって、デッキの上で感じる海の表情も大きく違ってくるのだ。

風向きによるセーリングの種類と呼び方をイラストにしてみた(図2)。英語では「Points of Sailing」という。大まかにそれぞれの違いを見てみよう。

風上に向かって進むことができる限界は、約40～45度。そこから風下に向かうに連れて、セールが開いていっていることにも注目してほしい。

それぞれのセーリングには名前が付いている。乗艇時のフィーリングも違ってくる。

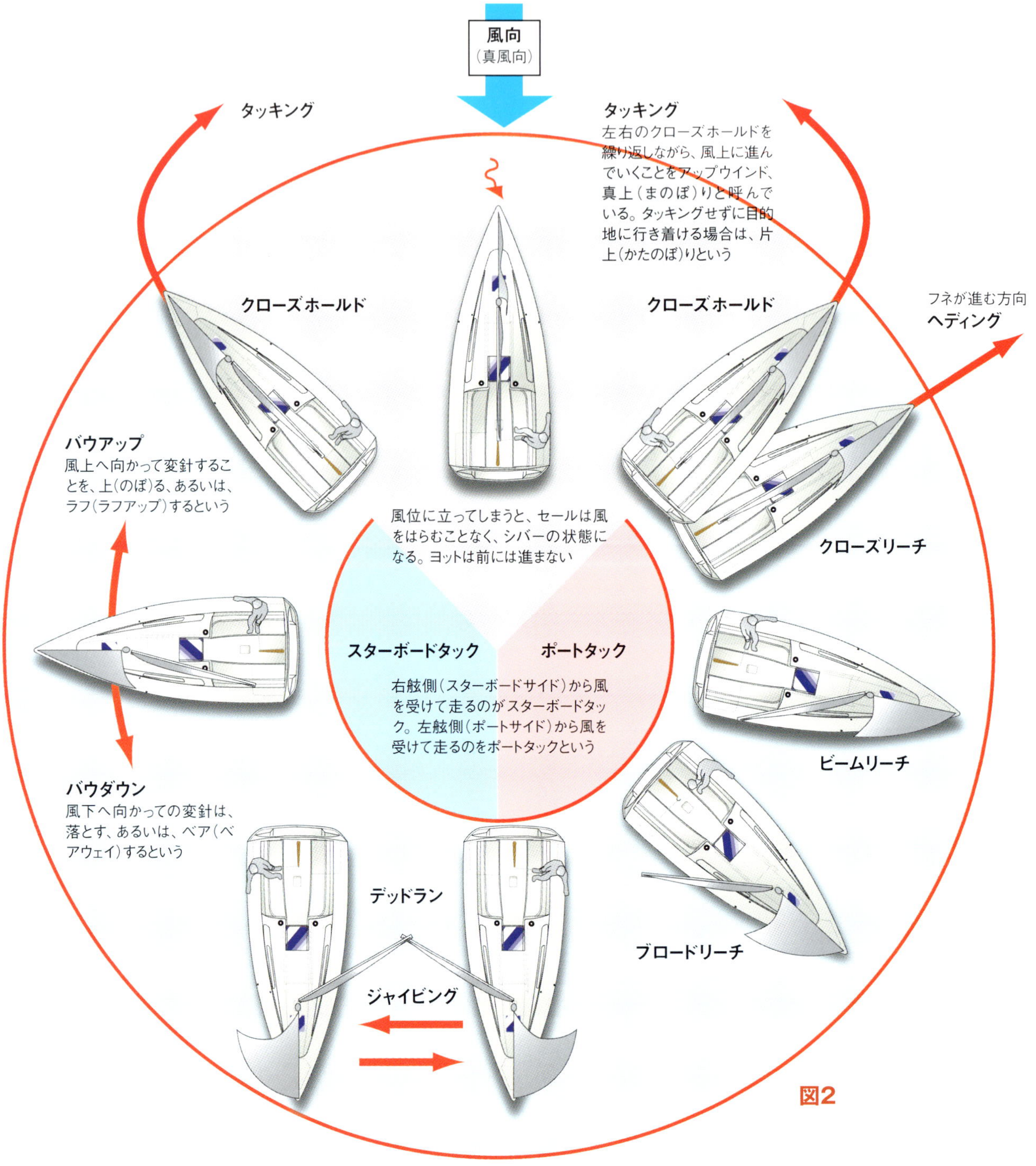

図2

クローズホールド

Close-hauled

ヨットがどこへでも行けるのは、風上に向かって走れるからだ。風下へは放っておいても流されていくが、風上へはきちんと操船しないと進んでいかない。いわば、セーリングの基本として最も重要なのが風上へ向かう走り――クローズホールドだ。

風上に進むといっても、真風向にして35～45度あたりが限界になる。この角度は、船の性能や海のコンディションによっても違ってくる。また、この時の見かけの風は、より前に回り、20～25度程度になることにも注目だ。

ここでは、バウダウンするほどスピードは出るが、その分、風に対する高さ(上り角度)は稼げない。風上に上るほど高さは稼げるが、スピードは落ちる。最も効率よく風上へ向かって移動できる角度を見つけ出すことが重要だ。

クローズホールドの状態を越えてさらに上ると、セールに裏風が入り、最後にはヨットは止まってしまう。

クローズホールドから反対舷のクローズホールドへ、一気に風位を越えて向きを変えるのがタッキングだ。クローズホールドとタッキングを繰り返しながら、ヨットは風上へ進んでいく。

クローズホールドでは、真風速に艇速が加わって、見かけの風速は増す。つまり、風が強く感じる。おまけに波も前から来るために、船は叩かれるし波もかぶる。当然、強風になると、走りはきつくなる。逆に、軽風～微風では、波も小さいので楽に走れるだろう。

フリー

Free

クローズホールドでは「これ以上は上《のぼ》れない」というポイントがあった。目的地がそれより風上にあるならば、タッキングを繰り返しながら風上に向かっていくことになる。

図3 クローズホールド

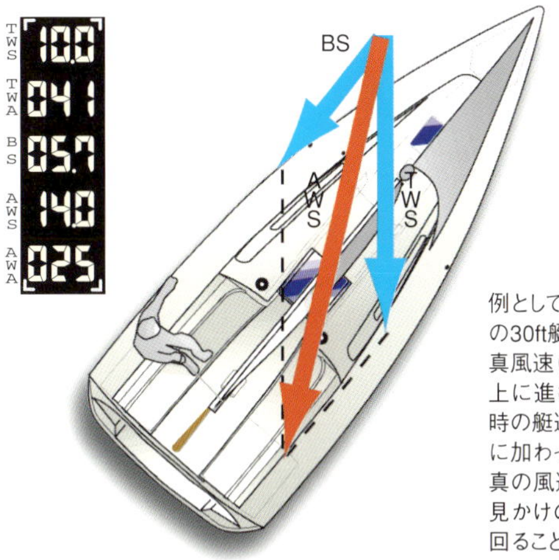

例として、あるレーサー/クルーザータイプの30ft艇でのデータを見てみよう。
真風速(TWS)10ノット時に最も効率よく風上に進むには、真風向(TWA)41度。この時の艇速(BS)は5.7ktになり、これが真風速に加わって、見かけの風速(AWS)は14ktと、真の風速よりもグッとアップする。この時の見かけの風向(AWA)は25度とかなり前に回ることも分かる

風上に向かうクローズホールドの走り。19ページの写真と比べると分かるが、セールは引き込まれ、ヒール(傾き)も大きい

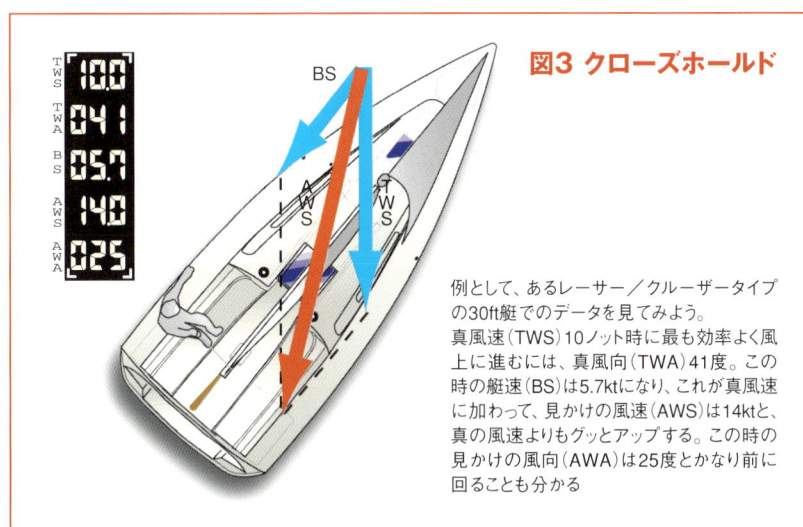

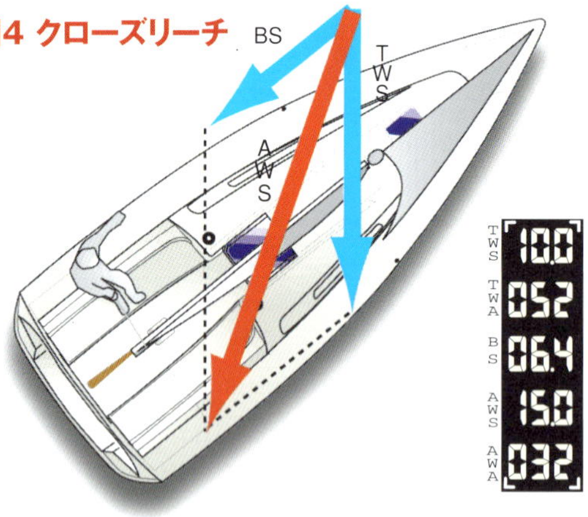

図4 クローズリーチ

クローズホールドの角度のまま、まっすぐ目的地へ向かうことができる状態を「片上《かたのぼ》り」と呼んでいる。

さらに風が後ろへ振れたら、あるいは目的地がもっと風下方向にあるなら、自由にヘディング(針路)を調整して目的地を目指すことができる。そこで、この状態をクローズホールドに対して、「フリー(Free)」と呼んでいる。

フリーの状態も、風向によっていくつかに分けられる。それぞれの違いを見ていこう。

クローズリーチ Close reach

クローズホールドから、ややバウダウンした状態。

スピードが付くので、その分、見かけの風は前に回る。例に挙げたデータでは、真風向52度とすると、艇速は6.4ktまで上がる(図4)。見かけの風は、クローズホールドの時の25度、14ktから、32度、15ktと、さほど変わらないのが分かる。

つまり、真の風に対してバウダウンしたことにはなっても、見かけの風はそれほど後ろには回らない。しかし、波の当たりは良くなるので、乗り心地は良くなる。何よりスピードが出る。気持ちのいい走りになるぞ。

ビームリーチ Beam reach

風を真横から受けた状態。通称アビーム(abeam)。

真の風を真横に受けて走ると、見かけの風はかなり前から吹いているように感じる(図5)。

データによれば、この時の艇速は7.1ktに達し、見かけの風向は54度と、かなり前に回っていることがわかる。

ビームリーチの状態とは、見かけの風向が真横ということだ。図6は真風向を120度にした時のものだが、これでも見かけの風向は81度。つまり、真の風に対して120度以上にバウダウンしてやっと見かけの風向が90度——ビームリーチになるということになる。

セールは、クローズリーチよりもずっと出る。特に強風下ではヒールも起きて非常に走りやすくなる。最も快適に走ることができるのが、このビームリーチの走りだ。

ただし、アビームで行ってアビームで帰ってくるということを繰り返していると、ヨットはしだいに風下に向かって移動していく。同じ場所で行ったり来たりするには、見かけの風ではかなり上っているような感じ(例に挙げたデータではAWA=54度)で走らなくてはならないということも、よく覚えておこう。

ブロードリーチ Broad reach

斜め後ろから風を受けて走る状態をブロードリーチという。

データを見ると、真風向150度くらいになると、見かけの風も126度と、斜め後ろから吹いてくるようになる(図7)。

この時、ビームリーチでは7.1ktあった艇速は4.8ktまで落ちている。風下に向かっているにもかかわらず、艇速は落ちているのだ。

そこで、真風速に注目してみよう。真の風速が10ktあるにもかかわらず、見かけの風速は6.2ktに落ちている。自艇が走ることによって生じる風は、真の風と同じ方向になり、見かけの風は弱く感じるわけだ。これでは艇速が落ちるのもやむを得ない。

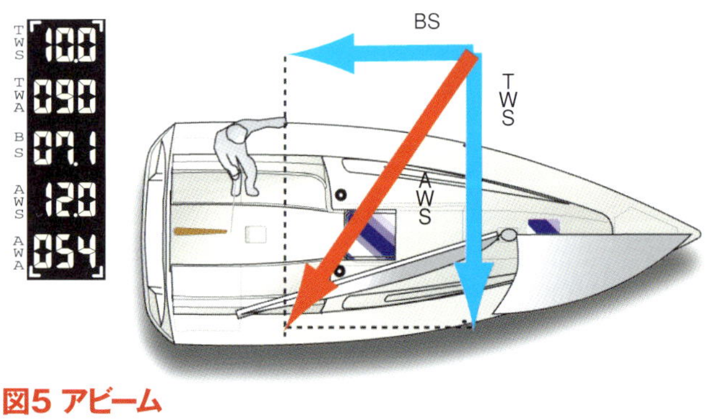

図5 アビーム

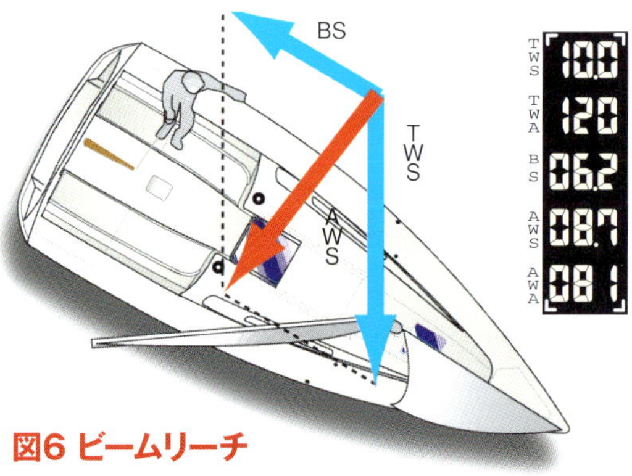

図6 ビームリーチ

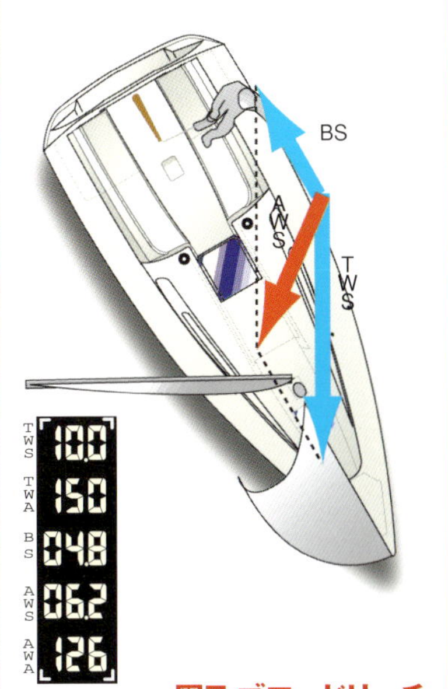

図7 ブロードリーチ

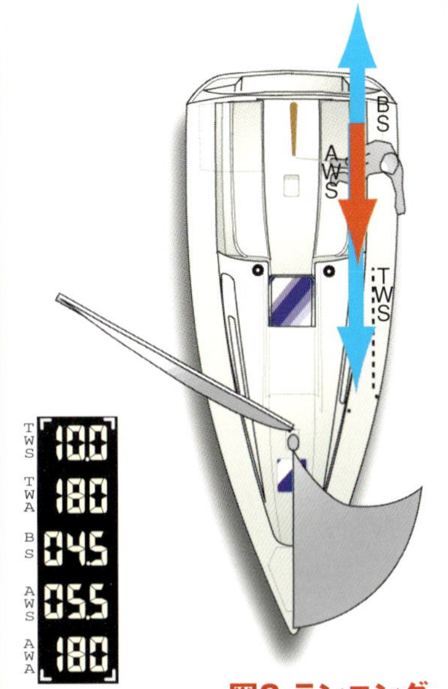

図8 ランニング

ただし、波も後ろから来るので、特に強風時は、クローズホールドに比べてはるかに乗り心地は良くなる。

以上、クローズリーチ、ビームリーチ、ブロードリーチを合わせて、目的方向に船首が向いている走りを「リーチング」と呼んでいる。

ブロードリーチ→ビームリーチ→クローズリーチと、風上に向かうに連れて、セールはより引き込まれていき、逆にクローズリーチ→ビームリーチ→ブロードリーチと風下に向かうに連れて、ヒールが起きてくる。

ランニング Running

風を真後ろから受けている状態が、ランニング（デッドラン）だ（図8）。

ちょっと考えると一番スピードが付きそうだが、実際には艇速は落ちる。風が後ろから吹いてくるということは、艇速が増せば増すほど、艇速に相殺され、見かけの風速は落ちてしまうのだ。

真風速10ktという同じコンディションでも、風上に向かうクローズホールドでは、艇上で14ktの風に感じていたが、風下へ向かうデッドランでは5.5ktになってしまう。この時の艇速は約4.5ktとなる。

これでも強風時には十分な艇速を得ることができるが、軽風～微風時にはある程度の角度を付けて、ジャイビングをしながら風下の目的地へ進むことも少なくない。

また、強風時は見かけの風速が弱まるので、ずっとデッドランで走っていると、気象状況が悪化していることに気がつかない場合もある。

いざとなっても、引き返すには強風下のクローズホールドを余儀なくされるわけで、十分注意が必要だ。

ビームリーチ。クローズホールドに比べ、ヒールが起き、セールのシーティングアングルが広くなっているのがわかる

ブロードリーチ。さらにヒールが起き、セールのシーティングアングルもずっと広くなっている。乗り心地も良い

ランニング（デッドラン）。真後ろから風を受けている状態。セーリングとしての効率は悪いし、船も安定しない

第 3 章

セーリング艤装

ヨットの上には、さまざまな艤装品が付いている。
今回は、セーリングに用いられる主な艤装品を紹介していこう。
それぞれの名称を覚えなくては艤装もできないし、
操作の説明も理解できない。
どれも特殊で聞き慣れないものばかりになるが、
ひとつひとつ覚えていこう。

全体を見る

最初に、ヨット全体を見ていこう。セールを展開するためのマスト。そのマストを支える艇体、つまりヨットそのものだ。

ハル

Hull

艇体部分をハルという。もう少し厳密に言えば“船殻《せんこく》”、つまり艇体表面の殻《から》の部分だ。

古くは木造だったが、現在ではガラス繊維を樹脂で固めたもの（GRP：Glassfiber Reinforced Plastics）が主流だ。ガラス繊維以外にもカーボン繊維やケブラーのようなアラミド繊維を使ったものもあるので、広義にはFRP（Fiber Reinforced Plastics）と呼ばれている。

GRP単板のもののほか、心材にバルサなどの軽量の木材やフォーム材を用い、内外を薄いFRPで覆い固めたサンドイッチ構造のものもある。その他、鉄、アルミ、あるいはセメントなど様々な材質が用いられ技術革新は今も進んでいる。

内部には隔壁（バルクヘッド）、フレームなどの構造物を設け、全体的な強度を持たせている。

船首部分をバウ、船尾はスターンと呼ぶ。船底中心部を前後に延びる峰の部分をキール（竜骨）と呼ぶが、現在のセーリングクルーザーの多くは船底部が平らに近く、竜骨そのものは存在しない。キールの前端となる船首の部分をステムという。

キール中央部には重りとなるバラストキールがついている。通常、ヨットでキールといえばこのバラストキールのことで、多くは鋳鉄、あるいはより比重の高い鉛でできている。この重りのおかげで、起き上がりこぼしのような復原力を持つのが外洋ヨットの特徴だ。また、この部分が水中で翼の役目を果たし、ヨットは風上に上っていくことができるのだ。

当然ながら、キールの付け根には大きな力がかかるので、強固に取り付けられている。

デッキ

Deck

デッキ、つまり甲板。甲板というと平らな広い面をイメージするかもしれないが、ヨットのデッキは凹凸が多い。

デッキ前部はフォアデッキ。

中央部は、キャビンの屋根として膨らんでいる。この部分をドッグハウス、コーチルーフ、キャビントップなどという。この屋根の部分でもデッキ作業をすることがあり、デッキとの境界線は曖昧だ。

デッキ後部は深くへこんでいて、この部分がコクピットとなり、主にここで操船する。ティラーもここに付いている。

長いヨットの歴史から、ヨットがヒールしていても使いやすく、安全に作業ができ、くつろいで生活できるように工夫されているのだ。

マスト

Mast

セールはマストに沿って展開する。ヨットの命ともいえるのが、このマストだ。中空のアルミニウム製チューブに、さまざまな部品が取り付けられている。最近ではカーボンファイバー製の

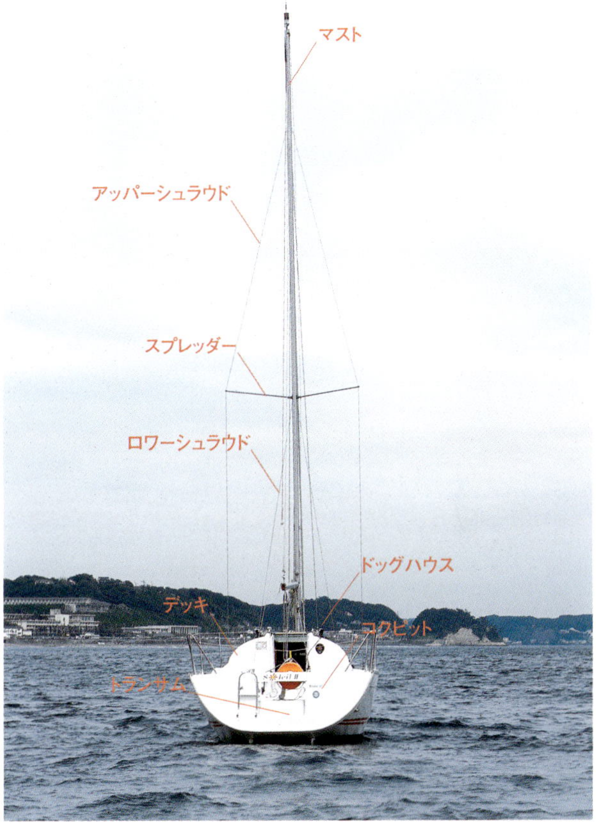

軽量なマストも出てきている。

マストは、前後左右からステンレスワイヤのステイで支えられている。それぞれ、フォアステイ、バックステイ、サイドステイ。左右のステイはシュラウドとも言い、アッパーシュラウド、ロワーシュラウドと呼んでいる。

前後方向には支点までの距離があるので問題ないが、横方向は幅が狭く、そのままでは必要な強度を保つのが難しい。そこでスプレッダーを用いて強度を増している。

これら、マストやステイ類を含めて“リグ”と呼んでいる。

セール

Sail

写真は、1本マストで2枚帆の“スループ”と呼ばれるリグだ。ほとんどのプレジャーヨットは、現在このタイプになっている。

1本マストで2枚帆のスループと呼ばれるリグ。フォアステイの付け根がマストの中間にある中間リグとなっている

マストの後ろ側にはメインセールを展開する。その名の通り、メインとなるセールだ。

マストの前に展開するのがヘッドセール。写真はジブと呼ばれる三角帆だ。ジブセールとは言わない。

コクピットは、操船のみならず、時には食事をしたり昼寝をしたり、ヨットの上の主要な生活空間でもある。複雑なデコボコは、ヒール時にも体をホールドしてくつろげるように考えられている

ジブには風速に合わせてサイズの異なるものが用意されており、中でもメインセールにオーバーラップするサイズのジブ、つまり大きなものをジェノアと呼んでいる。

モデルとなった艇は、ジェノアを持たないノンオーバーラップジブタイプ。扱いが楽だといった利点があり、最近はこういうタイプも増えてきている。

セールトリムの主役たち

セールトリムの主役がメインシートとジブシートだ。それぞれ、ロープやブロックなどの部品から構成されている。

メインシートとジブシート

Mainsheet & Jibsheet

メインセールの調節を行うロープをメインシートという。ジブはジブシートで調整する。ヨットの世界では、sheet＝布きれではない。シート＝セールをコントロールするロープのことだ。

この2つが主なセールトリムの主役となる。

16ページのイラスト「Points of Sailing」を思い出していただきたい。風が後ろに回るに連れて、セールは出る。つまりシートを緩めていく。逆に風上に向かう時には、シートは引き込んでいく。メインシートとジブシートは、セーリングでは最も重要なコントロールラインということになる。

メインシート、ジブシートともに、その取り回しは艇種によって若干異なってくる。サイズが大きくなればそれだけ力もかかり、それに対応した工夫が必要になってくるからだ。

テークル

Tackle

ヨットは人力で動かす乗り物である。シート類には大きな力がかかっており、それらを人間の力で引き込める（あるいはゆっくり緩められる）ように工夫しなくてはならない。

工夫の一つがテークルだ。これは滑車とロープを組み合わせて、より小さな力で引き込めるように工夫した増力装置だ。

小学校の理科で習ったと思うが、動滑車が1つあれば力は1/2で済む。2つで1/4になる。

てこなども含め、こうした増力作用をパーチェスと呼び、テークルで「パーチェスを増やす」というと、滑車の数を増やし、より少ない力で引っ張ることができるようにするという意味になる。

パーチェスを増して増力すると、その分引っ張る距離は2倍、4倍と長くなる。

無意味にパーチェスを増やすと、引き込む力は少なくて済んでも手間は増えることになる。乗り手の腕力も考慮し、用途にあった倍率にする必要がある。

写真のモデルは、ジブシートをキャビントップのウインチで引いているが、これはちょっと珍しいタイプ。通常はデッキのウインチ（プライマリーウインチと呼んでいる）を用いることが多い。

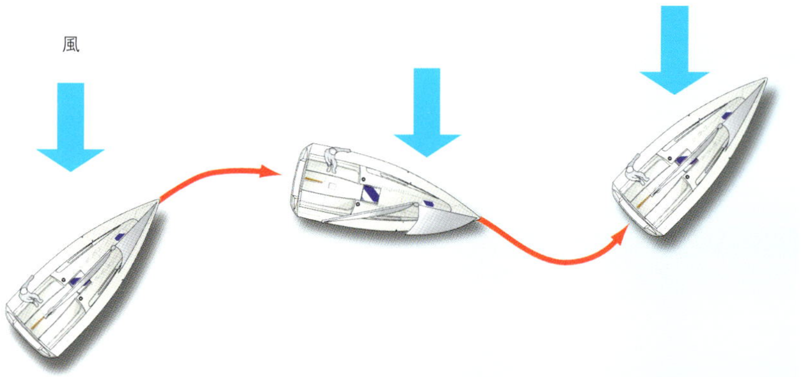

風が後ろへ回るとセールは出て行く。風上へ向かう時にはセールは引き込まなくてはならない。それらの調整を行うのが、メインシートとジブシートだ。

メインシートに用いられているテークル。太い方を引くと1：4に。反対側の細い方はさらにその1：2に増力され微調整が行えるようになっている

ブロック

Block

日常生活で滑車を使うことは少ないと思う。しかしヨットの上では多用される部品である。

滑車全体をブロック、中に入っている円盤状の回転体（これも滑車と呼ばれてしまうが）をシーブと呼んでいる。

シーブの材質はプラスチック、アルミなどがあり、サイズもさまざま。また、パーチェスによって、シーブが2つ、3つと多く付いているもの、全体が回転するもの（スイベル：swivel）、ブロックの先にロープを結ぶ部分が付いているもの（ベケ：Becket付き）、または一方向にしか回転しないラチェットタイプなど、種類は豊富だ。用途に合わせて選ぼう。

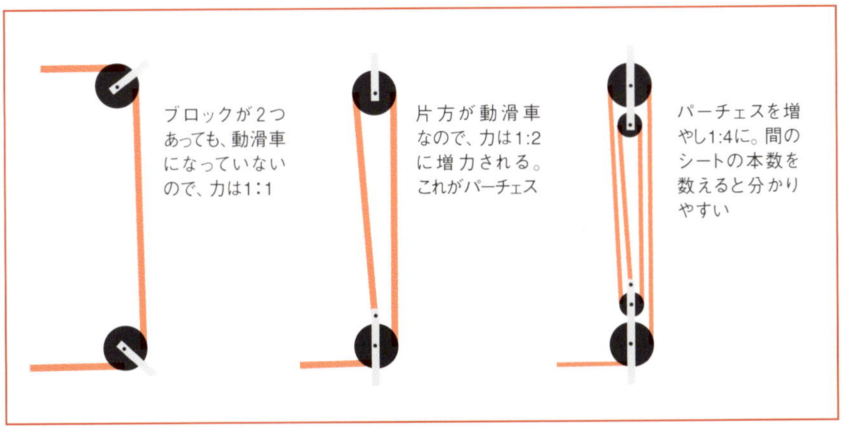
ブロックが2つあっても、動滑車になっていないので、力は1:1
片方が動滑車なので、力は1:2に増力される。これがパーチェス
パーチェスを増やし1:4に。間のシートの本数を数えると分かりやすい

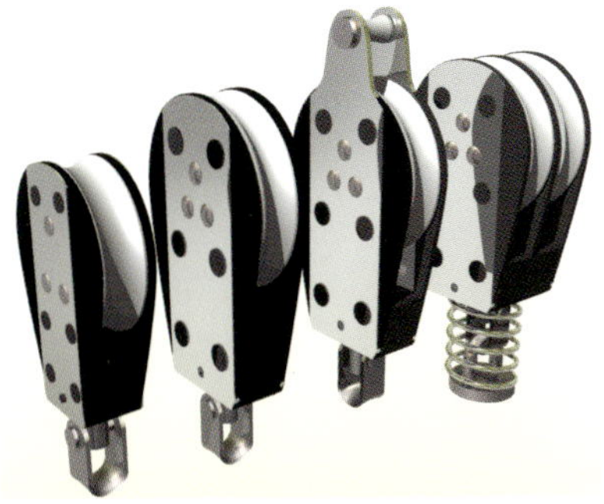

右から、ダブル、ベケ付き、取り付け部分が90度ひねってある物、小さい物。他にも多種ある。用途に合わせて最適な物を選ぼう

ウインチ

Winch

テークル同様、増力を行うのがウインチだ。艤装品の中でも高価な部類に入る。

ドラムにロープを巻き付けウインチハンドルを回すことで、内部に仕掛けられたギアによって増力する。

サイズもいろいろあり､また2スピード、3スピードと、ハンドルを回す方向を変えることでギアが入れ替わるタイプもある。

シートのエンド側をテール（tail）というが、ここを引っ張る動作もテール、テーリングという。

ドラム上部に溝があり、ここにロープを挟み込むように巻き付け、テールしないでも巻き上げることができるようになったウインチを、セルフテーリングウインチと呼んでいる。

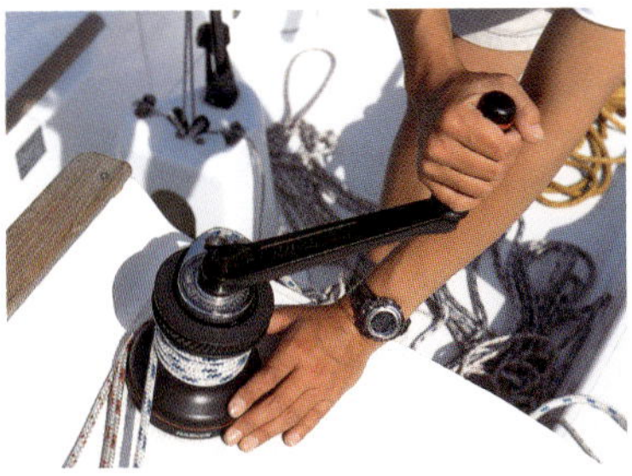

ウインチは時計回りにロープを巻き付けて使う

スタンダードタイプ（右）とセルフテーリングタイプ（左）のウインチ。セルフテーリングでは上の溝にロープを噛みこませることで、テーリングしなくていいようになっている

ウインチは、ウインチハンドルを取り付けて回す。ハンドルにもグリップがダブルになったものや、柄の長さが異なるもの、あるいは写真のようにハンドルが抜け落ちないようにストッパーが付いているものなど多種ある

その他のコントロールライン

シート以外のコントロールラインについても見ていこう。いわばセールトリムの脇役たちだ。

メインセールの脇役たち

セールトリムの主役は、メインシート＆ジブシートだが、その他の脇役も忘れてはいけない。

メインセールのラフはマストの溝（グルーブ）に沿って取り付けられる。上方に引き上げているのがメインハリヤード。タック側を下方に引いているのがカニンガムだ。これでラフにかかるテンション（張力）を調整する。

フットはブームに沿ってセットする。こちらは、クリューを後ろへ引くクリューアウトホールで調整する。

ブーム全体を下に引くのがブームバング。これでリーチのテンションを調整する。

また、バックステイを引くことによって、マストを曲げ、メインセールやジブのドラフト（深さ）を調整することができる。

ジブの脇役たち

ジブのラフは、フォアステイに沿わせてジブハリヤードで揚げる。タックは直接船体に留め、ラフのテンションはジブハリヤードで行うことが多い。

ジブにはブームはない。左右のジブシートを直接ウインチで引き込むことになる。

ジブシートのリーディング位置を調整するのがジブリーダー。左右両舷に付いている。メインセールにおけるクリューアウトホールと同様、これを前後に動かすことによって、フットのテンションが変わってくる。同時にリーチのテンションにも影響を与える。

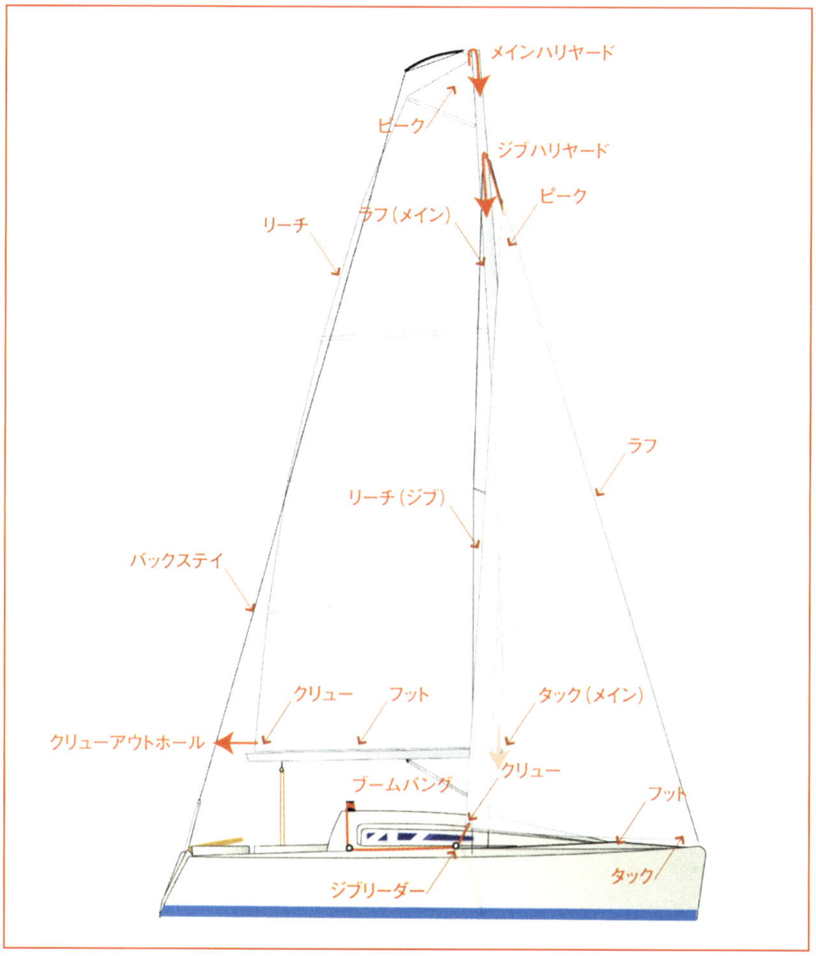

左上：ジブリーダーは、前後にスライドさせてそのリーディング位置を変えることができるようになっている
左：リジッドタイプのブームバング。これはブームを持ち上げる効果もある
上：バックステイのテンションをコントロールするためのテークル「バックステイ・アジャスター」。大型艇では油圧を用いるものもある

クリートいろいろ

コントロールラインを一時的に留めるのがクリートだ。これもさまざまな種類がある。

カムクリート
Cam cleat

メインシートに用いられているカムクリート

メインシートを留める時に用いられるのがカムクリート。バネ仕掛けの2つのカムの間にシートを挟む。簡単に固定できて簡単にリリースできる。シートはあらかじめテークルなどで減力されているので、この部分にはあまり力がかかっていない。

逆に、あまり強いテンションがかかっていると、簡単にリリースできなくなってしまう。

ジャマー
Jammer

ウインチと組み合わせてハリヤードのロックに用いられることが多い、ジャマータイプのクリート

レバーを倒して、内部のツメでロープを強力に挟んで留める。利点はジャマーオンにしたままで引き込むことができること。また、強いテンションがかかっていても、簡単にジャマーオフすることもできる。

主にハリヤード用に用いられている。ウインチの途中にジャマーを入れることで、1基のウインチで何本かのハリヤードを操作できるというわけだ。ウインチで巻き上げたものが、そのままジャマーで留まっているわけで、カムクリートよりもずっとテンションがかかっていることになる。

ホーンクリート
Horn Cleat

最も単純な形のクリート。クリート結びで留める

単にクリートといえばこれ。機械部がないので丈夫で壊れることがない。

確実に留めることはできるが、ワンアクションでリリースできないので、セールコントロールラインに用いることは少ない。直接大きなテンションがかかってもOKなので、係留時に使うことが多い。あるいは、メインハリヤードなど、セーリング中にはめったにいじらず、絶対にずれてきては困るという場合にも有効だ。

クラムクリート
Clam cleat

クラムクリートは、溝にラインを挟み込むだけ。あまり力がかかっていない部分には便利だ

機械部分がないので壊れる心配は少ない。簡単にオンオフできるが、構造上、一度引き直さないと外れないので、このまま大きな力がかかってしまうと外れなくなるか、その前に滑って外れてしまう。

あまりテンションのかからないコントロールラインや小型艇でよく用いられる。

ロープ、シート、ライン

ロープ(rope)とシート(sheet)とライン(line)、これらの言葉はどのように使い分けられているのか? 日本ではしばしば混同されているので調べてみた。

まず、英米でニュアンスが多少違うようだ。『The Sailing Dictionary』によれば、英国では縄(cordage)のうち、太い物をロープ、細い物をラインと呼び分けており、米国では、太さに関係なく、ロープがなんらかの用途に用いられた瞬間にそれはラインになるようだ。つまり、ロープをアンカーに使えばアンカーライン。係留用につかえばドックラインとなる。

シートは、コントロールラインの中でも特定の部分に用いる。メインシート、ジブシートのほかに、スピンシートというのもある。

何事もコミュニケーションが重要だ。まずは基本となる各部の名称を覚えよう。「あれ」とか「これ」ではデッキワークもままならないぞ!

第 4 章

ロープワーク

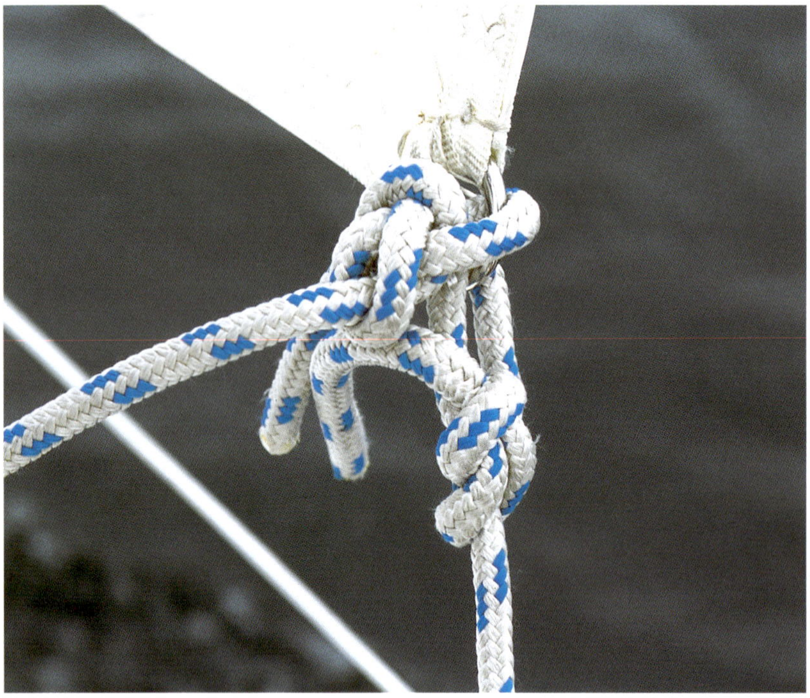

ヨットには数多くのロープが使われている。
それらの使い方がロープワークだ。
艤装と密接な繋がりのあるロープワークについて詳しく解説していこう。

もやい結び

結びのいろいろ

ロープワークとは、何か目的があってロープを結ぶ作業である。結びにはいろいろな種類があるが、結び方だけを知っていても意味はない。状況を判断し→適した結び方を選び→適切に結ばなくてはならない。

手早く作業を行わなくてはならない場合もあるだろう。時間をかけてでも確実に結んだ方がいい場合もあるだろう。解きやすさを考えた方がいい場合もあるだろう。

さまざまな用途に合わせ、さまざまな結びがある。それぞれの結びの長所と短所を知り、結び方を覚えよう。

結びの王様、もやい結び

ヨットの上で最も多く用いられるのが、もやい結びだ。英語ではボーラインノット(Bowline Knot)という。

キング・オブ・ノットとも称されるこの

必要なサイズの大きな輪を作り、テールをエンド側の上に重ねる。エンドは自分の後ろにある。大きな輪を、自分の前に作るイメージだ

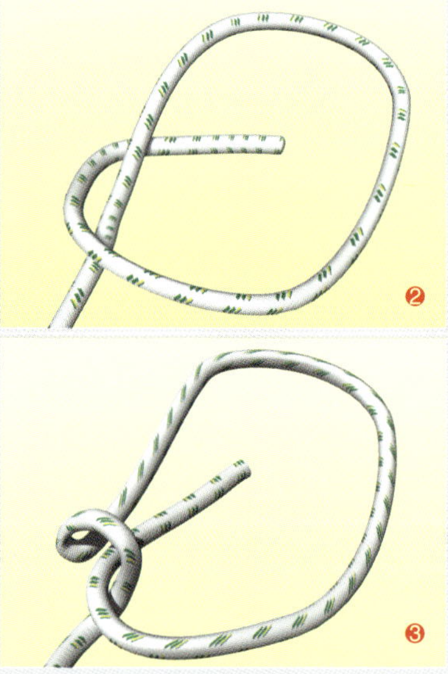

上:テールを大きな輪の中に回し入れ、手前に返す
下:この時、テールが真っ直ぐに、エンド側が小さな輪になるようにひねる。ここがコツ

エンド側に小さな輪ができてテール側は真っ直ぐ小さな輪の中を通る。これが基本形

結びは、ヨットの上ではとにかくよく使う。ヨットの初心者のことを指して「もやいもできないようなシロウト」と言われるくらいで、これができるかできないかで、そのクルーの技量が測られるほど重要な結びなのだ。

小型船舶操縦士の免許講習でも習うと思うが、実はそれだけでは実用には至らない。ここで、実践で通用するもやい結びを完全にマスターしておこう。

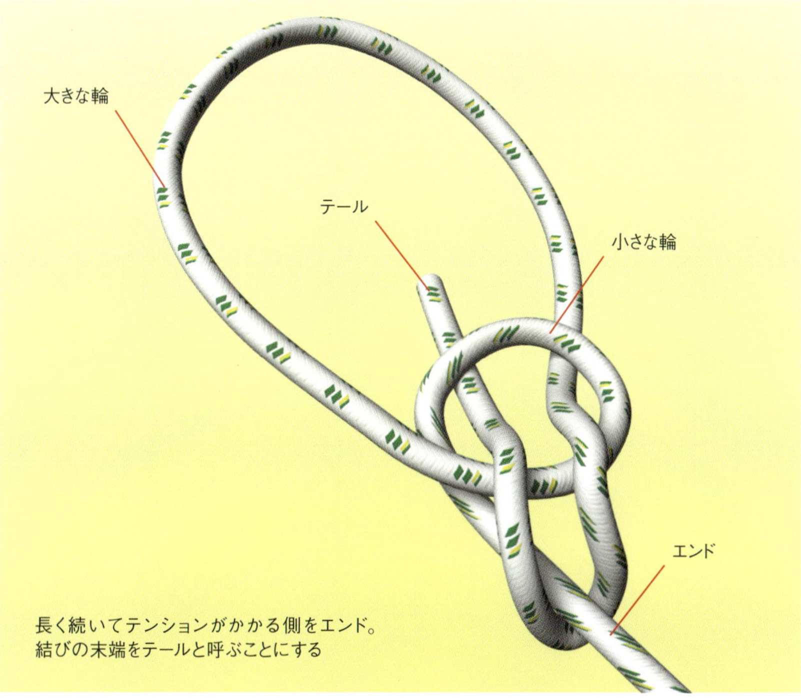

長く続いてテンションがかかる側をエンド。
結びの末端をテールと呼ぶことにする

もやい結びは、基本中の基本

では、もやい結びとはどういう結びか。その特徴を挙げてみよう。

○ ロープに輪を作る結びである。
○ その輪は、どんなに強く引かれても大きさが変わらない。
○ その結び目はどんなに強く引かれても、解けない。
○ その結び目はどんなに強く引かれても、解きたい時は簡単に解ける。
○ ロープに張力がかかっている状態では結べない。
○ ロープに張力がかかっている状態では解くことができない。
○ 張力をかけるような結びはできない。

これらの特徴をふまえて、もやい結びの基本構造を見ておこう。

説明しやすいように、各部に名称を設けておく(イラスト上)。

基本構造を頭に入れたら、①～⑥の手順に従って、さっそく結んでみよう。

テールをエンド側の下をくぐらせ、エンド側ロープの下をくぐらせて再び小さな輪に入れる

最後にテール側を引っ張れば、もやい結びの完成

もやい結び――Bowline Knotの“bowline”は、本来は帆船の索具の名称の一つで、仮名を当てると「ボーリン」になる。

ちなみに広辞苑で調べてみたら「ボーリン」と仮名が当てられていたが、そのように呼ぶ日本人に筆者は会ったことはない。「ボーラインノット」が普通だ。

“knot”は結び目の意味。第2章で解説した速度を表す単位の“knot”も実はここから来ている。結び目をいくつも付けたロープを流し、その結び目の数を数えて船速としていたところからこう呼ばれるとされる。

思った通りのサイズの輪ができるように練習しよう。テールの余りは、長すぎず短すぎず。手早く確実に行えるように、さまざまな太さのロープを使って練習しておこう

もやい結びパーフェクト・ガイド

あらためて、もやい結びをよく見てみよう。

テール側は小さな輪の中を通っており、エンド側にテンションがかかることによって、この小さな輪の部分が締まって結び目となっている。つまりエンド側に張力がかかればかかるほど、きつく締まる。

逆に、テール側は絞られる側となる。つまり、右図の部分には力がかかっていないので、解きたい時はこの部分を矢印側に起こすことによって簡単に解くことができるわけだ。

まれに、長期間結びっぱなしにしておいたような場合、ロープが固まって解きにくくなっていることもあるだろう。その時は、ペンチなどで同じ部分をつかんで引き起こすとよい。

どんなに強く引かれても、解けなくなることはない。これがもやい結びが多用される理由の一つとなっている。

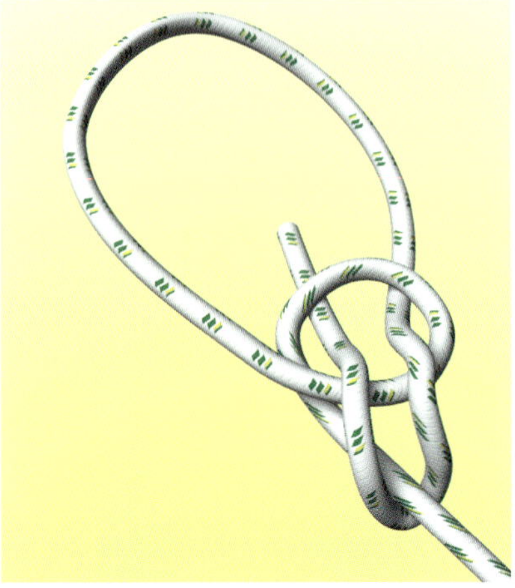

基本構造をもう一度みてみる。ここから絞っていくと……

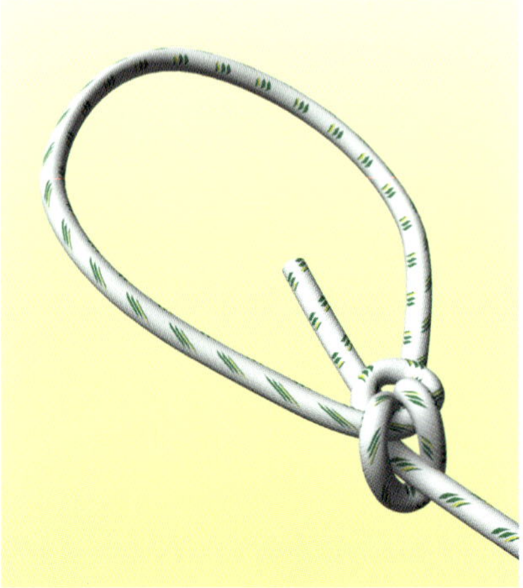

小さな輪が絞られて結びができる。大きな輪の大きさは変わらない

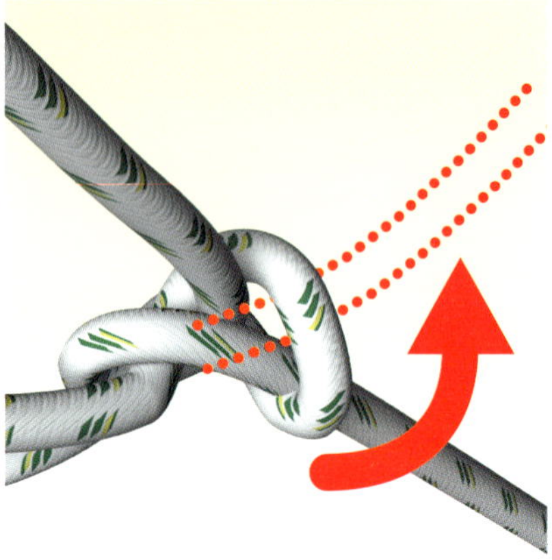

左図の結び目を裏から見たところ。解く時には力のかかっていないこの部分を起こすと簡単に解ける

奥深いもやい結び

前ページの方法は、②から③に至る部分が少し難しい。基本形ができればいいのだから、単純に、まず小さな輪を作り、その中にテールを通すという方法でも良いことになる。

この場合、小さな輪はエンド側が下になるようにひねり、テールは下（エンドが重なっている側）から上に出す。これで④の基本形はできあがり。

ただし、この方法は簡単なようで実は条件が変わるとややこしくなる。

前ページではエンドが自分の後ろに延びていたが、エンドが先方にあったらどうするのか？ たとえば、桟橋に下りたあなたに船からロープが投げられた。あなたはもやい結びでロープに輪を作り、ビットにかけなくてはならない。

となると、輪を作る方向やテールを入れる方向が変わり混乱してしまうかもしれない。

さあ、どうする？

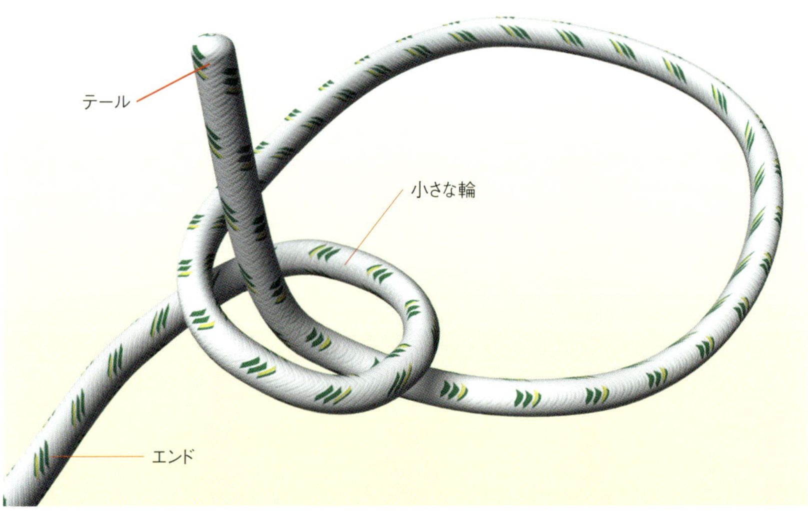

基本形（エンド側の小さな輪にテールが通った状態）になれば、どのような手順でもいい。
工夫しながら練習してみよう

エンドが向こうにある場合

もやい結びは26～27ページで解説した結び方が基本になるが、それだけでは応用が利かない。

ロープワークは実際に使ってナンボである。エンドの方向が逆になったらどうなるか。基本形とは違って、手元にテール側がくるので、ずいぶん勝手が違ってくる。

方向が逆になっていたらどうなるか、あるいはテールを左手に持ってしまったらどうなるのか、テールがない場合（ロープの途中で輪を作る必要がある場合）はどうするのか。あらゆるケースを想定して結べるようにしなくてはならない。

まずは、「テールは右手で持つ」を原則として、エンドが先方にある場合のもやい結びを見てみよう。先に説明した、船からロープが投げられたようなケースだ。

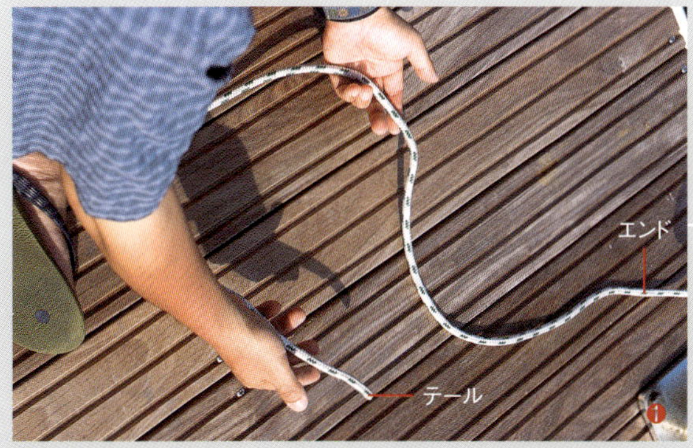

画面から切れているのがエンド側。ぐるっと回して輪を作り、テールは右手に持つ

テールをつかんだままエンド側の上に乗せる

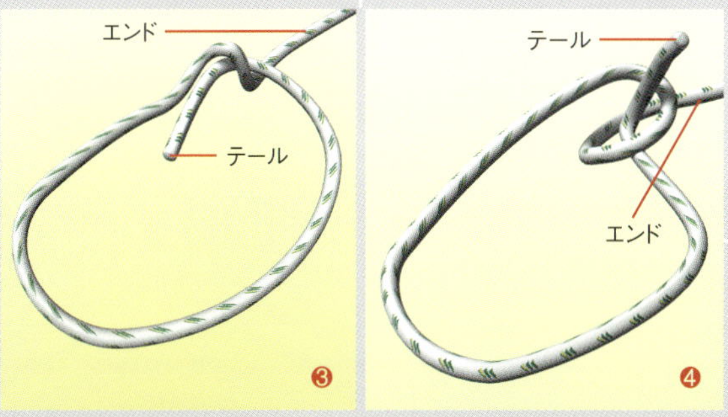

左：手首を手前に返すようにして、テール側をエンド側のロープごと1回転させる。ここがポイント
右：テール側を持った手をひねるような感じで、エンド側がループになるよう手首を使うとうまくいく

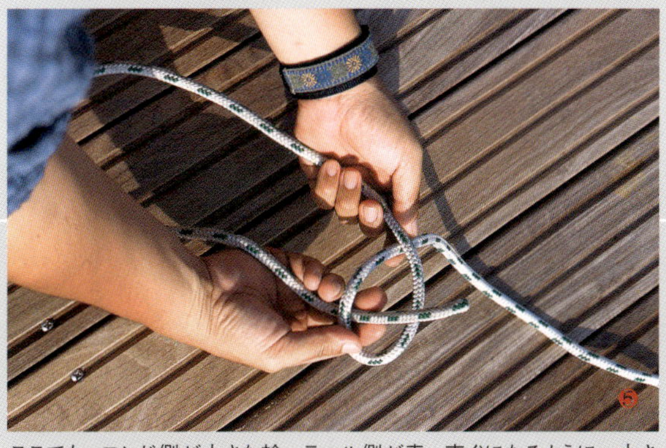

ここでも、エンド側が小さな輪。テール側が真っ直ぐになるように。小さな輪の下から上にテールが出てくる。これで基本形

基本形ができれば、後は前ページと同じ。エンド側の下を通って元の小さな輪に入る

ぎゅっと絞って完成。落水したあなたに投げられたロープを腰に回して結ぶなんていう時にも使える

テールがない場合

長いロープの中間で輪を作りたい場合、どちらもエンドとなる。

つまりテール側も延々と続いてエンドとなっているという場合だ。小さな輪の中にテールを通さなくてはならないから、テールが長く続いていたのではズルズルと全部通していかなくてはならない。非常に結びにくい。場合によっては不可能だ。

こんな時も、あせることはない。ロープの途中を折り返し、折り返し部分をテールに見立て、後は普通にもやい結びをすればよい。

この場合、テール側の余ったエンドにはテンションをかけられないので注意しよう。

もっと長く折り返し、大きな輪の部分も二重にして結べば、輪が2つでき両エンドにテンションをかけることもできる。

途中を折り返すという技はバイト(bight)に取るといい、その他の結びでも応用できるので覚えておこう

テール側も長く続いている場合。途中でロープを折り返してここをテールに見立て、後は普通にもやい結びをすればいい

この場合、テール側の余っているエンド(画面下に延びている部分)に張力をかけるような使い方をしてはいけない

もやい結びの使い道

もやい結びは、張力がかかったままでは解くことができない。つまり、船を舫う場合、両方をもやい結びにしてしまうと、張力がかかった後では解けなくなる。

さらに、もやい結びは長さを調節して結ぶのが難しい。小さな輪の部分で締めているからだ。

そこで、船をもやう場合は、片方をもやい結びにしたら、片方はクリートを使うなど、テンションが入った状態でも解くことができ、長さを調節しやすい結び方を使うのが基本の用法だ。

ジブシートをセールに結び付ける場合にも、もやい結びがよく使われる。ジブシートはウインチで巻き上げるので、変な結び方をすると解けなくなってしまう。

もやい結びは、長さを調節しながら結ぶようなケースには不向き。係留時は、片方をもやい結びにしたら、反対側は長さを調整できる結びにしなくてはならない

この場合はなるべく小さな輪になるように結ぼう。これまで説明の中で「大きな輪」としてきたが、用途によってこの部分のサイズを調整しなくてはならないということだ。

ジブシートのエンド側は、ウインチで巻き揚げたあとクリートで留める。つまりここでも、「もやいは片側だけ」の法則は適用されている。

ロープを繋ぐ時は、繋ぎ専用の結び(シートベンド)もあるが、もやい結びを2つ使って結ぶこともできる。

次に解説する結びと組み合わせれば、さらに多様な使い道がある。やはり、もやい結びは“結びの王様”と言っても過言ではなかったのだ。

注意

もやい結びは、ロープにテンションがかかっている状態で結ぶ結びではない。緩んだ状態のロープに輪を作る結びだ。

小さな輪を作る時、不用意にその中に指を入れ、その時何かのきっかけでロープに張力がかかると、指を挟んでしまい大怪我をする。十分注意しよう。

ジブシートはもやい結びで結ぶ。この場合、邪魔にならないように、輪はなるべく小さく結ぶ。テールの余りもほどほどに

2本のロープを繋ぎたい場合も、もやい結びは有効だ。2つのもやいで繋いでいこう

CHAPTER 2 CHAPTER 3 CHAPTER 4 CHAPTER 5 CHAPTER 6 CHAPTER 7 CHAPTER 8 CHAPTER 9 CHAPTER 10 CHAPTER 11 CHAPTER 12 CHAPTER 13 YACHT LIFE

クラブヒッチ

クラブヒッチの特徴

ボーラインノットは輪を作る結びであったが、クラブヒッチは何かに縛り付ける結びだ。クラブヒッチのクラブはclubではなくてclove（香辛料のクローブ＝チョウジ）。巻き結び、とっくり結びとも言う。

クラブヒッチの基本構造と特徴から説明しよう。

結び目は、上下（左右）対称ではあるが、ここでもエンド側とテール側をハッキリさせておこう。手元になるのをテール側、長く続いてテンションがかかる方をエンドと呼ぶことにする。

同じような形のループ（輪）が2つあるが、ここで作ったループは、引っ張られると絞られてしまう。逆に言えば、このループで結びつけることになる。

クラブヒッチの特徴は、次の通りだ。

○長さを調節して結ぶことができる
○テンションがかかった状態でも結ぶことができる
○テンションがかかった状態でも解くことができる
○結び目は強く引かれると締め付けられる

長さを調節して縛りたいという場面は多いはずだ。もやい結びと組み合わせて係留時に、またフェンダーなど、何かをぶら下げたい時にも有効だ。

クラブヒッチの基本形

丸い棒にロープを結びつける例を解説していこう。エンド側に何か物がぶら下がっているイメージだ。

テール側が棒に巻き付き、この摩擦でエンド側のテンションに対抗している。

テンションがかかった状態の、つまりかなり重い物がぶら下がっているロープでも、1つ目のループの抵抗で長さを調節し、2つ目のループで完全に結び留めることができる。

また、テンションがかかったままでも、2つ目のループにはあまりテンションがかかっていないのでテール側から楽に解け、その後徐々に緩めていくこともできるのだ。

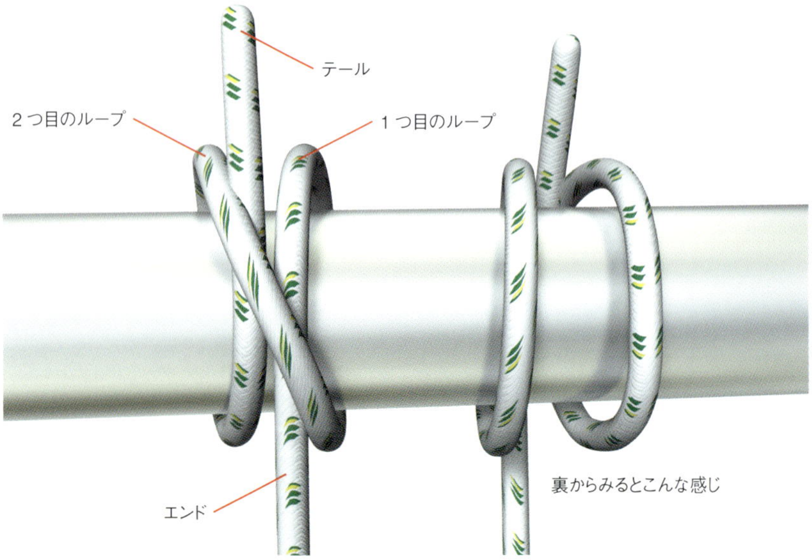

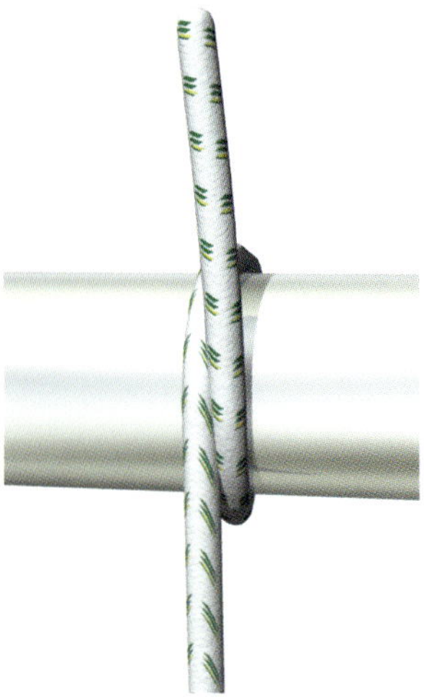

長さを調節しつつ、まず1つ目のループを作る。エンド側の重みは、この部分の摩擦だけで保持することができる

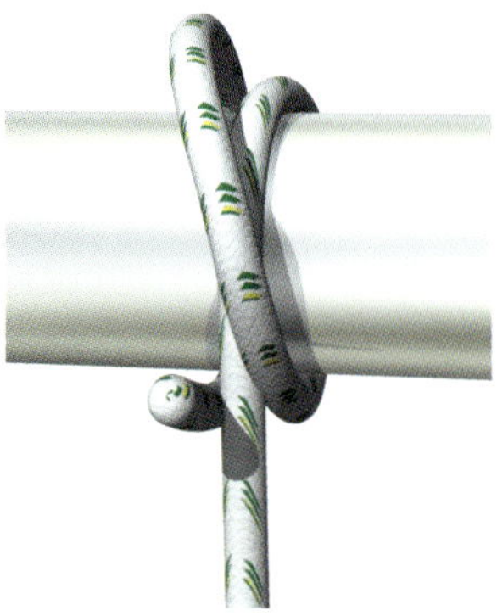

エンド側の上に重ねるようにして2つ目のループへ。1つ目のループで押さえておき、2つ目のループには隙間をつくる

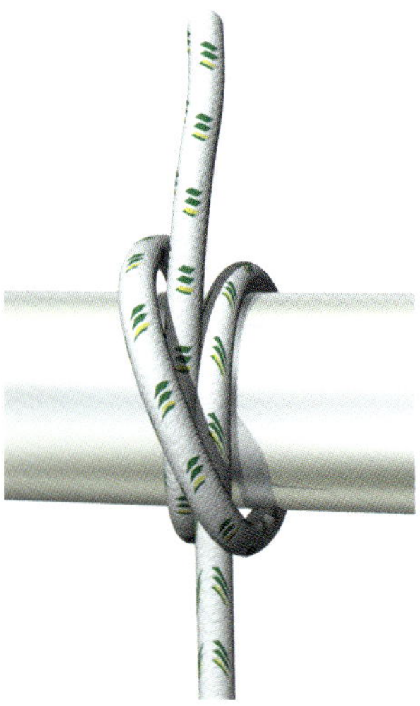

2つ目のループの隙間にテールを通す。エンド側とテール側の上に、たすきがけにループの中間部が乗る

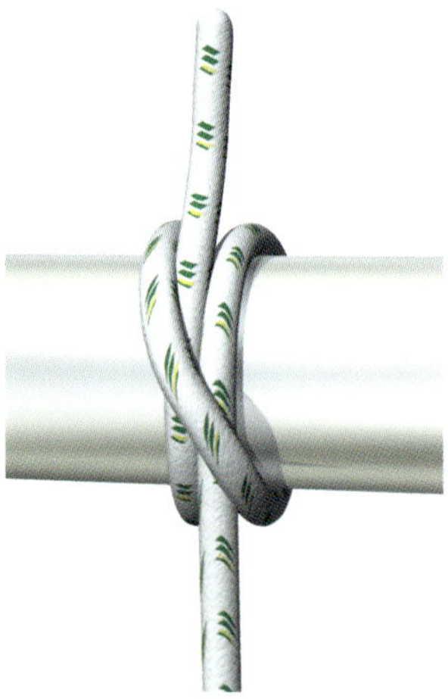

テール側を絞ってクラブヒッチの完成。上下（左右）対称のこの形をよく覚えておこう

ロープの中央で結ぶ

テール側も長く続いている場合、つまりロープの中央で結ぶようなケースを考えてみよう。テールがロープ端でないと、「ループの下を通す」という手順を踏むのが大変だ。ズルズルと長いロープの端を全部通さなくてもいいように別の手順で結ぼう。

係留用のビットに結ぶ場合など、結ばれる側の一端が空いていれば、ロープをひねってかける……を2回繰り返せばクラブヒッチになる。

写真のように、テール側が下になるようにひねるのがポイントだ。

何度も練習して、自然にこの輪ができるようにしよう。係留時には、こうしたケースは多くなる。

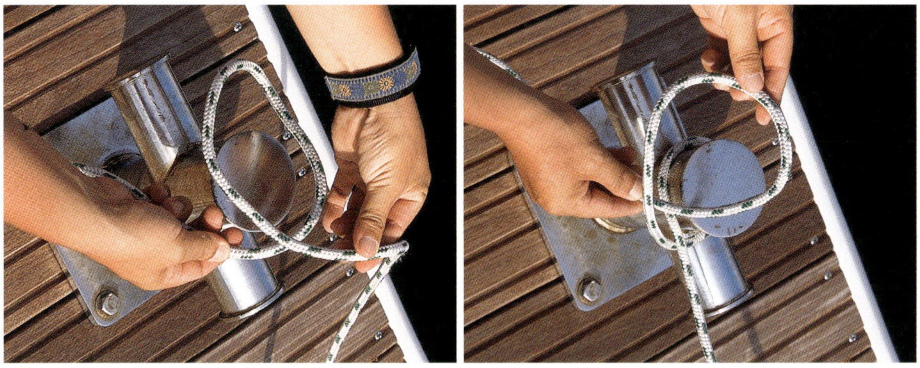

左：テール側が下になるようにして1つ目のループを作ってビットにかける
右：2つ目のループもテール側が下。この動作がポイントだ。何度も練習して無意識にテールが下になる輪ができるようにしよう

この方法だと、写真のように上が空いているビットにしか使えない

ツーハーフヒッチ

ハーフヒッチはきわめて単純な結びだ。右のイラストは、2回繰り返したツーハーフヒッチになる。

長さを調節して結ぶ、あるいは縛り付けるような場合によく使われる。

結びの部分をよく見ると、2つのループから成り、クラブヒッチと同じ構造なのが分かる。

縛り付ける

物を縛り付けるというケースも、デッキ上では非常に多くなる。そんな時に有効なのがツーハーフヒッチだ。

ポイントは、ツーハーフヒッチに至る前に、テンションを殺しておくこと。つまり、何かに絡めてその摩擦抵抗である程度固定し、最後にこのハーフヒッチで結ぶようにするとよい。

例として、セールタイでブームにセールを縛り付けるところを見てみよう。

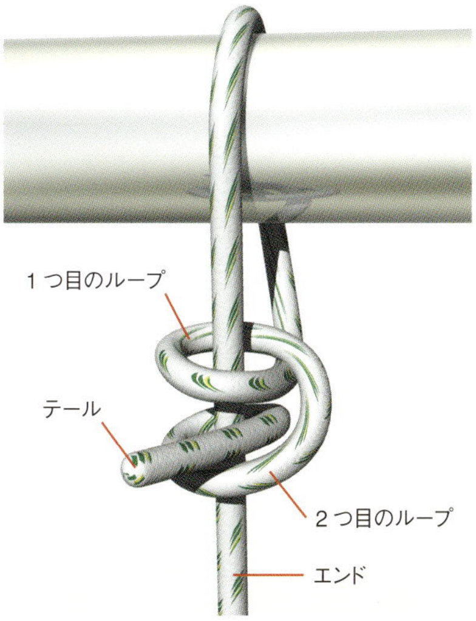

結び目をアップにすると……クラブヒッチと同じ形だ

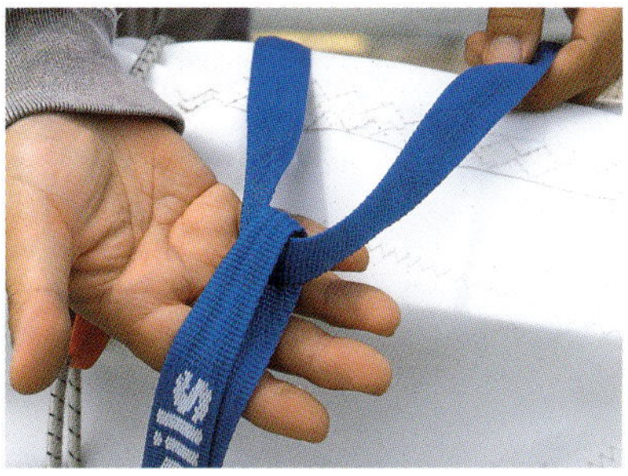

輪に通してギュッと絞れば、ちょうどブロックを使って増力しているような効果がある。この輪は、もやい結びで作ってもいい

しっかりと引き絞ったら、後はツーハーフヒッチで留める。2重目をバイトにとれば、解く時も簡単だ。半蝶々結びって感じ

クリート結び

クリート結びの特徴

もっと簡単に長さや張り具合を調節するためにクリートがある。

クリートにもいろいろな種類があることは第3章で紹介したが、ここでは最も単純な形のクリートに、クリート結びでロープを留める方法を紹介しよう。これもロープワークの1つである。

クリート結びの特徴は次の通りだ。

○長さを調節するのが簡単
○テンションがかかった状態で結ぶことができる
○テンションがかかった状態で解き、そのまま微調節が可能
○クリートがないと結べない

ひねってかける

クリートにロープを巻き付け、その摩擦でロープを留めるのがクリート結びだ。使われるクリートそのものは単純な形をしている。

ここでもエンド側とテール側を意識して結ぼう。結び終えたものを上からよく見ると、クラブヒッチと同じような構造になっているのも分かる。

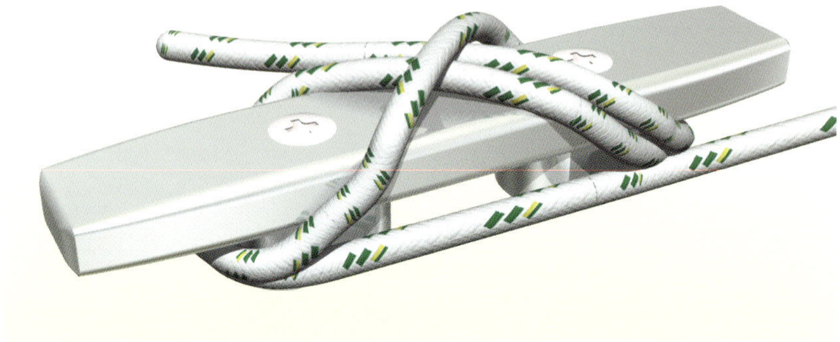

テール側をクリートのベース部に一巻きする。これでエンド側のテンションを受ける。この状態で出し入れして、長さの調整をする

2周目はたすきがけにし、3周目は普通に巻く感じでぐるっと回す。ここがポイント。左手に持っているのがテール側だ

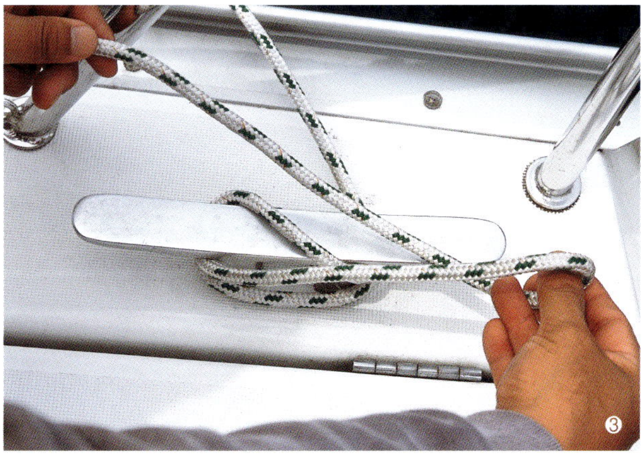

普通に回したものをひねってかける。この場合、テール側(写真の左手側)が下になるようにひねる

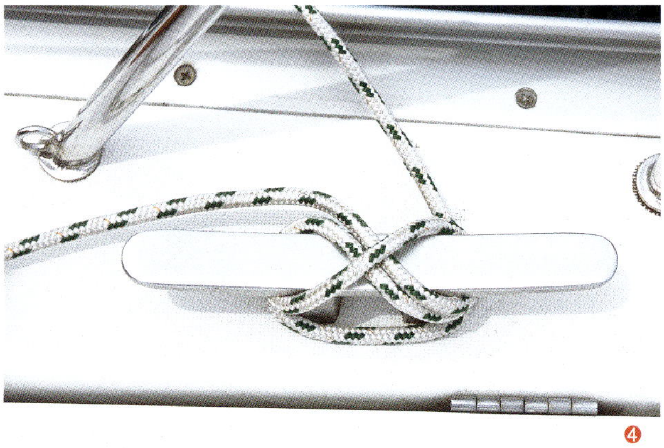

そのまま絞って完成。写真の上に延びているのがテンションのかかるエンド側。左がテール側だ

クリート結びの応用

クリート結びは、「回してひねって掛ける」だけなので、長いロープの途中であっても簡単に結ぶことができる。しかし、ここでもテンションがかかるエンド側と、そうでないテール側を意識しなくてはならない。

エンド側にかかる主なテンションは、最初の一巻きで受けている。つまり、その先のテール側にはテンションがかかっていないから、解く時は簡単に解けるのだ。

ところが、係留時には長いロープを使って一つのクリートから前後に2本の係留索を取りたいというようなケースも多い。この時、結び終わりの余ったテール側をそのまま使ってしまったらどうなるか？

両エンドをもやい結びで結んでしまっている場合など、特に両方にテンションがかかってしまい、解けなくなる。そうでなくとも、テール側が強く引かれると、きっちりと締まってしまい、解けなくなることもあるので注意しよう。

長いロープの両エンドを使いたい場合は、もやい結びの項でも出てきた“バイトに取る”を応用しよう。ロープの中央部分をバイトに取って、これをテールに見立てるわけだ（右写真）。

あるいは、一度クリート結びをした上に、別のクリート結びを重ねるということもできる。この場合、当然ながら最初のクリート結びを解く時は、上に重なったクリート結びを先に解かなくてはならない。

クリートに対してロープが太い場合、かさばってしまってクリート結びがしにくいというケースもある。そんな時には、クリートに直接もやい結びで輪を作って留めることもできる。当然、長さの調節は反対エンドでクリート結びなり、クラブヒッチなりを用いて行うことになる。

❶ 写真ではブラブラしているが、ここでは長いロープの両端が桟橋に結ばれている。途中をバイトにとって、この部分をテールに見立てよう

❷ 後は左ページ同様にクリートしていけばいい。1周目で長さを調整し、2周目はたすきがけ、次は回してひねってかける

❸ テール側を絞って完成。これなら、両エンドにテンションがかかっても大丈夫。長さを調節したいときは全部解くことになる

フィギュアエイトノット

エイトノットの特徴

フィギュアエイトノット（通称エイトノット）は、結び目を作る結びだ。

たとえば、ブロックに通したシートが抜けて出て行かないように、シートテールにエイトノットで結び目を作っておく。この結び目がブロックに引っ掛かって、シートが抜け出ていくのを防ぐというわけだ。

まずは8の字をつくる。1つ目のループはエンド側の上を。2つ目のループはエンド側の下を通る

テールをテール側のループに入れる。これで8の字ができた。写真で見るより実際にやってみると簡単

テール側を引っ張って完成。エンド側のループをもう1周させると、より大きな結び目になる

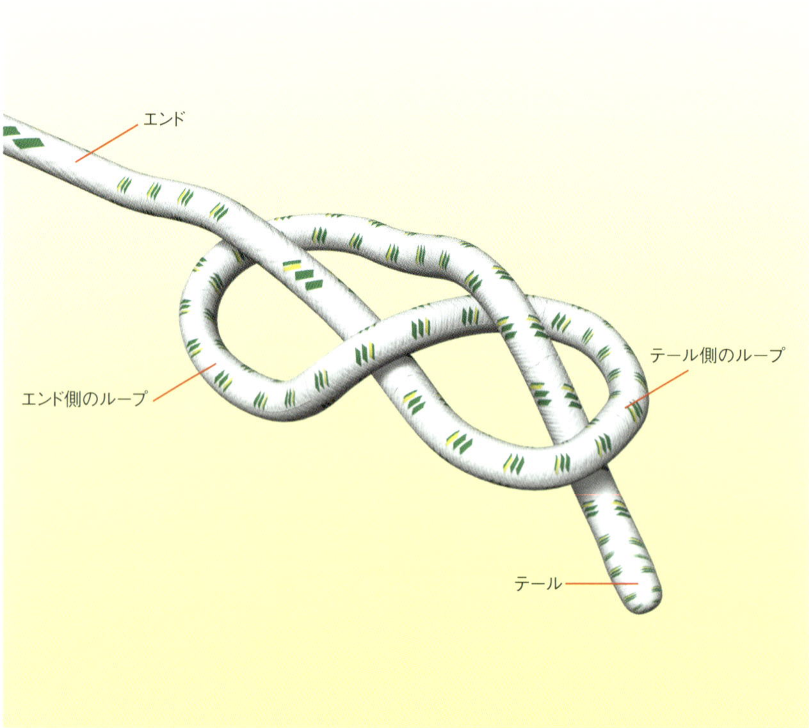

結び目は8の字になった2つのループから成り立っている。この結び目がブロックの通り道で強く押されても、解きたい時には簡単に解ける。テール側のループにまでは力が及ばないからである。

あくまでも結び目でつっかえ棒にしようというものなので、テール部を強く引っ張ると解けなくなる。ロープの途中になんらかの結び目を作って、持つ手が滑らないようにするという使い方の場合、ロープ全体にテンションがかかると、その結び目は解けなくなる可能性があるので注意しよう。

アイにロープを結びつけるような時には、もやい結びという手もあるが、アイに通したロープのエンドにエイトノットでコブを作るという方法もある。もやい結びよりも、結び目が小さくなるという利点がある。

また、小型艇ではスピネーカーにスピンシートを結ぶ際も、同様にエイトノットで済ませる場合が多い。単純だが、意外に使い道は広い結びだ。

結んでみる

結び方はいたって簡単。8の字を作り、テールをテール側のループに通すだけ。目をつぶってもできるように練習しておこう。

テールをどのくらい余らせるかは用途次第だ。少しでも邪魔にならないように余りは最小限にした方がいい場合と、手で持てるくらいの余りを持たせた方が後々使いやすい場合もある。

基本は5つの結び方

もやい結びとクラブヒッチ、ツーハーフヒッチ、クリート結び、そしてエイトノット。以上5種類の結びをマスターすれば、ほとんどの場面を乗り切ることができる。あとは、いかに応用するかの問題だ。

他にも結びは数多くあるが、まずは以上5つの結びを完全にマスターしよう。とにかく結んでみる。これがロープワーク上達のポイントだ。

ロープを束ねる(コイル)

使わないロープ類は、次に使う時のことを考えてコイルしておこう。

コイルといっても、単純にグルグル巻くとわざわざ撚りを入れているようなもので、いざ使う時に絡まりやすくなってしまう。そこで、コイルとはいっても巻くのではなく、畳む(フレーク)というイメージでまとめておく。これなら撚りが出にくく、長いロープも絡まりにくくなる。

束ね方はいろいろある。どの方法でもいいが、船の中で統一しておくと誰がコイルしたロープを誰が使っても戸惑うことはない。

真っ暗な中でロープを取り出して使うことだってあるわけだ。たかがコイルと思わず、真剣に取り組もう。

❶ グルグル巻くのではなく、畳んで束ねるという感じ。太いロープはそれなりにループを大きくしないと、かさばってしまう

❷ ロープをまとめたら、テールをぐるっと回して束ねる。左手小指でテール部分を押さえながら束ねていくといい。テール側の長さは、ロープの量によって調整する

❸ 2〜3周巻いたら左手の中指でひっかけて、束ねたロープの中を通す。このあたりの指使いがポイントだ

❹ 反対側に引き出す時に、束ねたロープは右手に持ち変える。左手は引き出したループ部分を上から被せるようにして返す

❺ 全体に被せたら再び左手で、束ねたロープを掴む。ループ部分を下に押し込んでテール側を引っ張る。一連の左右の手の使い方に注目

❻ これで完成。テールを長めに残しておけば、ここをクラブヒッチでぶら下げたり、もやい結びで輪を作ってひっかけたりできる

最後のまとめ方はいろいろあるが、ここに紹介した方法はテールをくぐらせていないところがポイントだ。誰が解いても絡まりにくくなっている。

ロープワークは家でも練習できる。ロープを持ち帰り、結んで、縛って、解きまくろう!

第５章

居住／電気装備

外洋で長期間生活するためには、居住設備が必要になる。
逆にいえば、キャビンがあるからこその外洋ヨットだ。
そこには電気製品もあり、それを駆動するための電源も必要になる。

生活のための装備

外洋ヨットの特徴は、ヨットの上で生活できるということ。外洋を長期間にわたって走り抜くには、睡眠や休憩、食事といった生活が必要になり、そのためにキャビンがある。ここではセーリングとは直接関係がないその他の装備について触れておこう。

セーリングには直接関係がないとはいえ、それもこれもすべてひっくるめて外洋ヨットなのだ。そして、こうした装備の数々も、外洋ヨットの魅力のひとつといえる。

ハッチ――キャビンへの出入り口

外洋ヨットは乾舷（フリーボード）が低い。つまりデッキの位置が海面に近い。そのため、少しでも海が荒れてくると、デッキは波を被ってびしょ濡れになる。マリーナの中でくつろいでいる状態とは、まったく異なる状況に突入するというわけだ。

そこで、デッキは水密構造になっており、そこに設けられたハッチも水密を考えた造りになっている。

デッキからキャビンへのメインとなる出入り口が、コンパニオンウェイだ。コクピット前端にある。後方を向いて開いているところがミソで、単なる出入り口ではなく、通風も兼ねている。

コンパニオンウェイは、差し板とスラ

バウハッチは水密性が高い。モデル艇では中央に通風用のベンチレーターが付いているが、波を被っただけでは海水は入ってこないようになっている

イドハッチからなっている。海が穏やかな時は全部開けて、ちょっと波が被るようになったらスライドハッチだけを閉め、さらに時化模様になったら差し板も閉めて……と、コンディションによって使い分けよう。コンパニオンウェイは、完全な水密構造ではないが、被った波がキャビン内に漏れないように戸袋が工夫されている。また、横転時に差し板が流出しないように、流れ止めのロープを設けておくなど、普段からの備えも重要だ。

バウのデッキにあるのがバウハッチ。こちらは完全な水密構造になっている。バウのデッキは波を被りやすい。セーリング時には、きちんと閉めておこう。

バウハッチは、外からでも中からでも開閉できるようになっている。そのままでは防犯上都合が悪いので、内側からはロックできるようにもなっている。セーリング中は外からでもハッチを開けることができるよう、ロックは解除しておこう。

同様のハッチがキャビンの天井に付く場合もある。この場合はスカイライトハッチと呼ぶ。通風を兼ねた明かり取りだ。バウハッチはそこから人間が出入りできるが、スカイライトハッチは通風採光がその役目である。

パルピット

デッキの前後にはパルピットと呼ばれる手すりが付く。ステンレス製のガッチリしたもので、もちろん落水防止用だ。

前（バウ）にあるのがバウパルピット、後ろ（スターン）にあるものをスターンパルピットと呼ぶ。前後のパルピットはステンレスワイヤ製のライフラインで結ばれ、デッキをぐるりと取り囲むような形になる。

ライフラインはスタンションで支えられる。こちらもガッチリしたステンレス製だ。また、足元にはトゥレイルが付き、これも足がかりになる。あるいは、ドライバーなどの工具類がデッキから転がり落ちないようにという意味でも有効だ。

第1章でも書いたが、ヨットから海に落ちること――落水は、きわめて深刻な結果を招く。

人間の感覚とは面白いもので、これが高いビルの屋上なら、手すりから身を乗り出して下を見るなんていうのは怖くてできないが、ヨットのデッキならそんな恐怖感はない。しかし、落ちた時の危険度は、ビルの屋上も、海もさほど変わらないのだ。十分に注意しよう。

ロッカー

外洋ヨットには、いろいろな装備が積み込まれる。予備のセールやロープ類。予備のアンカーも必要だし、遠出をするなら予備の燃料もポリタンクに入れて積んでいく。そのほか、空気を抜いたゴムボートやら釣りの道具やら、乗っているうちにこうした備品はどんどん増えていく。

これらをしまっておく物入れ（ロッカー）も重要だ。デッキには特に大きくかさばるものや、濡れたものをしまって

左：デッキ中央に見えているのがコンパニオンウエイとそのハッチ。このように海が穏やかな時は、全開の状態で使用する。デッキの回りはぐるりとパルピットとライフラインで取り囲まれている。その下に、トーレイルも見える
右：パルピットには、ヨットによってさまざまな形状がある。命を預ける大切なものなので、デッキへの取り付け部分やライフラインのエンド部などのチェックは怠らないようにしたい

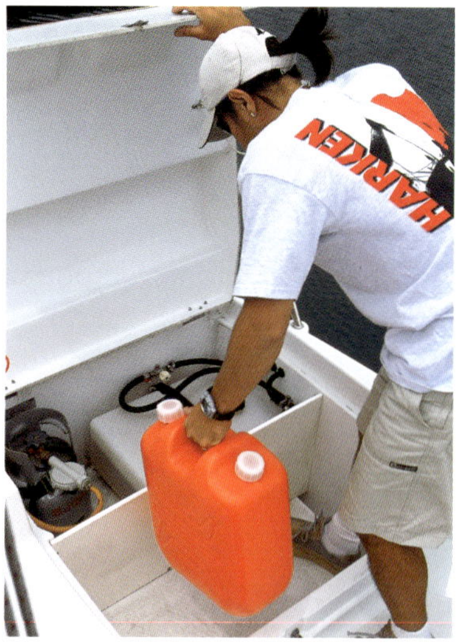

デッキのロッカーには大きな物やキャビンの中にしまいたくないような物を入れる

おくためのロッカーが付いている。一般的に、こうしたロッカーも水密になっている。でないと、横転時にここから水がキャビン内に入り、沈んでしまうからだ。自艇のデッキロッカーがどういう構造になっているか、よく把握しておこう。

ロッカーにしまわれた備品には急を要するようなものも多い。ところが、そうした「急を要するもの」ほど、普段は使わないので奥に奥にとしまわれがちだ。いざという時にすぐに取り出せるように整理整頓しておこう。また、「必要ないものはヨットから降ろす」という整理整頓の大原則も忘れずに。知らず知らずのうちに、ほとんど必要のない備品が増えているものなのだ。

タンクと注入口

外洋で生活する上で真水は貴重である。外洋ヨットには、飲み水や生活用水に用いる真水を入れておくタンクが装備され、清水《せいすい》タンクと呼んでいる。

それとは別に、エンジン用の燃料を入れておく燃料タンクも装備されている。

それらのタンクへの注入口がデッキ

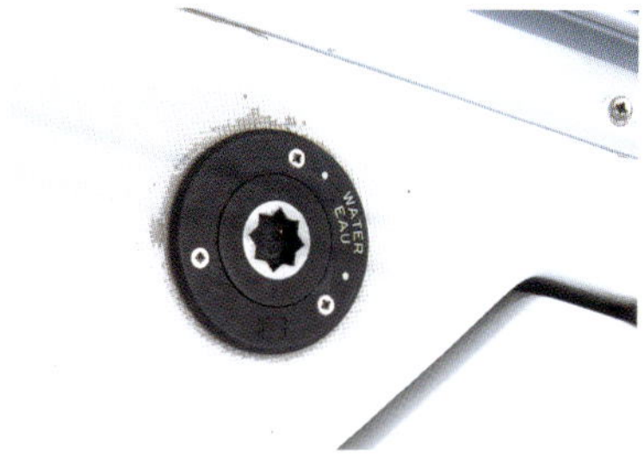

写真はウインチハンドルを使って開け閉めするタイプの注入口。「WATER」と書かれ、真水を入れる方だとすぐ分かる

に付く。当然ながら防水仕様になっており、専用のハンドルを用いたり、あるいはウインチハンドルを使って開け閉めするタイプのものが多い。

水と燃料は文字通り"水と油"なのだが、注入口は形がほとんど同じだ。間違えると大変なことになる。水か油か、蓋にはちゃんと明記されているので、清水タンクには真水を、燃料タンクには燃料を、間違えないように入れよう。また、注入時に蓋を海に落とさないように注意しよう。通常、予備の蓋は積んでない。

ビルジポンプ

「ビルジ(bilge)」というのは、日本語ではかなり曖昧に使われているヨット用語の一つだ。日本語にするのはなかなか難しい。ヨット用語の辞典『THE SAILING DICTIONARY』で確認してみた。"Bilge"とは、そもそもは船底部のカーブのことを指し、"bilges"となると船底《ふなぞこ》の一番低くなっている部分で、キャビン床下を指す。

ここに溜まるのがビルジウォーター。キャビンに打ち込んだ海水はもとより、雨漏りすれば雨水が、あるいは清水タンクの水がどこからか漏れている場合もある。エンジンから漏れたオイル、こぼしたビール、トイレから……、いろいろ混じった汚水である。

ビルジウォーターを略して「ビルジ」と呼ぶことも多い。そして、ビルジの溜まる部分(Bilges)を日本語では「ビルジ溜まり」と呼んだりする。

ビルジに溜まった水だからビルジウォーターで、それを「ビルジ」と省略するまではいいが、それが溜まる場所を「ビルジ溜まり」と呼んでしまうと、かなりややこしいことになる。

ビギナーは、得てしてこういう所で「?マーク」が付き、つまずいてしまうのかもしれないが、細かいことは気にしないようにしましょう。

さて、このビルジ(正確に言うとビルジウォーター)を汲むのがビルジポンプ。ビルジ(Bilges)に付いているポンプだから、ビルジポンプでよろしい。

ビルジも、少ないうちは床下でじっとしている。しかし、ヨットが走り出し、揺さぶられるようになると、ビルジ溜まりにとどまらず床下から床上に進出し、床上浸水となる。さらにヨットが大きくヒールすると、ビルジはハルサイドの上の方まで上がってきて壁面ロッカーの中を濡らしたりする。通常、このあたりのロッカーは濡れないだろうと考え、濡れては困るものを収納している。こうして、暴れ回るビルジで、キャビンの中はひどいことになる。強

ビルジポンプの操作部はデッキ上にある。ハンドルは取り外し式なので、なくさないように、ひもで繋いでおく

風時ほどビルジも溜まりやすいので、ヨットのキャビンというのはかなりウェットな（水っけの多い）空間なのだ。

さらに、なんらかの事故で極端にビルジが増えると、「ウェットだなー」と嘆いているどころではない。ヨットの復原力は著しく低下し（転覆しやすくなり）、最後は沈んでしまう。

こうならないようにビルジを汲み出すのがビルジポンプである。ということで、ビルジポンプは安全備品でもある。

電動で、ビルジが溜まると自動的に作動する製品もあるが、電気系統がダメになっても使えるような手動のものも備えておかなければならない。これはデッキで操作できるようになっている。

ちなみに、バケツは最も原始的なビルジポンプである。1杯3リッター程度と、排水能力もかなり高く、その上壊れにくいというバケツも、重要な安全備品の1つだ。必ず装備しよう。

また、ポンプではビルジを完全に吸い出すのが難しい場合もある。特にスポーティーなヨットでは、ビルジの溜まる場所が平らであったりするので、最後はスポンジで吸い取るという作業が必要だ。バケツが最も原始的なビルジポンプであるなら、スポンジは最も緻密なビルジポンプである。洗車用の大型スポンジも必携だ。

ギャレー

陸上で言うキッチンや調理スペースを、ヨットの上ではギャレーと呼んでいる。

清水タンクから真水を、または直接海水を汲み上げて食器洗いなどにも使用できるようになっている。ポンプは手動、足踏み式、電動とあり、それぞれ使い勝手も異なってくる。

プロパンガスやアルコールを用いたコンロも付いている。ヨットは傾いた状態で走り続けることも多いので、

ギャレーに備え付けられたコンロはジンバルの上に載っている。これでヨットが傾いても大丈夫だ

その状態でも鍋を火にかけられるように、コンロはジンバルという台に載っている。振り子のように、ヨットのヒールに合わせてコンロも傾くので中身がこぼれないのだ。

冷蔵庫も重要だ。昔ながらの氷を入れて冷やす単なるアイスボックスから、電動でコンプレッサーを駆動して冷やすタイプ、あるいはエンジンに直接コンプレッサーを取り付けて冷やすタイプ、また携帯式のプロパンカートリッジを用いるものもある。

これらギャレーの装備は、それぞれのヨットの用途によって異なってくる。キャンプの要領で各自工夫して楽しもう。

バース

ヨットの中の寝床はバース、あるいはボンクという。ベッドとはいわない。

狭いキャビンの中であるから、メインサロンのソファも、夜や帆走中はそのままバースとして利用する。

停泊中はいいが、帆走時にはヨットはヒールする。傾いた状態で寝なくてはならないわけで、風下側にずり落ちないような工夫も必要だ。

また、バースは荷物置き場になる場合も多い。ヨットが走り出したらどうなるか。どこにどのように置けば荷物が安定するのか、このあたりをよく考えるというのも、ヨット入門の第一歩なのだ。

トイレ

いざとなってからでは遅い。マリントイレの使い方は、事前にしっかりマスターしておこう。

マリントイレは、海水を汲み上げて海に排水する仕組みになっているタイプが多い。手動と電動があるが、ここでは手動式の使い方を見ていこう。

まず、船底に通じるバルブ（シーコック）を開ける。細い方が給水側、太い方が排水側だ。両方とも開ける。シーコックは、ロッカーの中など分かりにくい場所にあることが多いので注意しよう。

取っ手をグルグル回すタイプのシーコックなら、反時計回りに回すと開く。L字型のレバーをひねるタイプなら、レバーをホースと平行にした状態が“開”だ。

トイレにはポンプのハンドルと、弁の切り替えレバーが付いている。このレバーで

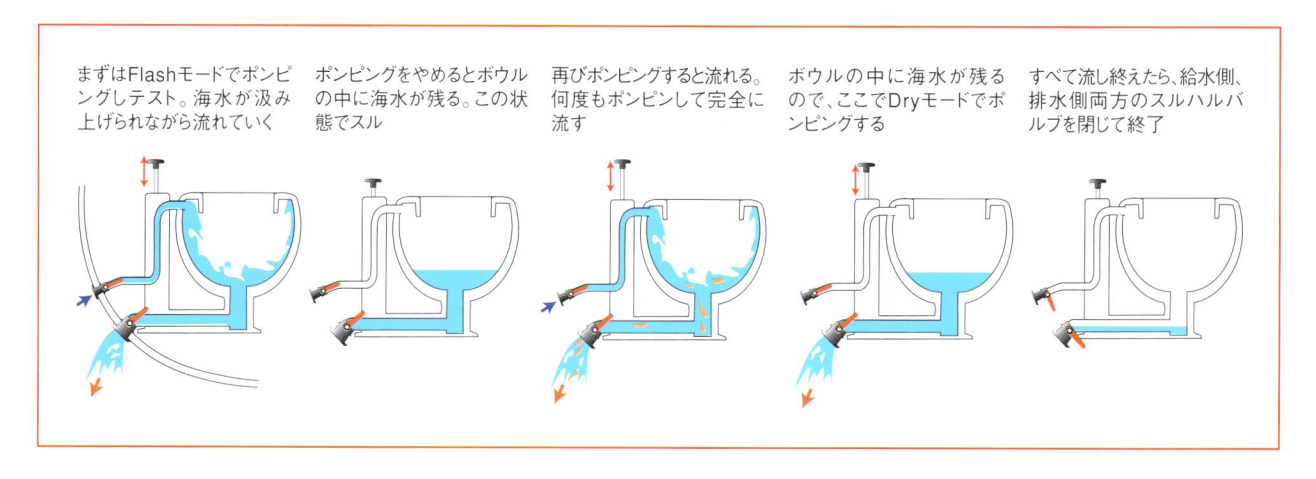

ヨットのトイレ。男性はデッキから直接海にというケースも多いだろうが、安全のためにもトイレを使いたい

Flash：海水を汲みつつ流す

Dry：ボウルに溜まった水を流し出す

……を切り替えながら使うことになる。

最初はレバーをFlashにしてポンピングしてみよう。これでポンプが壊れていないかチェックできる。壊れたトイレにしてしまうと大変だ。

ポンピングを止めると海水がボウルの中に残るはずだ。この状態で用を足す。

できれば、用を足しながらFlashモードでポンピングして流す。流しながらスル。匂いの元はその場で流してしまう。

とはいえ、これは慣れないと意外と難しいかもしれない。その場合は、すべて終わってからFlashモードでポンピングして流す。

ボウルの中の汚物が流れ出たと思っても、まだ排水側のパイプの中には残っている。排水側のパイプは意外と長いのだ。さらに続けてポンピングしよう。途中で一度、Dry側にレバーを倒してポンピングしてみてもいい。

完全に流れたと思ったら、レバーをDry側に倒してボウルの中の海水を全部排出する。

すべて終了したら、再び給水側、排水側、両方のシーコックを閉めておく。さもないと、海水が逆流してくる恐れがある。シーコックへ繋がる配管は、一度デッキの真下あたりまで立ち上げて逆流を防ぐようになっている場合が

まずはFlashモードでポンピングしテスト。海水が汲み上げられながら流れていく

ポンピングをやめるとボウルの中に海水が残る。この状態でスル

再びポンピングすると流れる。何度もポンピンして完全に流す

ボウルの中に海水が残るので、ここでDryモードでポンピングする

すべて流し終えたら、給水側、排水側両方のスルハルバルブを閉じて終了

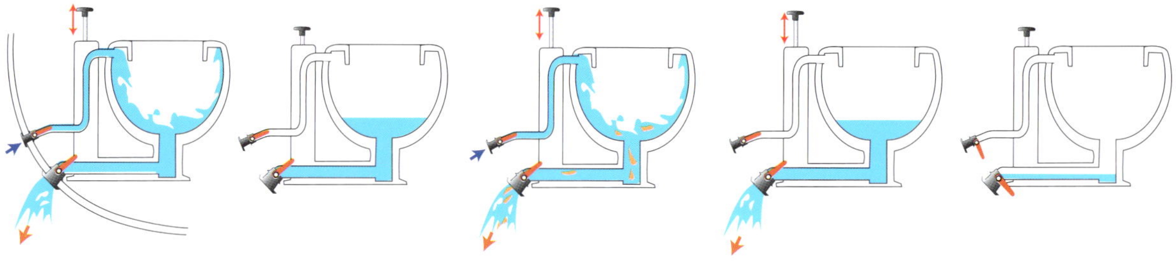

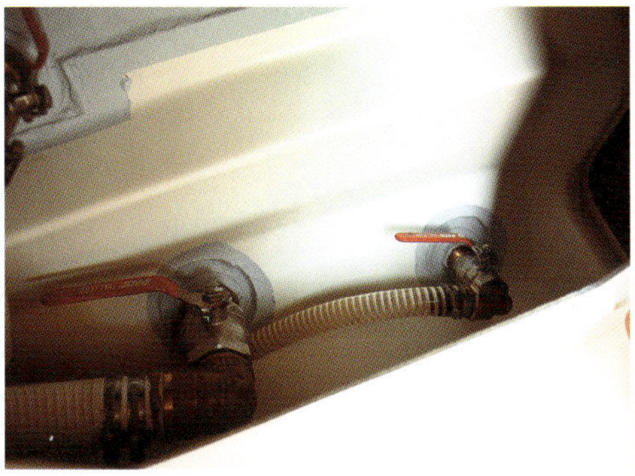

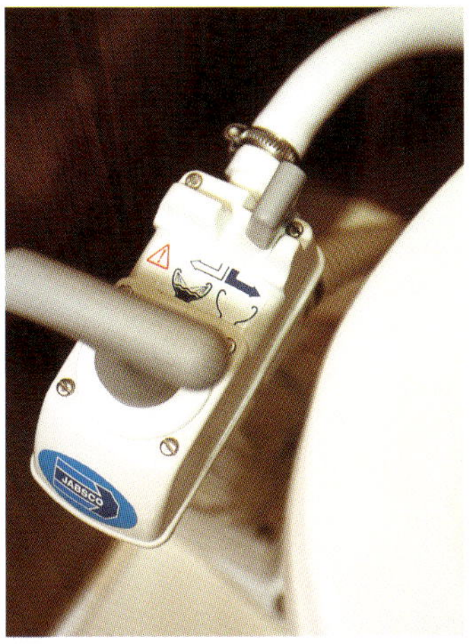

上:船底に通じるスルハルに付いているシーコック。ホースが90度曲げられているので、これで閉じている状態
右:マリントイレの操作部。ポンプのハンドルと、切り替えレバーが見える

多い。だから、いっぱいポンピングしなければならないのだが、それでもサイフォン効果で逆流することがある。使わない時はシーコックは閉めるということを習慣化しておこう。

トイレに限らず、船底部に直接通じているのがシーコックだ。ここから海水が漏れると、当然ながらヨットは沈んでしまう。バルブのみならず、ホースの継ぎ目など、常に注意をはらおう。

このように、マリントイレは汚物を直接船外に放出する仕組みになっている。港内では使用できない。錨泊していて、誰かが泳いでいる時も……だ。

最近は汚染防止のためにサニテーションタンクを装備したヨットも出てきている。汚物を船内のタンクに溜めておき、マリーナの施設で汲み出したり外海に出てから排出したりするシステムだ。

これなら、港の中に停泊中でもヨットのトイレが使えるので便利。マリーナのポンプ施設はまだまだ普及していないが、クルージングの帰りがけに沖合で排出すればいいのだから、今後は日本でもサニテーションシステムは普及していくはずだ。

電気を考える

ヨットは帆で走る。とはいえ、外洋ヨットは、ハーバーへの出入りにはエンジンを使う。エンジンの始動にはバッテリーが必要になる。また、その他にも夜間の帆走には航海灯が必要になるし、キャビンライトもなければ困る。航海計器や無線、冷蔵庫などの生活備品など、ヨットの上の電気製品は少なくない。

ヨットの上で使う電気について、説明しておこう。

交流と直流

電源は、大きく分けると交流と直流に分けられる。

家庭の壁に付いているコンセントから得られるのが交流電源だ。対して、乾電池は直流電源で、こちらにはプラス(陽極)とマイナス(陰極)がある。交流電源はプラスとマイナスがめまぐるしく入れ替わるところが直流電源と大きく異なっている。関東地方は50ヘルツであるから、1秒間に50回、プラスとマイナスが入れ替わっている。

ヨットの上では、基本的に直流電源が使われる。自動車と同じような12Vの蓄電池だ。

電流と電圧

電気の強さ、もう少し正確にいうと電位の差を電圧という。単位はV(ボルト)。一方、電気の流れる量を表すのが電流。単位はA(アンペア)だ。

そして、電気の仕事率を電力といい、これは電圧×電流で表される。単位はW(ワット)となる。

それぞれの機器には、消費電力が表示されているはずだ。限りあるヨットの上の電源を消費していくにあたり、各機器の消費電力から、どの程度の電流が流れているのか頭に入れておこう。

例を挙げてみる。

12Vの電源で、消費電力20Wの室内灯を1つ点けると、20W÷12V＝1.66Aの電流が流れる。

バッテリー

ヨット上の電源は直流12Vの蓄電池を使っている。自動車のエンジン始動用に用いられる物とほとんど同じものだ。

自動車のバッテリーは、まずエンジンの始動がその役目の大部分である。バッテリーでスターターモーターを回し、エンジンをかけるわけだ。エンジン始動後は、今度はエンジンがバッテリーを充電し続け、ヘッドライトやカー

写真では、エンジンの手前にあるのがバッテリー

オーディオといった電気製品の電力を賄っている。

一方ヨットの場合、エンジン始動までは自動車と同じだ。出入港はエンジンを使って走る。これを機走という。ところが、一旦港外に出て帆走を始めるとエンジンは止めてしまう。停泊中も同様。やかましいので通常はエンジンを止める。それでも、航海計器や、夜間になれば航海灯、コンパスライト、停泊中なら室内灯と、バッテリーは使われる一方である。このあたり、自動車とヨットとではバッテリーの役割が大きく異なるのだ。

バッテリーの容量はAh（アンペアアワー）で表される。これは20時間で10.5Vまで電圧が低下するのに要する電流を表している。つまり、70Ahのバッテリーなら、3.5Aを20時間流し続けることができるという意味だ。前述の20Wの室内灯なら、計算上、2つの室内灯が約20時間間灯せる。バッテリーの電圧は電圧計でチェックする。充電中は14～13V。元気な状態が約12.5V。電圧が下がってきたら、たとえ帆走中でもエンジンをかけて充電しよう。

電気機器を使いすぎてバッテリーが上がってしまったら、エンジンを始動できなくなってしまう。エンジンさえかかれば、またバッテリーを充電することができるのに……。

そこでバッテリーを2つ備え、切り替えスイッチで、1番、2番、両方と切り替えて使うようにするケースが多い。

エンジンのコントロールパネル。船内またはコクピットにある

通常は1番のバッテリーだけ使い、もしもバッテリーが上がってしまっても、スイッチを切り替えて2番のバッテリーでエンジンを始動させ、その後、両方同時に充電するという使い方ができる。

実際には、一度完全に放電させてしまうとバッテリーの寿命は著しく低下するといわれている。そもそも、自動車で通常使われるエンジンスタート用のバッテリーは、ヨットのサービス電源的な使い方には向いていないのだ。

最近では蓄電池にもさまざまなタイプが出てきており、エンジン始動用は始動に適したバッテリーを、その他のサービス用にはディープサイクルと呼ばれる充放電の繰り返しに強いタイプのバッテリーを装備し、使い分けることも多い。

ブレーカー

電気を流す電線は、流れる電流によって太さを変えなくてはならない。大きな電流が流れるような場所には太い電線を、電流が小さい場合は細い電線をと使い分けられている。

基本的には船の設計段階で計算されているのだが、後から電気製品を追加することも多いのが外洋ヨットだ。この場合には、流れる電流をよく考えて増設していこう。

ショートするなど、予期せぬ突発的な大電流が流れてしまう場合もある。水という電気の大敵が周りにウヨウヨあるヨットという環境を考えると、こうした事故も少なくない。

その時、配線全体が破壊されないように、ヒューズやブレーカーを設けて安全弁にしている。想定外の電流が流れた場合、ヒューズが切れたりブレーカーが落ちたりして被害を防いでくれるわけだ。

ブレーカーが落ちた場合は再びONにすれば回復する。ヒューズの場合は焼き切れてしまうので、予備ヒューズに差し替える必要がある。多くは配電盤が設けられ、系統ごとにコントロールされている。どこが悪いのかを見つけやすいようにできているのだ。必要のない系統のブレーカーは、最初からOffにしておこう。

注意しなくてはならないのは、ブレーカーが落ちたりヒューズが切れた場合、それに至るなんらかの原因があるということ。その原因を突き止めて直さなければ、またヒューズは切れる。かといって、勝手に大容量のものに交換してしまってはいけない。回路全体が破壊されないようにする安全弁がヒューズなのだから。

陸電（ショアパワー）

マリーナでの係留中は、陸上に流れる交流電源をケーブルで船内に引き込むことができる。これを陸電（ショアパワー）と呼んでいる。もちろんマリーナ側で、電源設備を備えている必要がある。

陸電を使えば、船内で交流電源用の家電製品を使うことができる。直流12Vを交流に変換するインバーターを使うという手もあるが、陸電を使えばバッテリー上がりの心配はない。

また、陸電をバッテリーチャージャーに接続すれば、船内の12V電源と、その機器（室内灯とか）もバッテリー上がりを気にすることなく使うことができる。

ただし、自動車用の安価なバッテリーチャージャーを安易に取り付けるのはリスクが大きい。船火事などを引き起こす原因になることも考えられる。設置にあたっては、電気系統全体のシステムに詳しい専門業者に依頼し、よく説明を受けた上で使用したい。

最新のマリン用バッテリーチャージャーなら、充電方法もバッテリーの種類によって、さらにはその時のバッテリーの状態に合わせていくつかのステージに分けて充電電流を変えるなど、効率よくバッテリーに負担をかけない充電ができる。

また、日本では交流電源といえば100Vというのが常識だが、むしろこれは特別なもので、米国では120V、ヨーロッパでは220V～230Vが多く、国によってまちまちだ。輸入艇などでは海外仕様になっていることもあり、マリーナではそれに合わせて陸電の電圧を変えている場合もあるので注意が必要だ。

インバーター

直流12Vから交流電源に変換する装置がインバーターだ。

たとえば、携帯電話をヨットの上で充電する場合、シガーライターなどの直流12Vから直接充電することができるアダプターを用意するか、あるいはインバーターを用意して直流12Vから交流100Vに変換し、家庭用の携帯電話充電器を接続するという二通りの方法がある。

インバーターを用意すれば、他にもノートパソコンなどの比較的電力消費の低いものから、テレビや電子レンジといった家電製品もヨットの上で使うことができるようになる。

消費電力によってインバーターの容量も違ってくるので、使用したい電気製品によってインバーターを選ぼう。

また、当然ながら、容量の大きなインバーターはバッテリーも食う。バッテリーを消費するということは、それをチャージするオルタネーターも高容量の物が必要ということになる。

このあたりは、次章エンジンの項で、もう少し詳しく解説していこう。

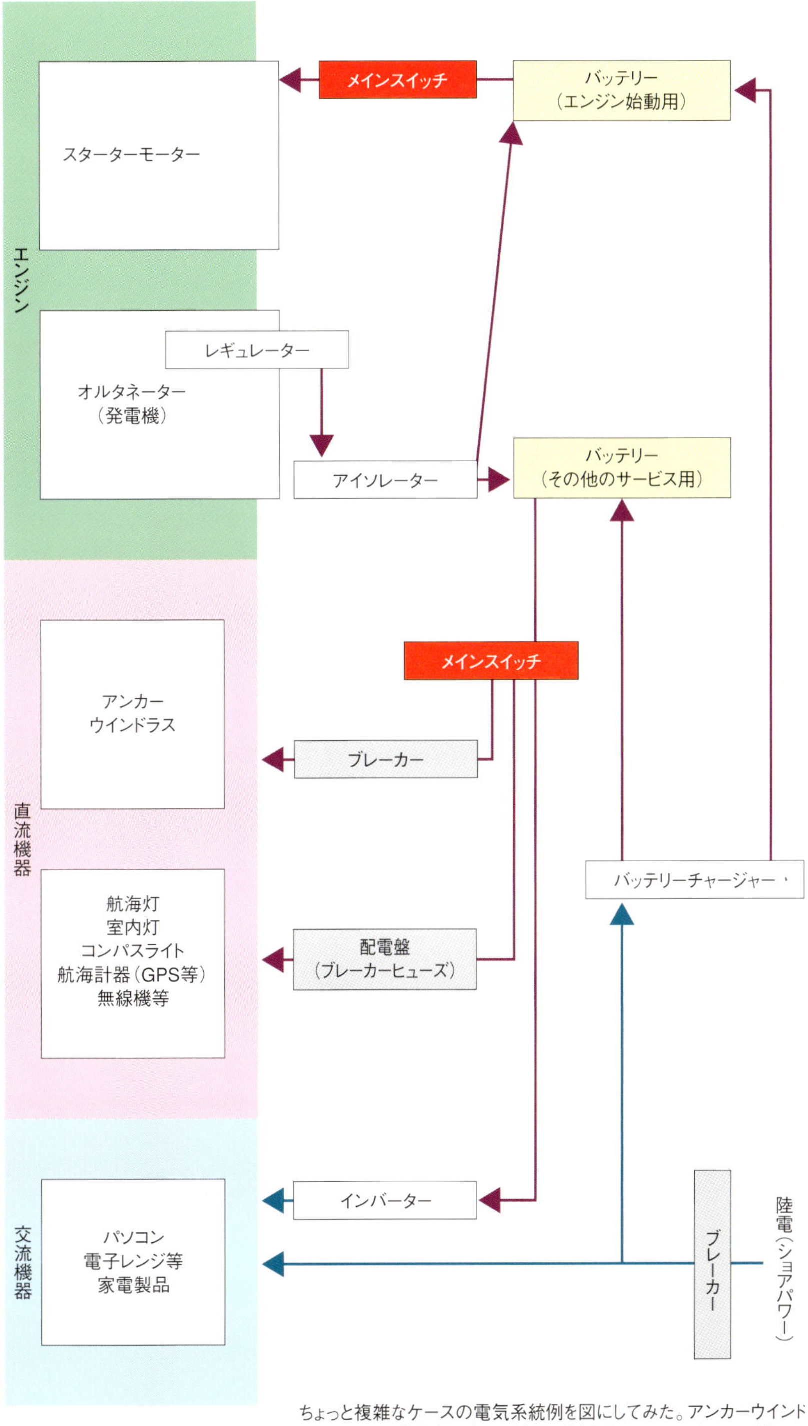

ちょっと複雑なケースの電気系統例を図にしてみた。アンカーウインドラスなどの消費電力の大きな機器は別系統にしているケースが多い。また、ほかにジェネレーターを備えてエアコンを装備するような大げさな例もある。そのほか、太陽熱発電や風力発電でバッテリーをチャージする方法もある。また、家電製品でも、たとえばテレビなどはマリン用やキャンピングカー用に交流、直流両用のものも出てきている。とにかく、最近の電気装備は複雑なのだ

家庭なら、困ったら修理を依頼すればいいが、ヨットの場合、とりあえず直さないと修理の連絡もできない、あるいはマリーナに帰り着かなければどうしようもない、というケースも多い。自艇のことは、**隅々まで把握しておく必要があるのだ。**

第６章

エンジン

第6章ではエンジンについて解説する。ヨットはセールで走る。とはいえ、出入港や無風時には機走に頼ることになる。機走とは、エンジンを使って走ることだ。クルージングでは日程に制約がある場合がほとんどだ。コンディションによって、たとえばまったく風がない場合はもちろん、強風の向かい風などでも予定は大幅に狂ってしまう。そんな時にエンジンが強い味方になる。そんなヨットの重要な装備であるエンジンについて詳しく見ていきたい。

補機か主機か

ヨットのエンジンは補機《ほき》とも呼ばれることがある。

本来“補機”とはメインエンジン（主機）に対して発電機などを指す。ここでは機走に使うエンジンであるから、補機ではなくて主機と呼ぶ方が正しいのかもしれない。

とはいえ、ヨットに搭載されたエンジンは、機走に用いるほかに、発電機としての意味も持つ。前章で紹介したように、エンジンスタートのみならず、帆走中や生活に使用するバッテリーの充電をしなくてはならないからだ。

帆が主機であると考えるならば、確かに外洋ヨットのエンジンは補機といってもいいような役どころでもある。

ヨットに搭載されているエンジンは、船体の割には小さなものだ。通常、38ftくらいのモーターボートなら400馬力以上のエンジンが搭載されているだろうが、ヨットなら同じ38ft艇でも25馬力からせいぜい40馬力程度となっている。そのため、機走での速度も巡航5〜6ノット程度となる。ちょっといい風が吹けば、帆走した方がずっと速く、おまけに安定して走ることができる。

しかし、出入港など狭い海面では、機走の方がスピード調整なども楽である。風がなければ当然機走の方が速いし、向かい風でも真っすぐ目的地に向かうことができるなど、機走の効用も広いのだ。

こうして考えると、やっぱり外洋ヨットのメインはセールであり、エンジンは補機と呼んでもいいのかもしれない。

ディーゼルエンジンの仕組み

ヨットに搭載されるエンジンはほとんどがディーゼルエンジンだ。乗用車に多く用いられるガソリンエンジンと、その仕組みはどのように異なるのであろうか。

そもそもエンジン（機関、発動機）といっても、航空機で用いるジェットエンジンなども入れればいろいろな種類がある。ここでいうエンジンとは内燃機関のこと。シリンダー内で燃料を爆発させることによって生じる直線運動を回転運動に変える装置を指す、……というと小難しいが、このあたりは自動車と同じなので一般常識と理解しよう。

で、ディーゼルエンジンだ。

空気は圧縮されると熱を持つ。シリンダー内に取り込んだ空気を高圧縮することによって高温にし、そこに燃料となる軽油を噴射して燃焼させる。これがディーゼルエンジンの仕組みだ。きわめて単純である。火元はない。高圧縮されることで空気が高温になるというあたりがミソだ。

対してガソリンエンジンは、ガソリンと空気を混ぜてシリンダー内に送り込み、電気的に作動する点火プラグを用いて発火させる。

点火プラグが火元になるので、タイミングよく通電し、火花を散らさなくてはならない。ディーゼルに比べると、だいぶ複雑な仕組みになっている。

ディーゼルエンジンの方が圧縮比が高くなるので、その分エンジン筐体《きょうたい》は頑丈だ。多少重くはなるが、仕組みがシンプルで壊れにくく、低回転でのトルクが大きい。

燃料となる軽油はガソリンよりも引火しにくく、大量の燃料を積み込んだ燃料タンクと共に船内生活することになる外洋ヨットでは、火災に対する危険性が少ないという大きなメリットもある。船火事は、鎮火イコール沈没ともなりかねないので、もっとも厄介な船のトラブルなのだ。

これらの利点から、ヨットの補機にはほぼ100%、ディーゼルエンジンが使われている。

エンジンルーム

エンジンルームといっても、小型のヨットでは特に部屋になっているわけではない。エンジンを納めた箱だ。モデル艇ではコンパニオンウェイのステップ部内側にある。ちょうどコクピットフロアの床下にあたり、一般的な配置だ。

この配置だと、どうしてもエンジンボックスは狭く、メインテナンスの作業性は悪くなる。蓋が工夫されていて、すべて取り外せばエンジンがむき出しになるものもあるが、それにしても海上での整備はなかなか厄介だ。

メインキャビンのテーブルが、そのままエンジンボックスになっているパターンも多い。これならボックスを取り外せば前後左右からエンジンへのアクセスが自由になる。ただし、こちらはエンジンをかけるとうるさく、振動がもろにテーブルに伝わるので、「夕食をとりながらバッテリーチャージ」なんていう場合にはよろしくない。

それぞれ、一長一短ある。

基本的には自艇のエンジン周りの仕組みと役割を熟知し、普段のメインテナンス、出航前のチェックを欠かさないようにして、海上ではノートラブルを心掛けたい。

引火《いんか》と発火《はっか》

本文では、軽油とガソリンを比べると、ガソリンの方が燃えやすいと書いた。しかし、実は軽油の方が発火点は低く、発火しやすいとも言えるのだ。そのため、ディーゼルエンジンは点火プラグがなくても燃焼させることができるというわけだ。

発火点の発火とは、火元となるものを近づけなくても燃焼に至ることをいう。軽油は約300度で発火する。高圧縮により300度以上に温度が上がったシリンダー内に軽油を噴射すれば、火元がなくても自然発火し燃焼する。ガソリンは500度以上にならないと自然発火しない。

対して引火とは、火元を近づけた時に燃焼することをいう。ガソリンはマイナス40度以下でも引火する。常温では、常に火種があれば引火するということだから、きわめて危険で扱いにくい燃料である。

一方、軽油の引火点は約50度と、ガソリンに比べると相当高い。これはどういうことかというと、常温では軽油に火のついたマッチを放り込むとジュッと音をたてて火は消えるのだ。

もちろん気温の高い時には、ポリタンクに入れた燃料は50度以上になってしまうことも考えられる。軽油は引火しにくいといえども、取り扱いには十分に注意しよう。

モデル艇に搭載されている9馬力のディーゼルエンジンと、そのエンジンルーム。手前にバッテリーも見える

燃料系統

燃料

前述のように、ディーゼルエンジンは燃料に軽油を用いる。トラックや一部のRV車などに使われている軽油と同じものだ。

マリーナで給油もできるし、小型のヨットの場合は消費量も非常に少なく、1シーズンでポリタンク1つ(約18リッター)なんていうケースもあるので、ガソリンスタンドで買ってきて自分で給油することも多い。

燃料タンク

軽油は燃料タンクに入れる。

燃料タンクは文字通りエンジン用の燃料(軽油)を入れておくタンクだ。ステンレスやアルミ、プラスチックなどでできている。

残量には常に注意しておこう。海上にはガソリンスタンドはないし、かりにガス欠になっても、自動車のようにその場に停めるということができない。船は、風に流されていってしまうのだ。

もちろんヨットにはセールがあるので、セーリングすれば目的地の近くまで移動することは可能である。しかし、そこでセーリングもできないようなトラブルが起きたら? 大きな事故というのは、トラブルが複合して起きるものなのだ。

燃料タンクの残量は何通りかの方法で知ることができる。

機械的、電気的な専用のメーターが付いているもの。タンク自体に透明のホースが付いていて、液面を目で見て確認するもの。あるいは、タンクに給油口が直接付いているような場合は、そこから検尺を入れ、どこまで濡れたかで量るという原始的な方法もある。ヨットの上では、原始的なものほど壊れにくいという事実も頭に入れておこう。

また、タンクは真四角とは限らない。目盛りのどこまでが何リッターなのかを把握しておく必要がある。

ヨットの場合、燃料は空になるまでは使えないということも頭に入れておこう。残量が少なくなると、船の揺れで液面が踊り、エアを吸ってしまうことがある。一度エアを吸ってエンジンが止まってしまうと、エア抜きをしないと次に始動できないのも、ディーゼルエンジンの特徴だ。エア抜きについては、後に詳しく触れる。

燃料の取り出し口は、タンク内に溜まったゴミや水分を吸い込まないように底から少し離して設定されていることも多く、これらの理由から、容量20リッターのタンクでも、安心して使えるのは15リッターくらいまでと考えた方がいい。

燃費は、時間あたりの燃料消費量(リッター)で言い表すことが多い。消費量はコンディションによって大きく異なってくるが、ごくごくおおざっぱな目安として、30フィートのヨットに2気筒のヤンマー2GMクラスのエンジンが付いている場合で、1時間に2リッター程度。今回のモデル艇のように25フィート艇に1気筒のエンジンなら、1時間に1リッター程度を基本に考えよう。

強風で波のある海面を無理に風上に向かうような時は、燃費も悪くなるし、そもそもスピードも出ないので1時間に進める距離はぐっと少なくなる。反対に、少しでもセールに風を受けて走ると、燃費は見違えるほど良くなる。

当然ながら、重い船(荷物や乗艇人数が多いときも含む)は燃費も悪くなるし、軽い船は燃費が良い。

走った時間と消費量から、コンディションごとの自艇のデータを集めておくと、いざというときに役に立つ。

船の燃料タンクだけでは足りない時。たとえば、上記の例なら、燃費が時間あたり2リッターで船のタンクが20リッター。そのうち安心して使うことができるのが15リッターとすると、機走での航続距離は約7.5時間となる。巡航速度を5ノットとすると37.5マイル。50マイル先の目的地に行くなら、全機走というわけにはいかなくなる。

この場合は、予備の燃料をポリタンクに入れて搭載することになる。

灯油用のポリタンクを用いるが、危険物であるから、なるべくデッキのロッカーに入れるか、デッキに直接縛り付けておこう。

油水分離器

燃料タンクに蓄えられた燃料は、混入した水分を油水分離器で取り除かれ、エンジンに送られる。

ちょっと長い距離を走ると、海上で予備のポリタンクから燃料を移すことも少なくない。その時、雨が降っているかもしれない。波をかぶってしまうこともあるだろう。その際、どうしても燃料タンク内に雨水や海水が入り込んでしまう。あるいは、タンク内が結露し、空気中にある水分が燃料の中に混じってしまうかもしれない。そうして混入した水分を濾過するのが油水分離器だ。

水は軽油より重いので、油水分離器の底に溜まる。油水分離器の底にあるドレンプラグから定期的に抜き出しておこう。

また、燃料タンク自身にも、タンク内に溜まったゴミや水分を抜き出すためのドレンコックが付いている場合がある。こちらも定期的にチェックしておこう。

エンジン本体

油水分離器を通った燃料は、いよいよエンジンに渡る。

イラストはモデル艇のエンジンとは形式が違うが、一般的なヨット用のディーゼルエンジンを模式化したものだ。

燃料は、まず燃料供給ポンプ（燃料フィードポンプ）を通る。ここには、後述のエア抜き用の手動ポンプも付いている。

次に、燃料こし器によって、混入したゴミが取り除かれる。この先、細い管を通るので、ここでゴミを完璧に取り除いておかないと詰まってしまう。

燃料こし器は分解して掃除ができる。油水分離器と共に、50時間ごとの点検が推奨されている。

燃料こし器できれいになった燃料は、燃料噴射ポンプを経て燃料噴射弁へ。そして燃焼室で爆発する。

燃えなかった燃料は、再び燃料タンクに戻される。

一連の燃料系統の中には、接続部も多い。このうちのどれかからでも燃料が漏れると、漏れた燃料はビルジに溜まる。すぐにエンジンが止まってしまうというトラブルにならないまでも、ヨットの場合、エンジンルームとメインキャビンは隣り合っているともいえる。メインキャビンの中にエンジンルームがあるともいえる。漏れた燃料の匂いがキャビンに充満することになる。軽油独特の匂いが好きという人は少ないし、油分は掃除も大変だ。引火しにくいとはいえ、危険物であることには変わりない。燃料系統の漏れがないよう、エンジンをかけたらしばらくエンジンを観察してみよう。

冷却水系統

エンジンが動いている間は内部で

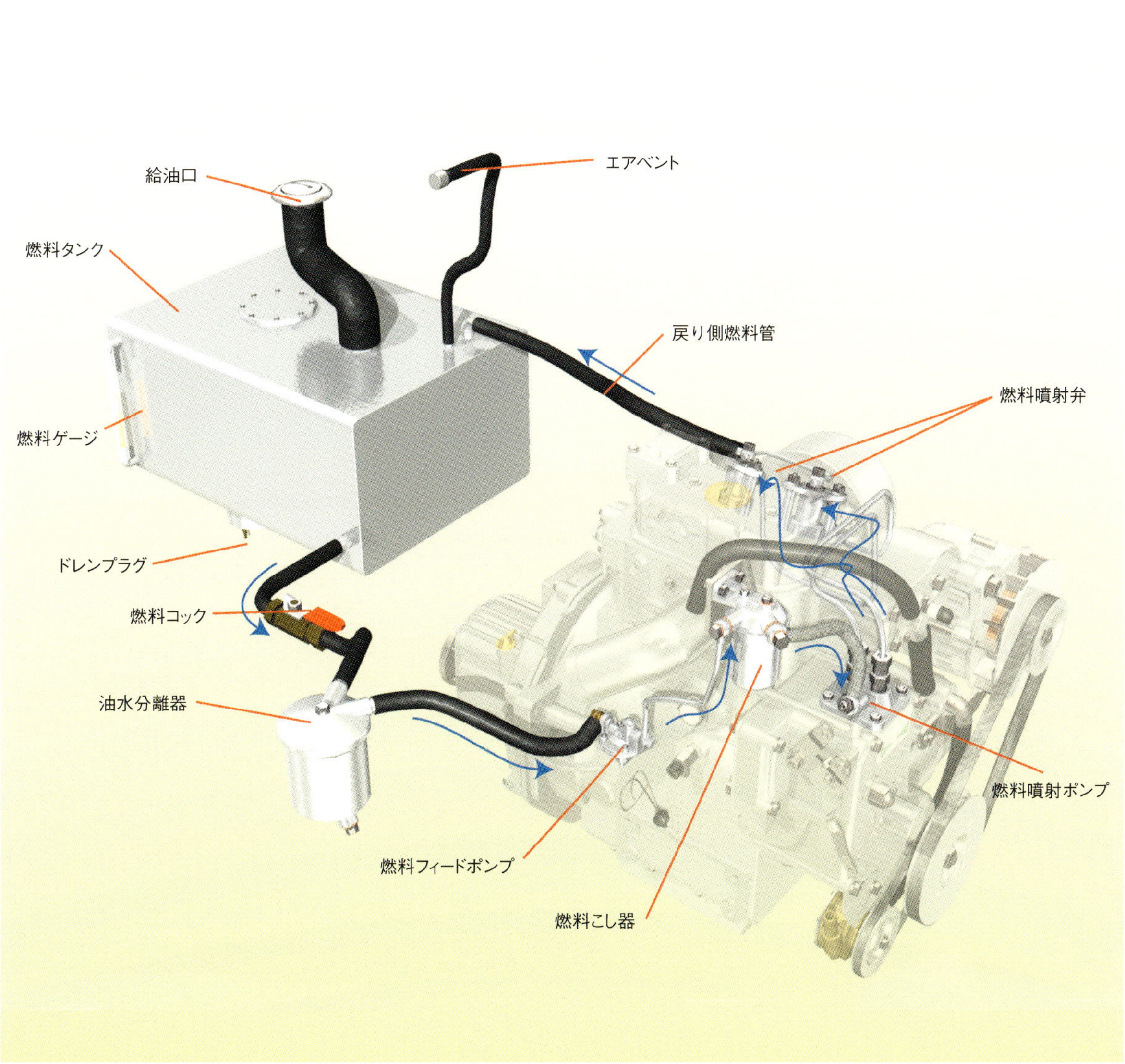

給油口
エアベント
燃料タンク
戻り側燃料管
燃料噴射弁
燃料ゲージ
ドレンプラグ
燃料コック
油水分離器
燃料噴射ポンプ
燃料フィードポンプ
燃料こし器

たえず爆発が起こっているわけで、当然ながらその筐体は高熱になる。そこで冷却装置が必要になる。

舶用エンジンは海水でエンジンを冷やす。水冷方式だ。

水冷も大きく2つに分けられる。

直接海水でエンジンを冷やすのが直接冷却方式。海水冷却ともいう。冷却用の海水が直接エンジン内に回り、エンジンを冷却する。

対して間接冷却では、エンジンの冷却水には真水（クーラントなどは入れるが海水ではない）を用いる。清水《せいすい》冷却ともいう。

エンジンを冷やすことによって高温になった冷却水は、熱交換器（清水クーラー）内で再び冷却される。熱交換機内の細い管の周りに通した海水によって冷却された冷却水は、再びエンジン内に戻り循環する。

清水冷却方式でも、間接的にだが、やはり海水でエンジンを冷却していることには変わりない。常に海水を汲み上げ、冷却し、排出し続けるのだ。

ここでは、小型のエンジンに多い直接冷却タイプを紹介しよう。

キングストンコック

エンジン冷却に用いる海水は、直接船底部から取り込む。これがキングストンコックだ。前章で紹介したマリントイレ用のシーコックと同様のものが船底部に付いている。

もう少し詳しく言うと、船底部を貫通する“スルハル”金物（プラスチック製もある）と、ゴミを吸い込まないようにするためのストレーナー、そして、開閉するコック（ボールバルブ）からなっている。

スルハル内部やストレーナー部は船底塗料のなじみも悪く、ここにフジツボなどが付着しやすいので注意が必要だ。穴がふさがってしまったら、冷却水を取り込むことができなくなってしまう。

キングストンコックは、船底部に空いた穴である。トイレ用のシーコックと違って、使わない時には常に閉めておくというわけにもいかない。通常は開けっ放しだ。取り付け部、特にホースとの接続部には、ホースクランプをダブルで装着するなど、十分な注意が必要になる。イラストでは見にくくなるためホースクランプは省いて描いたのでご注意いただきたい。

また、いざという時のために木栓

冷却水系統

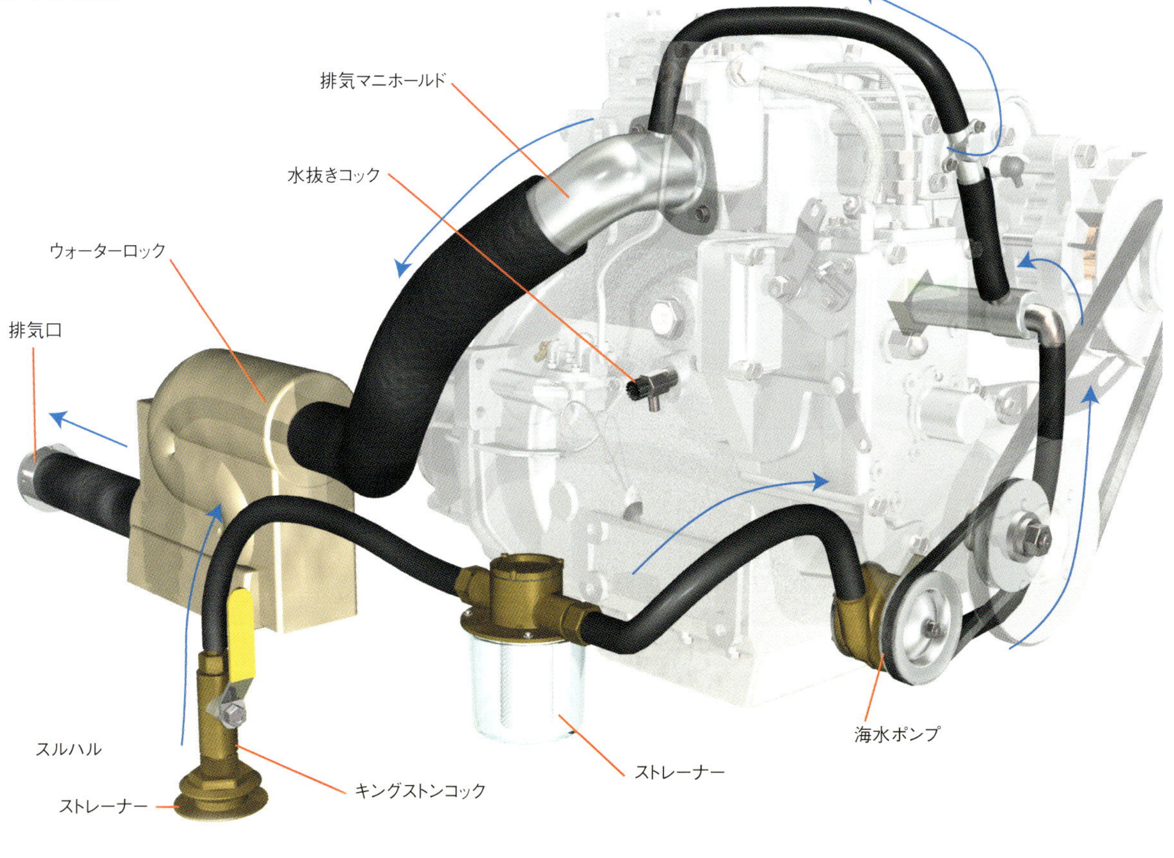

エンジン回転をVベルトで伝えオルタネーターを回して発電。レギュレーターを介してバッテリーを充電する

も用意し、各開口部に短い紐でくくり付けておくことも推奨されている。

もちろん海上係留艇で、長期間乗らない時はキングストンコックは閉めておいた方が安全ではあるが、次に乗る時にはコックを開けるのを忘れないように注意しなくてはならない。

また、寒冷地では、保管中エンジン内に残った冷却水が凍結しないように、水抜きコックも設けられている。

海水ポンプ

キングストンコックから汲み上げられた海水は、さらにストレーナーを通りゴミを完全に取り除いた状態でエンジン本体の海水ポンプに入る。というより、このポンプによって汲み上げられているわけだ。

海水ポンプは、エンジン本体のプーリーからVベルトを介して駆動されている。内部にあるゴム製のインペラが回転し海水を汲み上げる仕組みだ。

わりと単純な仕組みになっているが、インペラ自身は消耗品なので、スペアは常備しておこう。

定期交換時期（約2,000時間）に満たなくても、海水が通っていない状態で回してしまうと、すぐに破損してしまう。あるいは、ストレーナーの網の目をくぐって細かい砂が混入することもあるだろう。インペラが破損してしまうと、もうエンジンは使えない。海上で交換できるようにしておきたい。交換時には、蓋部分の防水用パッキング（ガスケット）も必要になるので、併せて準備しておこう。価格は安い。

排水

エンジンを冷やした海水は、排気管を経由し、排気管を冷やしつつ排気と共に船外に排出される。海水が循環しているかどうかは、排気口（通常は船尾付近にある）を見ればすぐにわかる。排気とともに、海水が勢いよくはき出されているかどうか、目視しよう。

エンジンの種類によって、はき出される海水の量はかなり異なるので、自艇の正常な状態をよく覚えておこう。まったく排水されないまでも、勢いが弱いということもある。トラブルを事前に見分ける目も、重大なトラブルを避けるためには必要なのだ。

排気部は直接船外に開いている。径も大きいので、追い波によって海水が排気側から逆流してしまうことも考えられる。あるいは、エンジン停止時に排気管内に残った海水が排気側からシリンダー内に入り込んでしまうケースも考えられる。

そこで、排気マニホールドから船外へ通じる途中にウォーターロックが設けられている。これによって海水の逆流を防ぎ、また消音効果も発揮する。

電気系統

前述のように、ヨットのエンジンは発電機でもある。発電を担当しているのがオルタネーターだ。

大型のヨットやボートで発電機（ジェネレーター）といえば、発電専門のエンジンを指し、エアコンの駆動など大電力を賄うために装備されている。

対してオルタネーターはエンジンに付いている発電機で、ジェネレーターも実はエンジンとオルタネーターを組み合わせた機械なのだ。

オルタネーターとは、電気モーターを逆に使っているようなものだ。電気モーターは電気で軸（コイル）を回転させているが、オルタネーターの場合はその軸を回すことによって電気を発生させている。エンジンの回転をVベルトでオルタネーターに伝えて駆動する。

ちなみに、オルタネーターは交流発電機のことで、かつては直流の発電機（ダイナモ）を使っていたが、現在はより効率のいいオルタネーターが取って代わっている。

バッテリーのチャージには直流を使うので、オルタネーターで発生した交流電気は直流に変換され、さらにレギュレーターで電圧電流を調整しながらバッテリーに送られる。

前章でも解説したが、ヨットの場合、バッテリーはエンジン始動のみに使われるわけではない。搭載されているバッテリーの容量に合わせた出力のオルタネーターが必要になる。特に、大容量のバッテリーを搭載し電気製品をいっぱい使うクルージングボートでは、純正のオルタネーターに代えて大容量のオルタネーターを装備する例も少なくない。

エンジンの始動と操作

メインスイッチ

ヨットには必ず電源またはバッテリーのメインスイッチが付いている。44ページで解説したように、2つのバッテリーを任意に切り替え、エンジン始動用に1つを温存するシステムや、エンジン始動用をエンジンバンク、その他のサービス用をハウスバンクとして完全に分け、あるいはアンカーウインドラス(揚錨機)など大電流が流れる機器は別にメインスイッチを設ける例もある。

2つのバッテリーバンクを任意に切り替えるタイプの場合は、イラストのようなロータリースイッチが付いている。

エンジン始動時は、エンジン始動用のバッテリー「1」を使用する

エンジンがかかったら「BOTH」の位置にして両方のバッテリーに充電

エンジンを止めたら、バッテリー「2」を使って、エンジン始動用のバッテリー「1」は温存しておく

船を離れる時は「OFF」にする

この場合、エンジンスタート用に1番のバッテリーを確保するなら、まず「1」のポジション、あるいは「BOTH」(両方の意)にロータリースイッチを合わせてエンジンを始動。エンジン運転中はローターリースイッチを「BOTH」のポジションにして2つのバッテリーを同時に充電。エンジンを止めてセーリングに移ったらロータリースイッチを「2」のポジションにし、エンジン始動用のバッテリーを温存する、という使い方をする。

単純な仕組みだが、少々手間がかかる。うっかりスイッチの切り替えを忘れ、「BOTH」のポジションのままセーリングを続けてしまい、航海灯をつけっぱなしで一晩走るとすると、2つのバッテリーが同時に消費されてしまい、気づいた時はエンジン始動ができない……ということにもなるので注意しよう。

またこの場合、双方のバッテリー残量が大きく異なるような状況で、「BOTH」の位置、すなわち並列にすると、残量の多い方から少ない方に一気に電気が流れてしまうので注意が必要だ。

このような事態を避けるため、バッテリーごとにそれぞれメインスイッチが付いているタイプが増えてきている。

各バッテリーバンクにメインスイッチが付いているものなら、全部オンにする

このタイプでは、エンジン始動用のバッテリーは、常にそれのみに使われる。エンジン始動に用いるバッテリーと、その他のサービスに用いるバッテリーとでは、要求される能力が違ってくる。

エンジン始動には、短時間に強いパワーが必要とされるのに対し、サービス用では、小さな電流を長時間流し、容量が大きく、繰り返しの充放電に耐えるバッテリー(ディープサイクル)が必要とされる。それぞれの要求に見合ったバッテリーをそれぞれまったく別系統として搭載する方が、理にかなっているのだ。

こうしたシステムでは、アイソレーターやコンバイナーなどによって、それぞれのバッテリーバンクに同時に充電できるようになっている。

そこで、このタイプでは、エンジンスタート用、ハウスサービス用両方のスイッチはオンにしたままでよい。いたって簡単だ。室内灯やコンパスライトなど通常の電気使用にはハウスバンクのバッテリーのみが使われ、エンジン始動用のバッテリーは常に次回のエンジン始動時に向けて温存される。

非常時用に、パラレルスイッチ(すべてのバッテリーを並列につなぐ。先のロータリースイッチのBOTHと同じ)が付いている場合があるので、これは通常は常に「OFF」の位置で。あるいは、マイナス側のスイッチが独立して付いている場合もあるが、この場合は常に「ON」にする。

このあたりの操作は、船によってかなり違う。まずは、自艇の仕組みをよく理解して使おう。

ガバナーとクラッチ

エンジン回転の上げ下げを調節す

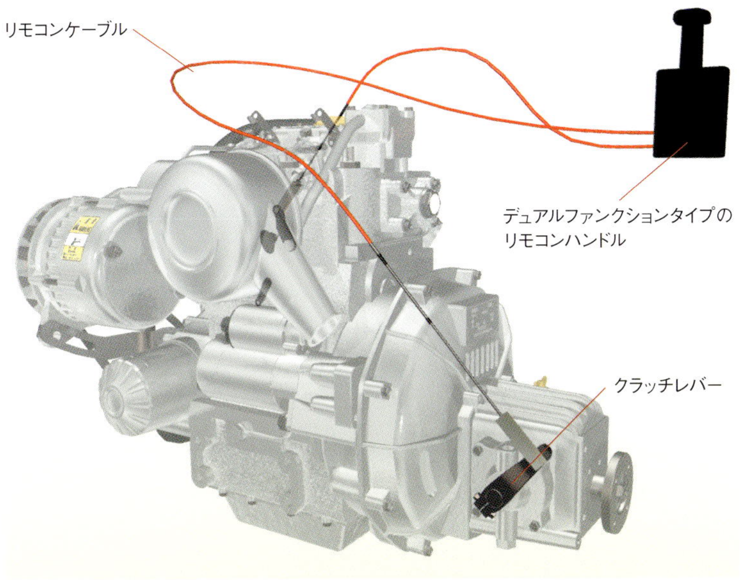

リモコンハンドルによってクラッチレバーを遠隔操作し、前進、中立、後進のギアに切り替える

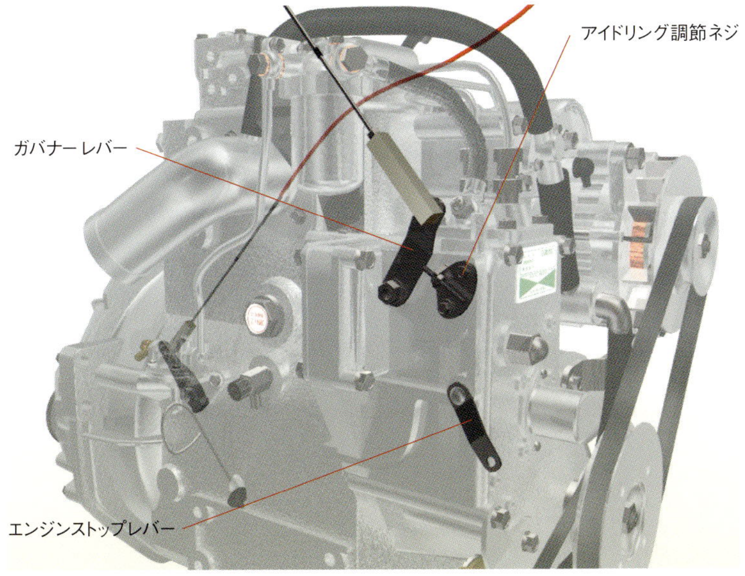

エンジンの回転数は、ガバナーレバーを動かすことによって調節する。ガバナーレバーもリモコンハンドルで遠隔操作する。エンジン停止はストップレバーを引くことで燃料をストップさせる

るのがガバナーハンドルだ。自動車でいえばアクセルに相当する。片や、ギアを前進、中立、後進に切り替えるのがクラッチハンドルだ。それぞれ、エンジン本体のレバーからワイヤで遠隔操作できるようになっている。

ガバナーとクラッチがそれぞれ独立し、2本のハンドルで操作するタイプ(シングルファンクション)もあるが、最近のモデルでは、1本のハンドルでエンジン回転とクラッチの操作を併用できるデュアルファンクションタイプが多くなっている。

ハンドルを前に倒せばギアが前進に入ってクラッチがつながり、そのまま前に倒していくと、エンジン回転とともにプロペラ回転も上がっていく。

後ろへ倒すと、ギアは後進に入り、クラッチがつながってエンジン回転(=プロペラ回転)が上がっていく。

レバー全体を手前に引き(あるいは中央部のボタンを押し)、その状態でレバーを倒すと、クラッチは切れたままエンジン回転だけが上がる。いわゆる空ぶかしの状態だ。

エンジン始動前にリモコンレバーの動きを確認しておこう。錆や塩で固まって動かなくなっているケースも案外多い。デュアルファンクションといっても単純な仕組みなので、一度船内に潜り込んで、レバーの裏側をのぞいて、その構造を頭に入れておくこともお勧めする。

計器板

エンジンの計器板も、モデルによって異なってくる。次ページの写真はモデル艇のものだ。

右側にあるロータリー式スイッチにキーを入れ、ひねるとエンジン電源がオンになる。計器、警報装置の電源が入り、警告ランプが点灯し、警告ブザーが鳴り響く。

まだエンジンがかかっていない状態なので、当然ながらエンジンオイルの油圧が上がらず、冷却用の海水も回らない。それらの警告なので、この状態でブザーが鳴っても問題ない。逆に、これで警告音が鳴らないようなら、警報装置の異常なので、チェックが必要だ。

さらにキーを回すとスターターモーターが回る。モデル艇の場合は、スターターモーターは左のボタンを押すことで回るようになっている。このボタンがエンジンストップボタンになっているモデルもあるので注意しよう。

もう一度、クラッチが抜けているか確認し、必要ならガバナーハンドルを

多少倒し、いよいよスターターモーターを回してみよう。

スターターモーターには大電流が流れる。操作時間は15秒以内に収めよう。うまく始動しない場合は、しばらく休んでから再トライする。

エンジンがかかったら、スターターモーターはすぐに止める。ロータリースイッチならキーから手を離せば、電源オンの位置に自動的に戻る。スタータースイッチが別になっているタイプなら、スイッチから手を離す。

自動車と異なり、ここでキーをオフの状態にしてもエンジンは止まらない。が、警告装置はオフになってしまうので、キーはオンの状態のままにしておく。

また、バッテリーのメインスイッチを切ってもエンジンは止まらない。しかし、これではエンジンのオルタネーターで発電した電気の行き場がなくなって、トラブルを起こす場合もある。エンジンがかかっている間は、メインスイッチはずっとオンのままにしておこう。

エンジン停止用には、別にボタンかレバーが付いている。どちらも燃料の供給を止めることによってエンジンを停止させる。モデル艇では、下の写真の左に見えているのがエンジン停止レバーだ。

ボタンの場合は、ソレノイドで電気的にスイッチが入り、燃料をカットする。

高回転で連続運転することが多い舶用エンジンは、自動車でいうなら高速道路を走り続けているようなものだ。エンジン停止前には、アイドリング状態で5分ほど回してエンジンを冷やす必要がある。いきなりエンジンを停止すると、まだエンジンは熱いのに冷却水が突然回らなくなり、エンジンオイルの温度が上がってオイルが劣化したり、最悪の場合は焼き付いたりする危険もある。

逆に、低速回転が長く続くと、シリンダー、および燃料噴射弁の先端にカーボンが付着してしまう。低速回転時は2時間に1度の割合で、空ぶかしをするようマニュアルでは指摘されている。

エンジン停止後は、油圧が下がり海水が回らなくなるので、再び警告音が鳴り響く。ロータリースイッチのキーを「OFF」にしよう。

キーは「OFF」の位置にすると抜くことができる。このまま挿しっぱなしにしておくこともあるが、船の揺れで抜け落ちることもある。落ちたキーがとんでもないところに転がり込んでそのまま紛失してしまう危険もあるので、大きめのキーホルダーを付けておくなり、キーを抜くようにするなりして気を付けよう。

前進、後進

エンジンがかかったら、警告ランプは消えブザーも鳴りやむはずだ。まず排気を目視し、冷却水がちゃんと回っているか確認しよう。排気管から海水が勢いよく出ているはずだ。しばらく暖機運転し、空ぶかしをしてみよう。

ギアを入れる時には、ロープ類がデッキからこぼれて流れていないかをチェックしよう。不用意にプロペラを回してロープを絡めてしまうと大変だ。高回転でロープを絡めると、プロペラシャフトそのものを傷めてしまうことすらある。

特に何らかのトラブルで焦って機走に移ろうとするような時こそ要注意。まずは落ち着いて、周りをよく見て行動に移そう。

前述のデュアルファンクションタイプのシングルハンドルでは、ハンドルを倒すことによって、まずクラッチが入り、続いてエンジン回転が上がる。クラッチがつながるとゴツンとした感触があるので、必ずそれを確認してから徐々にエンジン回転を上げていこう。

自動車と違って、ギアをローからトップへと切り替える必要はない。レバーを倒していけば回転は上がり、速力も増していく。

注意しなくてはならないのは、そのままにしているとずっと走り続けてしまうということ。自動車ではアクセルペダ

モデル艇の計器板。右から、ロータリースイッチとエンジンキー、警告ブザー、エンジン始動ボタン。その上に警告ランプが並ぶ。一番左がエンジン停止用のレバー

ルから足を離せば自動的に回転が落ちるが、船用機ではレバーから手を離してもそのまま回転は継続される。

何かがあったら——たとえば漁網と接触しそうだったら、すぐにエンジン回転を下げるクセをつけておきたい。意思を持って手を伸ばさなければ回転は下がらないのだ。

メインテナンス

エンジンオイル

エンジン始動前には、エンジンオイル、ギアオイル、Vベルト、清水冷却なら冷却水、などの日常点検を行おう。

エンジンオイルは消耗品だ。エンジン始動前には必ず残量のチェックをし、また定期的なオイル交換も必要だ。

オイル量は、検油棒でチェックする。足りなければ、シリンダーヘッド部の給油口から補充する。多すぎてもエンジンに良くないので注意しよう。ギアオイルのチェックも同様に行う。こちらは給油口の蓋がそのまま検油棒になっている。

自動車のエンジンと違い、ヨット用のディーゼルエンジンでは、エンジン底部と船底フロアとの隙間が狭く、ここからオイルを抜き出すことはできない。そこで、オイル交換時には、検油棒穴に管を差し込み、ポンプで古いオイルを吸い出す。機種によってはエンジン本体に排油ポンプが付いているものもある。

たとえば、ヤンマーのマニュアルでは250時間、または1カ月ごとにオイルおよびオイルフィルターの交換が推奨されているが、ヨットの場合、250時間使うには何年もかかってしまうかもしれない。エンジンオイルは使わなくても経年劣化するので、1カ月とはいわないまでも、年に一度はオイル交換をしたい。

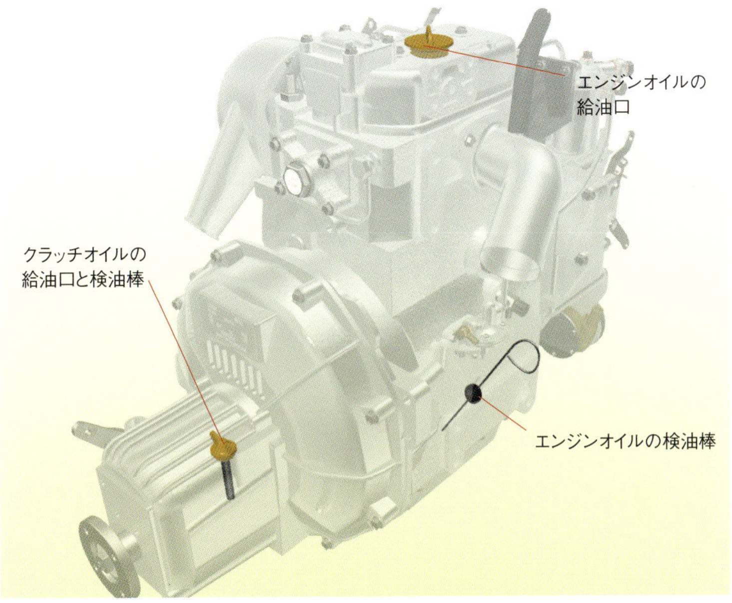

エンジンオイルの
給油口
クラッチオイルの
給油口と検油棒
エンジンオイルの検油棒

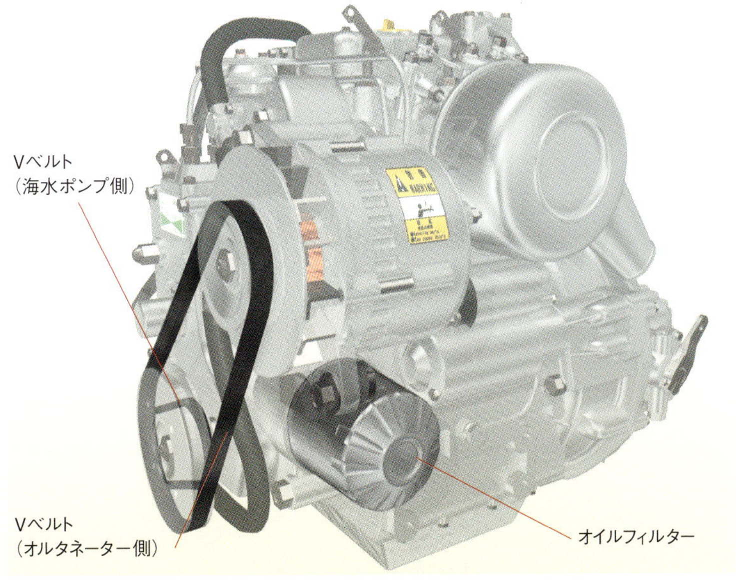

Vベルト
（海水ポンプ側）
Vベルト
（オルタネーター側）
オイルフィルター

エンジン始動後、しばらくエンジンを観察し、燃料やオイルの漏れなどがないか、じっくりと見てみることも重要だ。

Vベルトは、エンジン回転をオルタネーターや海水ポンプに伝える重要な役割をもっている。剥き出しになっているのでチェックもしやすい。指で押して8〜10mmたわむのが適当だ。また、ベルトに傷などがないかも確認しよう。

その他、定期的に燃料の水抜き、こし器の清掃なども行おう。

電食とジンク

以上は、自動車の整備点検と変わらない。その他、船用機独特のものとして防食亜鉛（ジンク）の交換がある。

海に浮かぶヨットやボートでは、海

エンジン本体に付いている防食亜鉛。外からでは減り具合は分からないので注意しよう

水が電解液となって、異なる金属間に電気が流れてしまう。言ってみれば微弱ながら巨大な電池のようになってしまうのだ。電気が流れるだけならまだいいのだが、この時、イオン化傾向の高い金属が陽極となって溶け出していく。この現象を“電食《でんしょく》”という。放っておけば、その金属がどんどん減っていき、穴が開いてしまう。

異なる金属間のみならず、艤装品に使われる金属は、ほとんどの場合なんらかの合金になっている。すなわち、それ自体が「異なる金属が触れ合っている」状態であり、多かれ少なかれ電食を起こしてしまう。

そこで、よりイオン化傾向の大きい亜鉛のかたまりをわざと設置し、こちらに身代わりになってもらって本体を守ろうというのが防食亜鉛の役割だ。

エンジン内部には冷却用の海水が通り、ここからの電食を防ぐための防食亜鉛が本体に付いている。左上のイラストの例では、シリンダーヘッド側とシリンダーブロック側との2カ所に防食亜鉛が付いている。それぞれを外して、減り具合をチェックしよう。かなり減っているようなら新しいものに交換する。

陸置き艇でも、ジャケット内には海水が残っている。長時間放置しておくだけで防食亜鉛が減り、減りきると次はエンジン本体が電食を始め、穴が開いてしまう。

バッテリー上がり

バッテリーが上がってしまえば、当然ながらスターターモーターは回らず、エンジンが始動できなくなる。

オートバイなら押しがけという手もあるが、ヨットはそうもいかない。ただし、小型のエンジンならば手動で始動できる機種もあるので、いざという時のために方法を頭に入れておこう。

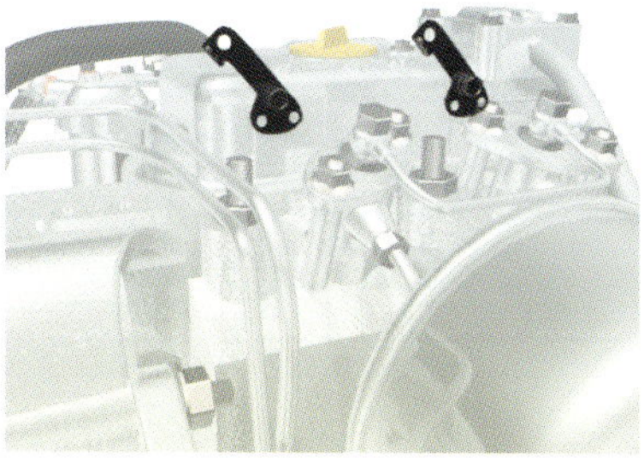

デコンプ「ON」。通常の運転時はこの位置に。これで圧縮がかかる

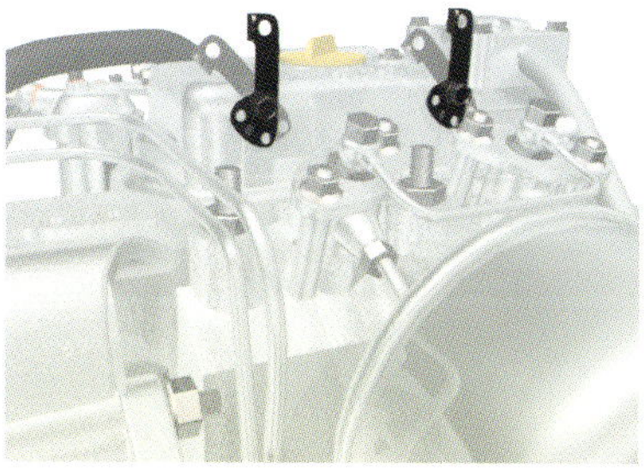

デコンプ「OFF」。レバーを引くと圧縮が抜ける。緊急時に対応する

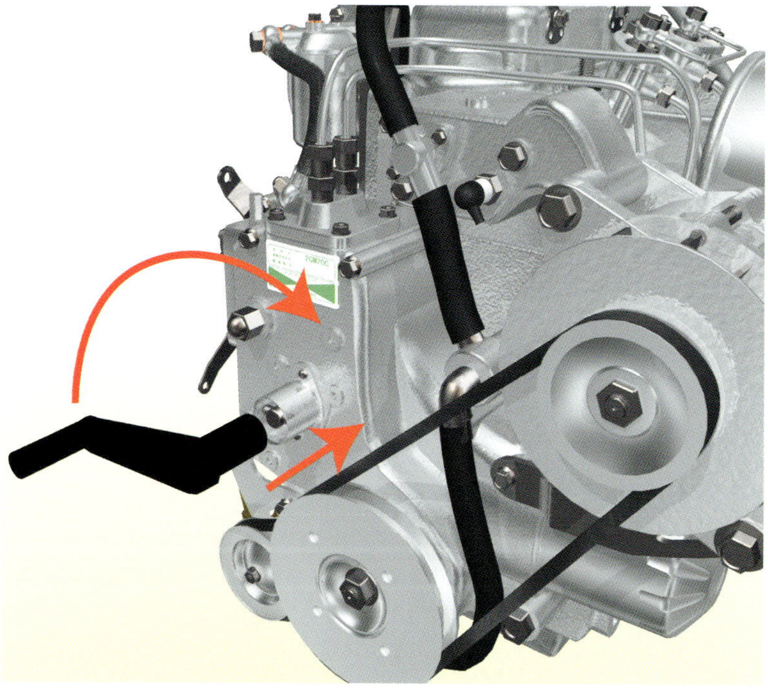

始動ハンドルを差し込み、手で回す。エンジンがかかると一応ハンドルは外れるようになっているが、始動軸は回転しているので、取り扱いには注意しよう

まず、デコンプレバーを引く。デコンプレバーを引くとシリンダーに圧縮がかからなくなるため、軽くクランクできるようになる。

この状態で、スタートハンドルを始動軸に差し込み、手で回す。圧縮がかかっていないので軽く回るはずだ。勢いがついたところでデコンプレバーを戻せばエンジンが始動する。

ただし、昔のエンジンは大きなフライホイールが付いていたので勢いをつけやすかったが、軽量化が進んだ最近のエンジンではなかなか難しい。急に圧がかかって手を痛めることもあるので、メーカーサイドでも手始動はあまり推奨していない。

手動で始動できるような小型のエンジンを搭載している小型艇なら、帆走で着岸するのもそれほど難しくない。手始動のワザを高めるよりもセーリングの腕を磨いた方が手っ取り早いかもしれない。

なんにしろ、基本はバッテリー上がりを防ぐこと。そのためには、自艇のバッテリーシステムをよく知り、適切な使い方をすることだ。

完全にバッテリーが上がらないまでも、バッテリーが弱ってスターターモーターでクランクしきれないような時は、デコンプレバーを引いて圧縮をなくし、その状態でスターターモーターを回してみよう。弱ったバッテリーでも、これなら負荷が少ないのでスターターモーターが回りきる場合がある。勢いがついたところでデコンプレバーを戻せばエンジンがかかることもあるので、試す価値はある。

また、なんらかのトラブルでエンジンが止まらなくなった場合は、デコンプレバーを引けばエンジンは停止する。が、この場合、空気圧縮が止まることでエンジンが停止するわけで、燃料の噴射は止まっていない。そのため、再始動時に燃焼室に残った燃料が異常燃焼する場合がある。あくまでも非常用のエンジン停止方法となる。

エア抜き

もう一つ、ディーゼルエンジン特有のものに、「エア抜き」がある。

ディーゼルエンジンは、燃料系統にエアをかむと、そのままでは始動できなくなる。

たとえば燃料切れでエンジンが止まってしまった場合、燃料を補給しただけでは再始動できない。燃料系統に入った空気を抜く、エア抜き作業が必要になる。

作業は簡単だ。

下のイラストにある燃料系統のエア抜き用のボルトを緩め、ポンプで燃料を送る。

燃料フィードポンプにある小さなレバーを上下に何度も動かすことによって燃料が送られる。バッテリーに余裕があるようなら、デコンプレバーを引いて圧縮を抜き、スターターモーターを回してもいい。

ボルトは完全に外す必要はない、2～3回転緩めるだけで、隙間から燃料が漏れ出てくる。エアをかんでいる場合は、燃料が泡を吹きながら出てくるはずだ。この泡が燃料系統に入り込んだ空気だ。ポンピングを続け、泡が消えて燃料だけが漏れ出てくるようになったらエア抜きは完了。再びボルトを締めて、再始動してみよう。

キャビンやビルジが軽油まみれにならないよう、ウエス（ボロ切れ）でぬぐいながら行うと良い。

燃料残量が少なくなると、波で液面が揺れただけでエアを吸う場合もある。エア抜きは、揺れる船内での作業になることが多いので、手際よく行うことができるよう、あらかじめボルトの位置などを確認しておこう。

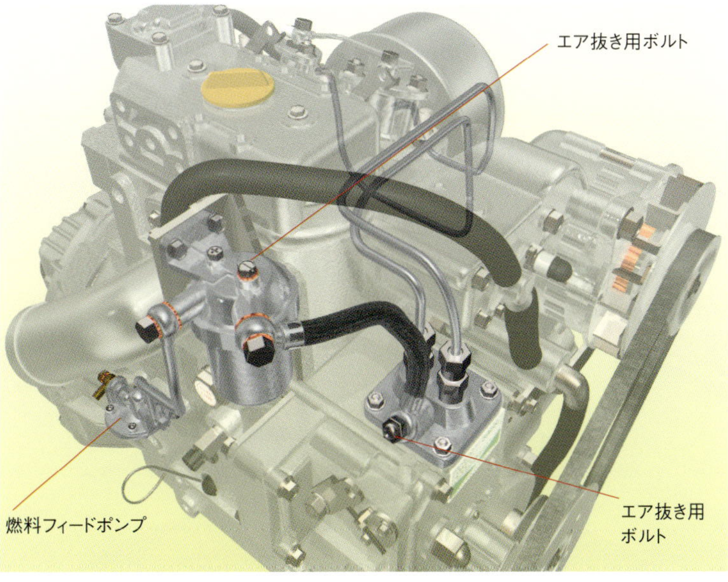

壊れてみて初めてそのありがたみを痛感するのがヨットのエンジンだ。仕組みをよく知り、日頃の整備を怠らないようにしよう。

第 7 章

セールを揚げてみよう

いよいよヨットの命であるセールについて触れていく。セールあればこそのヨットであり、ヨットの主役はなんといってもセールだ。その扱いがヨットの楽しみの大部分を占めるはず。この章では、セールの取り扱いについてじっくりと話を進めていこう。

主役の中の主役、メインセール

マストの後ろに沿って展開するセールがメインセールだ。

第3章でも簡単に触れたが、その名の通りメインとなるセールで、通常は1枚だけ搭載され、ほぼ揚げっぱなしの状態となる。

セールを揚げていないヨットは安定しない。何はなくともメインセールということになり、メインセールのみを展開し、エンジンで走る機帆走という走り方もある。

メインセールについて、詳しく解説しよう。

セールクロス

セールを構成する布地をセールクロスという。ポリエステル繊維(商品名ダクロン、テトロン)を用いたヤーン(糸)をセールクロス用に密に織り込み、コーティングを施したものが主流だ。

レース艇には、より伸びが小さく軽量の、超高分子ポリエチレン(商品名スペクトラ、ダイニーマ、テクミロンなど)、アラミド繊維(商品名ケブラー、テクノーラなど)や、炭素繊維(カーボン)、さらにはPBO(商品名ザイロンなど)といった新素材も用いられるようになってきた。

繊維(ファイバー)を紡ぐなどして束ねたものを、ヤーンと呼ぶ。ヤーンを縒《よ》ってストランドを作り、これをさらに縒ったり編んだりしてロープ類ができる。

一方、ヤーンを織って布状にしたものがセールクロスになる。あるいは、ヤーンをマイラーなどのフィルムでサンドイッチして布状にしたものをラミネートクロスと呼んでいる。こうなると布地と言っていいのかフィルムと呼んでいいのか分からないが、より軽く、より伸びの少ないセールクロスとなる。

セールクロスには、このほかにも耐紫外線、吸水性、吸湿性、耐摩耗性、耐熱性、さらにはコストパフォーマンスなど、用途によってさまざまな要素を考慮しなくてはならない。

クルージングなら長距離を走るのか、近場で楽しむのか。レースをするのか。レースをするなら、どの程度の頻度でどの程度勝ち負けにこだわるのか。用途によってセールを選ぼう。

セールの製法と構造

イラストは、ごく一般的なクロスカットと呼ばれるセールだ。使用されるセールクロスは、短辺方向の伸びが小さくなるように織り込まれており、この部分が最も力のかかるリーチ部に沿うように配置されている。縫い目がほぼ水平方向になるので、ホリゾンタルカットとも呼ばれる。

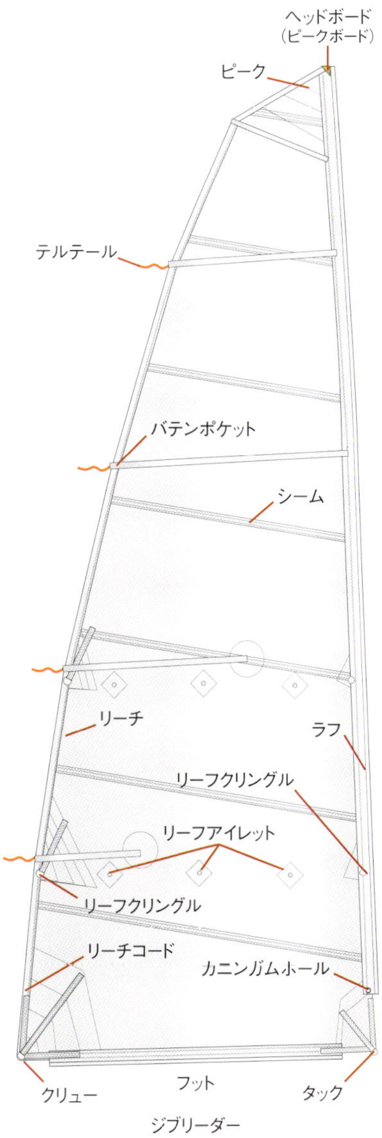

新素材のラミネートクロスでは、ヤーンの方向はさまざまで、それに合わせてカットも多様だ。ヤーンを連続して配置したモールドセールと呼ばれるものもあり、レース用セールの世界は日進月歩である。

ここでは、ごく一般的なクロスカットのセールを例に挙げて解説していこう。

各パネルの継ぎ目（シーム＝縫い目）を曲線にすることでセールにカーブを持たせている。さらに、マストの曲がりも利用して、セールカーブの深さを調節していく。

クリューやピークといった力のかかる部分にはパッチが当てられ、分厚く補強されている。そして3つの頂点には金属製のハトメ（クリングル、グロメットという）が取り付けられ、この部分でセールは固定される。

そのほか、バテンポケットやリーチコード、リーフ用のグロメットなど、メインセールはけっこう複雑な作りになっている。

リーチローチとバテン

セールの前縁をラフ、後縁をリーチ、底辺をフットと呼ぶ。また、前端をタック、後端をクリュー、頂点はピークと呼ぶ。

メインセールのリーチ部は膨らんでおり、ここをリーチローチと呼んでいる。セールエリアを稼ぐためのものだが、このままでは垂れ下がってしまうので、バテンと呼ばれる細く柔軟性のある棒を入れ、リーチローチがピンと張るようにしている。傘の骨のようなものといってもいい。これでメインセールのエリアはより大きく、パワフルになる。

帆走中にバテンが折れたり抜け出たりすると、一度セールを降ろさないと修理、修復することができない。そのままではバテンが暴れてセールが破れてしまうこともある。

用途によって、たとえばスポーティーに沿岸部を走るならモデル艇のように大きなローチが威力を発揮するが、本格的な外洋を長距離航海するならローチはあまり大きくない方がいいかもしれない。全体的により強度を持たせる必要もあるだろう。

ヨットもセールも、用途によってその形状や材質が大きく異なってくるということを再確認しよう。

リーフ

メインセールは1枚しかない。この1枚で、微風から強風まで広いコンディションに対応させなくてはならない。

そこで、セールエリアを調節するためにリーフ装置がついている。リーフは縮帆ともいい、メインセール・コントロールの重要な要素となる。

詳細については章を改めて詳しく解説しよう。ここではまず、リーフ装置が付いているということだけ頭に入れておこう。

セールの面積を減らすためのリーフ装置。メインセールをセットする時に艤装する

メインセールをセットする

メインセールのセットは、マリーナ内で行おう。セールをセットし、ブーム上に畳んでまとめた状態で出航し、海上に出てからおもむろに展開する。

セールを展開していないヨットは、ベアマストと呼ばれ、安定がすこぶる悪い。重いバラストキールと高いマストによって、よく揺れる。よほどの波でもない限り、大きく傾いてもひっくり返ることはまずないが、その分、揺れ幅、特に横揺れは大きい。

セールを展開し、風を受けて走り始めると、ちょうど風に寄りかかられているような感じになり、横揺れは激減する。ベアマストより、ずっと安定した状態で走ることができるのだ。

つまり、セールを展開する前の横揺れが激しい状態でのデッキ作業をなるべく少なくするため、できることはマリーナ内でやっておこうということなのだ。

❶ はじめにフット側のボルトロープをグースネック側からグルーブに通す。写真の黒い部分がマストとの接続部、グースネックだ

❷ フットを全部通したらタック側を留める。シャックルで所定の穴にセットしよう。ここにはあまり力はかからないので、シャックルも小さい

❸ シャックルは、工具を使ってしっかりと留めておこう。写真は折り畳み式の工具に付いているプライヤー。便利なので常に身につけておきたい

❹ アウトホールを緩めた時に、クリューがブームに沿って移動するよう、グルーブ内にカーが通っており、クリューはここにも接続される

フット側からセットする

メインセールのセットは、下辺であるフット側から行おう。

メインセールのフットには、ボルトロープが付いている。最初に、このボルトロープをブーム上部の溝（グルーブ）に通していく。

マストとブームの付け根がグースネックだ。メインセールのクリュー側を、グースネック側からグルーブに通して入れ、後ろへずらしていく。2人で作業すると楽だ。

フットを全部入れてから、タックはグースネック部に、クリューはクリューアウトホールに繋ぐ。タックを先に留め、クリューアウトホールは十分緩めてからクリューに接続する。接続したら、軽く引いてクリートしておこう。

アウトホールの調整用クリートは、マスト側に付いていることも多い。2人のチームワークで効率よく作業を進めよう。

タックもクリューもそれぞれシャックルで接続するようになっているが、シャックルのピンは工具を使ってしっかり締め付けておこう。帆走に入ったら、これらを外さなくてはならないことはめったにない。

ルーズフット・タイプのメインセールもある。これは、メインセールのフットにボルトロープが付いていないもので、ブームにはタック側とクリュー側の2点を留めるだけだ。

セットは簡単だが、このタイプではクリュー側のシャックルが外れたりアウトホールが切れたりした場合、セールは風にたなびいてしまう。強風時（こういう時ほどトラブルは起きる）は、暴れるセールを押さえて再びクリューを留める作業は容易ではないので、事前に注意したい。具体的には、アウトホールをもう1本、最も緩めた時のサイズにして取り付ける。これでアウトホールが切れても慌てることはない。

バテンのセット

フット側をセットしたら、続いてバテンをセットする。

バテンそのものは、FRPなどの材質でできている柔軟性のある細い棒材だ。これをセールのバテンポケットに挿入する。バテンポケットの長さはそれぞれ異なっており、当然ながらバテンもそれに合わせたサイズになっている。

前後にテーパーがついているバテンもある。前が薄く、リーチ側が厚く堅い。これでセールのカーブに沿った形状にバテンがきれいに曲がることになる。

バテンポケットの形状はさまざまであり、バテンの留め方はそれぞれ違うので注意が必要だ。

モデル艇はベルクロテープが付いたベロで押しつけるようになっているタイプ。このほか、蓋のようになっているもの、ひもで縛り付けるものもある。いずれも、帆走中に抜け出さないようにしっかりと固定しよう。

バテンポケットにバテンを差し込む

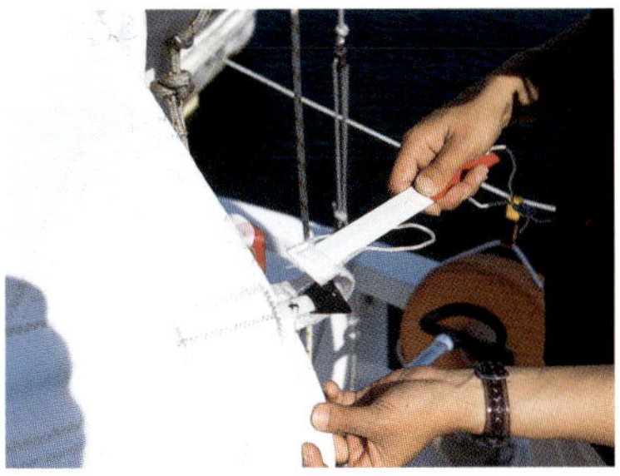

ベロの部分にインデューサーをセット

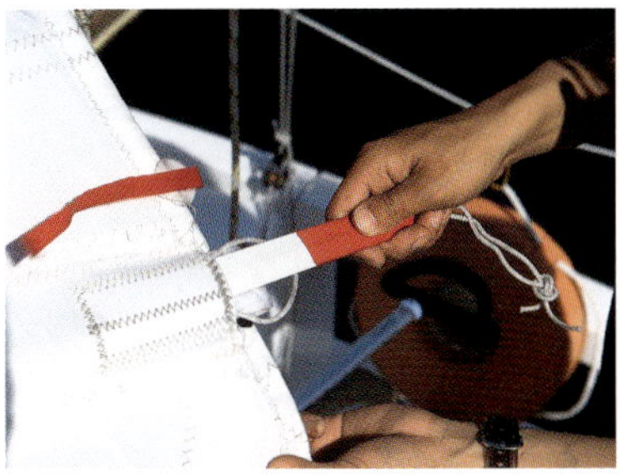

ベルクロ部をカバーしつつ押し込む

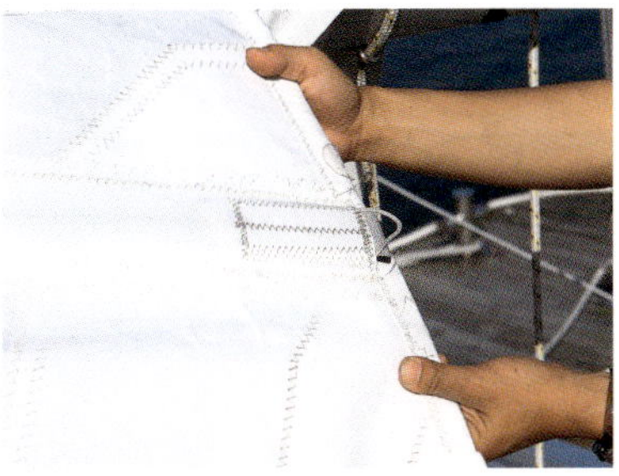

インデューサーを抜けばセット完了

ハリヤードのセット

ここから先は、セールのタイプによって2通りに分かれる。

ひとつは、ラフにスライダーが付いているタイプだ。ラフのスライダーは、ちょうどカーテンレールのようなもので、スライダーをブーム側のグループにセットして使う。セールの揚げ降ろしの際にラフがばらけないのが利点になり、大型艇やクルージングタイプのヨットに多い。

もうひとつは、モデル艇のようなボルトロープタイプ。こちらは、ブーム同様、マストのグループにラフのボルトロープを通してセットする。

スライダータイプの場合は、すべてのスライダーをマストにセットした状態でセット完了。ハリヤードは、セールアップの直前に海上でメインセールのピークに付ける。

ボルトロープタイプでは、フット側をセットした状態でセット完了。セールアップ直前に海上でハリヤードをセットし、ボルトロープをマストのグループに通す。この際、ガイドとなるプレフィーダーに通すのを忘れないようにしよう。

マリーナを出てすぐにセールアップできるようなら、この時点でハリヤードを付けてもいいが、しばらく機走で走るようなら、ハリヤードが暴れてマストに叩きつけられるので、セールアップ直前までハリヤードは付けない方がいいだろう。

セールアップの直前に、ハリヤードをセットする。ピークボードの穴にハリヤードを付け、ボルトロープをグループに入れる。グループ入り口の下にプレフィーダーが見える。セールアップの際に、ラフがグループに噛み込まないようにするガイドだ

こちらはラフスライダータイプのメインセール。ブームカバーの代わりにスタックパック（商品名）を装備し、さらに楽にセットできるようにしてある

フレーク！

セットしたセールは、ブーム上で畳む。揚げる時のことを考えて、ラフ側を合わせるようにして交互に折り畳んでいこう。前後に分かれて2人で作業すると早い。

交互に畳むことをフレークという。フレークという言葉は、ハリヤードやアンカーロープの整理にも使うので覚えておこう。

セールをフレークしたら、ブームと一緒に縛り付けておく。縛り付けるための細紐をセールタイと呼ぶ。ストッパー付きのショックコードを使うと便利だ。ショックコードとは、細いゴム紐を束ねて伸縮する外皮を被せたもの。太さはいろいろあり、セールタイ以外にもいろいろ役に立つ。

伸び縮みのない細紐や、平らな帯紐でもいい。何にでも使えるので雑索ともいう。片側に輪を作っておくと、そのままツーハーフヒッチで絞るようにして結ぶことができるので便利だ。ツーハーフヒッチについては第4章を参照されたい。

セールをフレークし、セールタイで縛り付ける

メインセールを揚げる

メインセールの展開は、海上に出てから行う。天候が穏やかな時なら、どのタイミングで作業しようが問題ないが、強風時は湾内の穏やかな海面でメインセールだけでも揚げておく方がいい。

メインセールアップは、機走で舵が利く程度の微速にし、船首を風上に向けた状態（風に立てるという）で行う。揚げはじめてから揚げきるまで多少の時間がかかるので、それなりの広さの水面が確保できる場所を選ぼう。

セールを揚げる前には、湾内をよく観察してみよう。穏やかなようでも、建物や山の隙間から強い風が吹き抜けてくる場所があるかもしれない。ほかのボートや漁船の邪魔にならないか、養殖筏や網の場所もきっちり確認しておこう。もちろん水深にも十分に注意しよう。

メインハリヤードをセットする時に、もう一度、ハリヤードがマストやスプレッダーに絡んでいないかをチェック。続いて、ブームバングとメインシートを緩める。これらが利いていると、最後までセールが揚がらない。

すべて準備が整ったら、いよいよメインセールアップだ。ハリヤードを引けばセールは揚がっていく。

ハリヤードを引くクルーからは、セール全体がよく見えないかもしれない。また、行き合う船や、海上の障害物にも注意を払う必要がある。1人がセールと周囲をよく見て、1人がハリヤードを引くというように分担して作業を行うといいだろう。

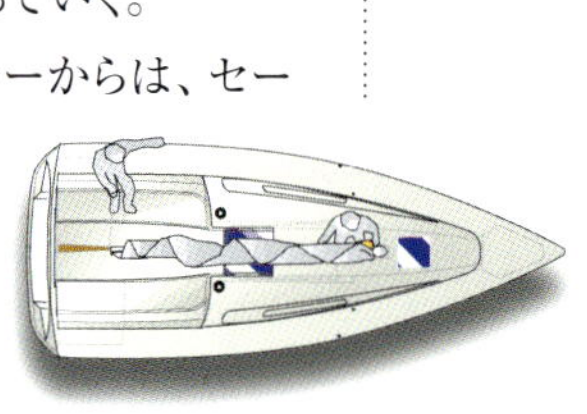

ハリヤードは、セールが何かに引っかかっていないかに注意しつつ、静かに素早く引こう。途中、急に重くなるようなら、どこかが引っかかっている可能性がある。そのままウインチで強引に引くと、セールを破いてしまう。

最終的なハリヤードのテンション（張力）は、風速によって異なる。風が強ければテンションも強めにし、ラフに縦皺が出るまでウインチで巻く。風が弱い時は緩くていい。横じわが消える程度だ。小型艇ならウインチを使う必要もないだろう。セールトリムの詳細については項を改めるので、ここではとりあえずその程度の目安でいい。

セールを揚げきったら、ハリヤードはしっかりクリートに留めておこう。特に強風時にはセーリングをしている間に緩んでくる。細かく調整する部分ではないので、しっかりしたクリートを取り付けたい。

また、引ききったハリヤードは邪魔にならないようにコイルしておく。コイルの仕方は第4章を参照されたい。コイル部分は、邪魔にならないようキャビンの中にでも納めておこう。

微速の機走で風に立てる

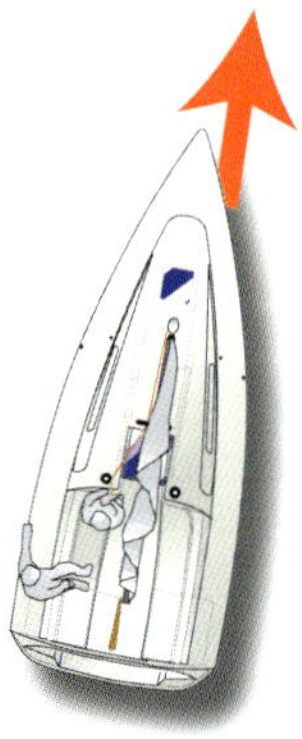

風位から10度ほど落とした方が作業がやりやすい場合もある。要は、メインセールに風がはらまない状態で

セールが揚がりきったら、メインシートを引き込みつつバウダウンしてセーリングに移る

セーリングを始めよう

セールが完全に揚がったら、いよいよセーリングに移る。バウダウンし、メインシートを引き、セールに風を入れてみよう。ヨットは風を受けて走り始めるはずだ。

十分な風があるようならエンジンを止めて、さあセーリングの始まりだ。

クラッチをニュートラルにしてエンジンを止める。それでもセーリングで勢いよくヨットが進むので、プロペラは空回りするかもしれない。その時は、ギアを後進に入れれば空転が止まる。エンジン始動時には、ギアをニュートラルに戻すのを忘れないようにしよう。

メインセールを降ろす

通常、メインセールは最後まで揚げている。セールダウンの前にエンジンスタートし、機走に移る。セールダウンもセールアップ同様、微速で前進しながら風に立てた状態で行う。

クラッチを繋ぐ前には、かならずシート類がデッキから垂れ下がっていないか確認しよう。うっかりペラに絡

セールダウンも穏やかな海面を見つけて行おう。ハリヤードをさばいておいたりセールタイを用意しておくなど、段取りが重要だ

セールは一気に降ろしてゆっくり畳む。時間がないようならとりあえずまとめておいて後で畳めばいい。障害物にも注意を払おう

ハリヤードもブラブラ遊ぶのですぐに外してライフラインなどに固定。ブームエンドに付けてブームを吊るようにしてもいい

めてしまうとやっかいだ。

セールダウンの作業に入る前に、まずは出て行くハリヤードが絡まないようにさばいておく。セールダウンの途中でハリヤードが絡むとセールは降りなくなる。降りきらないセールに風がはらんでしまうと、特に強風時にはトラブルのもとだ。

セールアップの後、ハリヤードはコイルしてまとめてあったはずだ。第4章で紹介した折り畳むようなコイルなら、解いてデッキに置くだけでも絡みにくい。しかし、丸く束ねたコイルでは、絡まる可能性が高いので要注意だ。改めてテール側から8の字を描くように、デッキの上に重ねていけば完璧だ。この動作もフレークという。

ヨットの作業は、すべて段取りが重要であるということを頭に入れておこう。この後必要になるのは、セールをブームに縛り付けるセールタイと、メインハリヤードのシャックルを外すための工具だ。それらをポケットに入れれば準備は万端だ。

ハリヤードを緩めるとセールは降りてくる。セールが海に落ちない程度に、ウインチでハリヤードを緩めるスピードを調整しつつ、一気に降ろしてしまおう。ウインチはロープ類を巻き上げるだけではなく、ドラムに2巻きほどして出て行くロープの勢いを調整するという使い方もできる。

ハリヤードを緩めると、当然ながらセールが降りると同時にブームも降りてくる。リジッドタイプのブームバングでない場合は、ブームがデッキ上に落ちないように、あらかじめトッピングリフトなどでブームを吊しておく。風にはためいてブームが暴れるので、頭を打たないように注意しよう。ブームが命中すると、血が出るほど痛いぞ。

一気にセールを降ろしたら、セールが風で飛ばされる前に手早くまとめてしまおう。また、メインハリヤードもそのままでは暴れてマストに当たるので、外してブームエンドにでも付けてテンションをかけておく。

余裕があるようなら、降ろしたセールはその場でブーム上にフレークしてもいい。余裕がない時は、ブームの前後に分かれ、フット部分を1メートルほど持ちその中に残りのセールを詰め込むような感じでまとめ、フット部でくるむようにしてブームの上に載せてセールタイで縛り付ける。これでも綺麗にまとまるはずだ。後は、マリーナに舫《もや》いをとってから、ゆっくりときれいにフレークし直せばいい。

ラフスライダータイプの場合、ラフ側は全部マストにくっついているのでリーチ側を後ろへ引っ張るだけで簡単にまとめることができる。クルージング主体なら、メインのラフはスライダータイプが便利だ。このままブームカバーをかけておけば、シーズン中はメインセールは付けっぱなしでOKだ。次回、セールアップ時には、ブームカバーを外してハリヤードを付けるだけでいい。

ブームカバーはUVクロスと呼ばれる紫外線に強い布地でできている。セールを紫外線から守るとともに、ブームカバー自体も劣化しにくくなっている。安い養生シート(花見のゴザなどに使われる青いビニールシート)では、そこまでの耐紫外線性はないので注意しよう。

リジッドバングがお勧め

ブームバングは、風の力で持ち上がるブームを下に引き下げる装置だ。

モデル艇には、リジッドタイプのブームバングが装備されている。これはバネなどを利用し、セールを展開していない時にブームを持ち上げて保持することができるもの。

テークルだけのブームバングでは、ハリヤードを緩めるとブームも落ちてきてしまう。そのままでは扱いにくいので、ブームトッピングリフトでマストトップやバックステイの途中からブームを吊っている。そのため、セールを揚げる前やメインシートを引く時にトッピングリフトを調節しなければならない。

クルージング艇でもリジッドタイプのブームバングがお勧めだ。

ジブは、
ヘッドセールの代表格

メインセールに対し、マストの前に展開するのがヘッドセールだ。

ヘッドセールには、さまざまな種類がある。下図のような三角帆がジブ。ほかにも、上部が膨らんでいて左右対称なスピネーカー。スピネーカーに似ていて左右非対称なジェネカー。これらはクロスも薄いものが使われる。さらには、ジブあるいはスピネーカーとメインセールの間に展開するステイスルなど、さまざまなセールが開発されてきた。

今回は、数あるヘッドセールの中でも最もよく使うジブの取り扱いについて解説していきたい。

ジブの種類

ラフをフォアステイに添わせて展開する三角帆がジブ。“ジブセール”ではなく、“ジブ”(jib)と呼ぶ。メインセールが1枚しかないのに対し、ジブは風速に合わせてサイズやセールカーブの異なる何枚かのセールが用意され、コンディションに合わせて選択、展開する。

ジブのサイズはLP(図参照)の長さによって表される。マストの前面とフォアステイの付け根までの長さを基準にし、LPが110%程度のジブをレギュラージブ、あるいはワーキングジブと呼ぶ。基準となるジブだ。これより大きくなると、クリューはマストより後ろへ来て、メインセールにオーバーラップする。

メインセールにオーバーラップするジブをジェノアと呼んでいる。逆に、荒天用の小さなセールであるストームジブなどもある。

レース艇になるとセールの種類はさらに多くなり、最も大きなジェノアである#1(ナンバーワン)から#2と数字が大きくなるにつれてセールサイズは小さくなり、#3がレギュラージブに相当する。さらには、同じ#1でも、セールクロスの厚みやセールカーブ(シェイプ)の異なるライト、ミディアム、ヘビーなど、多種のジェノアが存在する。

また、風向が横に回った場合、ジブシートが出て行ってもフットが海面に

付かないようにクリューの位置が高くなったジブをジブトップとかリーチャーと呼ぶこともある。

いずれにしても、ジブのラフは、メインセール同様、ボルトロープが付き、フォアステイに取り付けたフォイルのグルーブ(溝)にこのボルトロープを通すタイプと、セールのラフにスナップフッ

LPが110%程度のものをレギュラージブ、あるいはワーキングジブと呼んでいる。ジブシートはサイドステイの内側を通る

同じLP110%程度でも、レース艇のジブはラフが長く、フルホイストと呼ばれる。同じ110%でもだいぶ違うのが分かる

LPが110%以上になり、メインセールにオーバーラップするものがジェノア。ジブシートはサイドステイの外を通る

最も小さい、荒天用のストームジブ。クリューの位置も高くなっており、またタック部をペナントで上げて使うこともある

クが付いていて、これを直接フォアステイのワイヤにひっかけていくタイプに分かれる。

このスナップフックをハンクスと呼んでいる。ハンク（hank）の複数形だが、1つでも慣習的にハンクスと呼ばれている。

クルージング艇ではハンクス仕様の方が扱いやすいだろう。メインセールのラフスライダー同様、セールのラフが上から下まですべてステイに取り付けられることから、セールの揚げ降ろしがずっと楽になるからだ。

ジブファーラー

メインセールは1枚しかないが、ジブはサイズの異なるものを何枚か搭載し、コンディションに合わせたものを展開する。

しかし、使わないセールを保管しておく場所も確保しなくてはならず、時にはビショビショに濡れたジェノアを収納しなくてはならないなど、使い勝手がいいとはいえない。

そこで、1枚のジブをヘッドステイに巻き込んで使用するジブファーラーが普及している。

ジブファーラーの仕組みを解説しておこう。

ギアの仕組み

ジブのファーリングシステムは、さまざまなメーカーから発売されている。各社それぞれ工夫を凝らしているが、ここでは一般的な構造と仕組みを見ていこう。

フォアステイのワイヤには、セールのラフボルトロープを通すグルーブを備えたフォイルがかぶさり、これが回転することによってセールを巻き込んでいく。当然ながらフォアステイそのものは固定され、その周りでフォイルが回転するわけだ。

フォイルの下端にはドラムが付く。このドラムにファーリングラインがあらかじめ巻き込まれた状態でセットされている。このラインを引っ張ればドラムが回転し、同時にフォイルが回転してセールを巻き込む仕組みだ。

ポイントは、ピーク側に付くアッパースイベル（ハリヤードスイベル）だ。アッパースイベルの下端にあるシャックルにセールのピークを留める。この部分はフォイルの回転と共に回転する。一方、ハリヤードはアッパースイベル上部に取り付けられ、フォイルが回転してもこの部分は回転しない。ここも一緒に回転してしまうと、ハリヤードがフォアステイに巻き付いてしまう。それを防ぐために、スイベル自体がスムースに回転するようベアリングを入れるなどの工夫がなされている。

以上のように、ジブファーリングシステムは、比較的単純な仕組みでできている。構造をしっかり把握して間違いのないように使用しよう。

一般的なジブファーラーを、長さを縮めてモデル化してみた。当然ながらフォアステイ（フォイル部）はもっと長い。セールのピークが取り付けられたアッパースイベルごとハリヤードで引き上げてセールを展開し、下端のドラムでフォイルを回転させ、セールを巻き込む仕組みだ

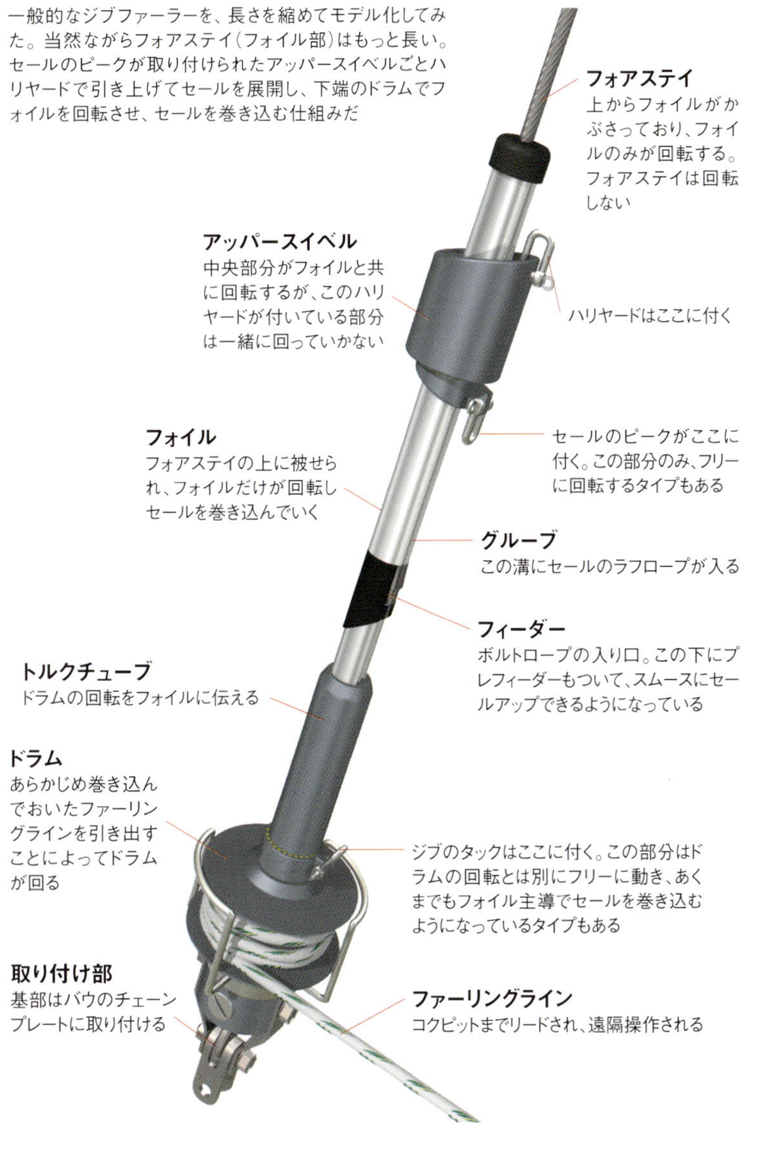
フォアステイ
上からフォイルがかぶさっており、フォイルのみが回転する。フォアステイは回転しない
アッパースイベル
中央部分がフォイルと共に回転するが、このハリヤードが付いている部分は一緒に回っていかない
ハリヤードはここに付く
フォイル
フォアステイの上に被せられ、フォイルだけが回転しセールを巻き込んでいく
セールのピークがここに付く。この部分のみ、フリーに回転するタイプもある
グルーブ
この溝にセールのラフロープが入る
フィーダー
ボルトロープの入り口。この下にプレフィーダーもついて、スムースにセールアップできるようになっている
トルクチューブ
ドラムの回転をフォイルに伝える
ドラム
あらかじめ巻き込んでおいたファーリングラインを引き出すことによってドラムが回る
ジブのタックはここに付く。この部分はドラムの回転とは別にフリーに動き、あくまでもフォイル主導でセールを巻き込むようになっているタイプもある
取り付け部
基部はバウのチェーンプレートに取り付ける
ファーリングライン
コクピットまでリードされ、遠隔操作される

ファーリングジェノアをセットする

それでは、ジブファーラーにジブをセットしてみよう。風が弱くおだやかな日なら、マリーナ内でも行える。

まずタック部をセット。シャックルを用いて、しっかりと取り付けよう。

セールのラフ（前縁）を、タック側からピークまで、順にたぐっていってセールがねじれていないか確認する。ピークにハリヤードを取り付けプレフィーダー→フィーダーを経てグルーブへとラフのボルトロープを入れる。30センチほど入れたらハリヤードのたるみをとってラフ側の準備は完了だ。

左右のジブシートはもやい結びでしっかり結ぶ。結び目はなるべく小さくなるように。テールは、シート径の3倍くらい（8mm径のシートなら25mmほど）残

タックはドラム上部に取り付ける。黒／黄のラインがファーリングライン。ラインはこの状態でドラムに巻き込まれていないといけない

ジブのピークは、アッパースイベルに取り付ける。左手に見えるのがハリヤード。ハリヤード取り付け部は自由回転するので、フォイル部が回転してもハリヤードが巻き付くことはない

左右のジブシートは、クリューにもやい結びで結ぶ。結び目はなるべく小さくなるように。また、オーバーラップのあるセールの場合は、サイドステイの外側を通すこと

すようにする。

ここでのポイントは、ハリヤードがフォアステイやその他のハリヤードにからんでいないかしっかり確認すること。特に海上でこの作業を行う時は、船の揺れでうっかりハリヤードを手放してしまわないように注意しよう。

ジブを揚げる

準備ができたらハリヤードを引き上げる。これをホイストと呼ぶ。

ホイストの前半はセールが途中で引っかからないように、1人がフォアデッキでセールを送り、もう1人がコクピットからハリヤードを引いていく。

船のサイズが大きくなってくると、ハリヤードも重くなる。コクピットで横方向に引くのはかなり大変だし、ウインチで巻き上げるのも仕事量には変わりなく、汗だくになる。そこで、マストの部分でハリヤードをつかみ、上下方向に体重を使って引き下げるようにすると力が入る。この動作をバウンスと呼んでいる。

この場合、コクピットにいるクルー（2人乗りの場合はヘルムスマン）が、引き余ったハリヤードをタイミング良く引き込んでいく。ヘルムスマンなら、ティラーを持つのと同時に手を伸ばさなくてはならない。作業の間も船が真っ直ぐ走っているように注意が必要だ。

セールが上まで揚がったら、最後はウインチを使ってハリヤードにテンション

ハリヤードを接続する時は、フォアステイに絡まっていないか確認するのを忘れないように。こうした確認作業はクセにしよう

ハリヤードのホイストはマストの部分でハリヤードをつかみ、体重をかけて引き下げるようにする。ヘルムスマンはコクピットで余ったテールをたぐっていこう。2人のタイミングが重要だ

をかける。ラフに添って軽く縦皺が出るくらいまでテンションをかけておこう。

メインセールの展開同様、周りをよく見て、障害物や行き合い艇に十分注意すること。

ジブを巻き取る

ジブを揚げて展開したら、まずは巻

き取ってみる。

ドラムに巻き込まれているファーリングラインを引くことでドラムを回しセールを巻き取るわけだから、最初の状態でファーリングラインはすべてドラムに巻き込まれていなくてはならない。これはジブファーラーを装備した時点で調整されているはずだ。

ファーリングラインは軽く引き込めるはずだ。もしも動作が重いようなら、無理してウインチを使わず、どこかがひっかかっていないかチェックしよう。

特にアッパースイベルがうまく回転していないと、ハリヤードがフォアステイに巻き付いてしまう。この状態で無理にウインチで巻き上げようとすると、最悪の場合にはフォアステイが切れてしまうこともある。

システムがスムースに稼働していれば簡単に手で引き込めるはずだ。

きれいに巻き込めないようなら、軽くジブシートにテンションを入れてみよう。ほんの軽くでいい。また、バックステイを引くなどしてフォアステイのたるみを取る。フォアステイがたるんでいると、曲がったフォイルを回すことになるので、当然動作が重くなる。

ファーラーにセールを全部巻き込んだ状態でセットは完了。ファーリングラインとジブシートをピンと引いておけば、解けない。

通常、シーズン中はこの状態でいい。セールのリーチ部には紫外線に強いUVクロスのパッチが当てられており、すべて巻き込んだ状態ではUVクロスが外側すべてを覆っているはずだ。

ジブの展開

ファーリングジブは、一度セットしておけば、あとは簡単だ。

ファーリングラインを緩め、ジブシートを引けばセールは展開される。

セールが展開されると同時に、引ききっていたファーリングラインはドラムに巻き込まれていく。操作に入る前にファーリングラインをフレークし、スムースに出て行くように整理しておこう。

途中からジブは風を受けるので、その風圧で一気に展開される。強風時は勢いがつきすぎて、その時に巻き込まれるファーリングラインがドラムに絡まってしまうこともある。ウインチに巻いて減速させるなど、ケアが必要だ。

すべてセールが開いたら、そのままジブシートを引いてトリムする。さあ、本格的なセーリングの始まりだ。

ファーリング

セールの収納（巻き取り）は、最初にセットした時と同様、ファーリングラインを引き込んでいけばいい。

ジブシートを緩め、セールから風を抜き、ファーリングラインを引き込んでいく。

最初にも書いたが、この時に重いからといって、ウインチで無理やり引き込まないように。本来は軽く巻き取れるはずだ。これが重いということは、なんらかの不具合があると考えられる。原因を調べ、解決してから巻き取ろう。

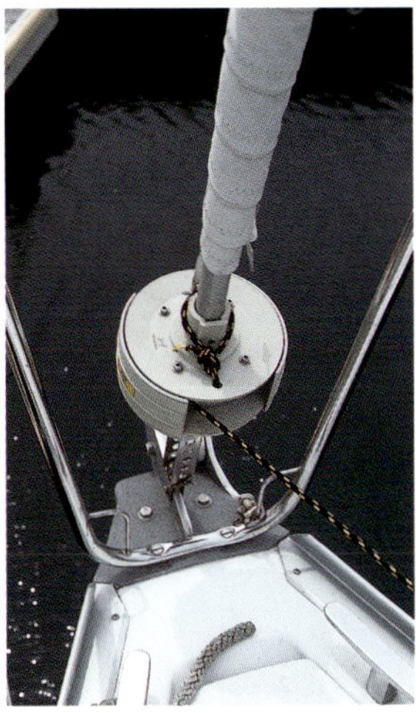

上：セールが揚がったらファーリングラインを引っ張ればドラムが回転し、セールはフォイルに巻き込まれていく。写真ではラインのエンドがドラム上部に縛り付けられているが、これはちょっと変則的。通常はフィギュアエイトノットでタンコブを作るだけ。また、モデル艇では、リーチ部にUVクロスがないので、毎回セールは取りはずすことになる。

左上：ファーリングラインを緩めつつ、ジブシートを引けば巻き込まれたセールは開いていく。出て行くファーリングラインがもつれて絡まないように、あらかめデッキ上にフレークしておくのがポイントだ

左中：ある程度開くと風を受け、ジブは一気に開いてしまう。ファーリングラインをウインチドラムに1回転ほど巻き付け、勢いを殺してやるといい。さもないとドラムにからまってしまうこともある

左下：全部開いたらジブシートを引き込んでセーリングの開始。モデル艇はドッグハウス上のウインチでジブシートを引き込む変則的な配置になっている。通常はデッキのプライマリーウインチを使う

ジブダウン

ファーリングジブなら、セールを降ろすというよりもセールを巻き取るという形で作業は終わる。それでもシーズンの終わりや、台風や嵐が予想される時には、セットしたファーリングジブを降ろさなくてはならない。

穏やかなマリーナ内での作業なら問題なく収納できるだろうが、セーリング中、特に風が強くなってきた時に降ろさなくてはならないような事態に遭遇することもある。普段、ジブファーラーばかり使っていると、ジブのアップダウン作業を行うことがほとんどなく、特に波をかぶるフォアデッキで暴れるセールを押さえ込むのはハンクス仕様の場合よりもずっと難しいといえる。2人の仕事分担も重要だ。普段から練習のつもりでしっかりと経験を積んでおこう。

まず、出て行くハリヤードを整理する。きれいにコイルしてあるようでも、そのままではまず間違いなく絡まると思ってよい。デッキ上に8の字フレークをしてスムースに出て行くように準備しておこう。メインセールを降ろす時と同じだ。

ジブハリヤードはウインチに2巻きほどしてロープストッパーのジャマーを外し、テールをヘルムスマンが持つ。ヘルムスマンがコクピットでハリヤードを緩めつつ、クルーはフォアデッキでジブを海に落とさないように取り込んでいく。

ファーリングジブは、クロスも比較的厚く、面積も大きい。降ろすそばからラフはヘッドフォイルから抜けていくので、ヨットのサイズが大きくなると、この作業はなかなかの力仕事になる。

降ろしたセールをどこにしまうかも問題だ。場合によってはビショビショに濡れている。丸めてキャビンに押し込むとキャビンの中も濡れてしまう。なによりかさばる。荒れた海上でファーリングジブを取り込む作業は、重労働であると心得よう。

こちらはハンクス仕様のジブ。ラフはすべてフォアステイについたままだ。ハンクスをかける時は手間ではあるが、セールの揚げ降ろしは楽だ。このままリーチを後ろへ引っ張れば、ある程度畳んだような状態にもなる

左：1人はコクピットでハリヤードを緩めていく。1人はフォアデッキでセールを取り込んでいく。場合によっては、コクピットでジブシートを引いてやるなど、ジブが海に落ちないように注意しよう
右：ジブをすべてデッキの上に降ろし、ハリヤード、タック、ジブシートを外して取り込み完了。この場でラフだけでもまとめてセールタイで縛り上げてしまうとなんとかまとまる

ハンクスタイプのジブ

レース艇の場合は、ヘッドフォイルを用いているので、ジブのセットと揚げ降ろしに関してはジブファーラーとほとんど変わらない。

対してハンクス仕様の場合は、ジブのセット時にハンクスを一つずつフォア

フット側から畳んでいく。1人で畳むのは大変なので、2人で前後に分かれて行うといい

ラフを揃えて畳むためには、折り目はフットに平行ではなく、ラフに直角になるようにする

折り目の幅は、セールバッグの深さに合わせるとピッタリ収まる。ピークまで畳んでいこう

ステイにセットしていかなくてはならない。

しかし、セットさえしてしまえば、ラフはすべてフォアステイに付いたまま、カーテンの開け閉めのように上げ下げをするようなものなので扱いやすい。

降ろしたジブも、ラフはハンクスでフォアステイに付いたままなのでばらけることもなく、そのままライフラインに縛り付けるといったこともできる。また、その状態でリーチを後ろに引っ張るようにすればセールはある程度まとまる。ハンクスを外してそのままラフ側から丸めていき、セールタイで縛り上げてしまえばかなりコンパクトになる。セールバッグに入れれば、楽にコクピットロッカーに収まるだろう。

ジブファーラーは便利だが、いざ強風時にセールダウンとなると作業が大変になる。対してハンクス仕様では普段いちいちジブの取り付け、取り外しをしなくてはならないが、セールの揚げ降ろしは楽だ。ジブファーラーかハンクスタイプか、クルージングスタイルによって選ぼう。

セールを畳む

クルージングタイプのヨットなら、メインセールは付けっぱなし。ブームの上に畳んだ状態で、上からブームカバーで覆えば紫外線も防ぐことができるので、シーズン中はそのままでいい。

ファーリングジブなら、こちらも巻き込んだ状態でOKだ。リーチ側のUVクロスが紫外線からセールの劣化を防いでくれる。

ただし、シーズンオフでしばらく乗らない時や、台風など荒天が予想されるような時には、ジブは降ろして収納しておかなければならない。

特に台風などの強風で、巻き込んだファーリングジェノアの一部がほどけ、風に煽られてビリビリに破けてしまったり、最悪の場合はマストが折れたという例もある。陸上保管艇では、ほどけたセールに風がはらみ、船台ごと走り出してしまったり、倒れたりといった事故もある。この場合、自艇のみならず、近隣他艇を傷つけてしまうこともある。

畳んだら、前後から丸めるようにして作業完了。セールタイで縛り、このままセールバッグに入れよう

外したセールはきちんと畳んで収納しよう。畳み方は、ブーム上でフレークするのとほぼ同じ。バテンが入ったセールなら、バテンを外してから広いところでフットに添って交互に蛇腹状に畳んでいく。ジブは、次にセットすることを考えて、ラフを揃えるようにしておくといい。2人で作業すると楽だ。

畳み終えたら前後から丸めていき、最後はセールタイで縛っておこう。これでコンパクトにまとまる。後はセールバッグに入れてしまっておこう。

ジブの揚げ降ろし、扱いはデッキ作業の基本中の基本だ。特に揺れるフォアデッキでの作業は危険もつきまとう。穏やかな日から経験を積み、習熟しておくことが、大きな事故を防ぐ最善の道であり、これがヨットの楽しみでもある。

第 8 章

係留とアンカリング

第1章、第2章で簡単に解説したように、セールを揚げてバタつかない程度にトリムし、行きたい方向に舵を切れば、ヨットは取りあえずはそこそこ進む。ところが、狭い港内での取り回しとなると、そう簡単にはいかない。自動車と違ってブレーキを踏めば止まるという乗り物ではなく、また水面上ではその場にとどまるのも難しいので、「切り返し」という動作も簡単にはできないのだ。なにより、広い海の上とは異なり、港内には桟橋やら他艇やら、周りに障害物がいっぱいある。出入港、離着岸は思いのほか難しい。第8章では、ヨットを楽しむためには避けては通れない関門である出入港について、取り上げていこう。

係留のための艤装

水上に浮いているヨットは、風が吹けば流されてしまう。定位置にとどまりたければ、どこかにつなぎ止めておかなくてはならない。これが係留、あるいは係船だ。ムアリング、もやう(舫う)という場合もある。

係船設備の無い湾内などでは、アンカー(錨)を使って錨泊することになるが、基本的には、係船索を使って桟橋に船を繋ぐことになる。

波があれば、船は揺れる。船が桟橋に擦れたり、ぶつかったりしないよう、係留にあたっては注意が必要だ。

まずは、ヨットに付いている係船用の艤装品から見ていこう。

クリート

ヨットの前後、あるいは中央部分には係船用のクリートが備え付けられている。

大型のT字形をしたホーンクリート(25ページ)と呼ばれるものが一般的だ。係船索は、ここにクリート結びで留める。もやい結びで輪を作ってかけてもいいし、足が2本になっているオープンベースタイプのホーンクリートなら、その間にロープを通してもやい結びをすることもできる。

大型のクルージングボートなら、より頑丈な柱状のビットが付いている場合もある。柱の上部に横棒が入って十字形になっているクロスビットと呼ばれるものや、それが2本組になっているものもある。クリート結びやクラブヒッチ、あるいはもやい結びにすることも可能だ。

各ロープワークについては第4章を参照されたい。

フェアリーダー

係船索が船体に擦れ、切れてしまわないように、角を落としてリードするフェアリーダー(チョック)を備えているヨットも多い。特にバウにあるものをバウチョックと呼んでいる。ここに係船索を通してリードする。

係船索

係船のためのロープが係船索(ドックライン、ムアリングロープ、もやいロープ)だ。船首(バウ)から前方へ延ばすものをバウライン。船尾(スターン)から後ろへ延ばすものをスターンラインと呼んでいる。

これだけだと、船は左右斜めに振れてしまう。そこで、バウから後ろへ、あるいはスターンから前へ係船索をとり、前後左右に船を安定させる必要がある。これらをスプリングラインと呼んでいる。バウから後ろへとるのがバウスプリング。スターンから前へとるのをスターンスプリングと呼ぶ(イラスト参照)。

係船索は、船の大きさ(重さ)に合った太さ(強度)を使うが、強ければいいというものでもない。一般的に、セールのコントロールに用いるロープ類は伸びが小さいものが適しているが、係船索は衝撃を吸収させるために、多少の伸びがあった方がいい。その代わり、摩擦や紫外線に強いものが適している。

太すぎたり長すぎたりしても使いにくいし、短すぎれば当然使えない。用途に合ったロープを用意しよう。

基本的には、桟橋側をロープのエンドにし、船側のクリートで長さを調節する。こうすれば、余ったロープは船の方に残るので、桟橋はスッキリする。

ロープワークの項で説明したが、片方をもやい結びにしたら、反対エンドは、長さを調整しやすい結び方(テンションがかかっていても解けるような結び)にしなくてはならない。

フェンダー

桟橋や岸壁と船体が擦れて傷がつかないようにするための当て物がフェンダーだ。

フェンダーにも各種あるが、写真のエアフェンダーが一般的。ライフラインから吊して使う。

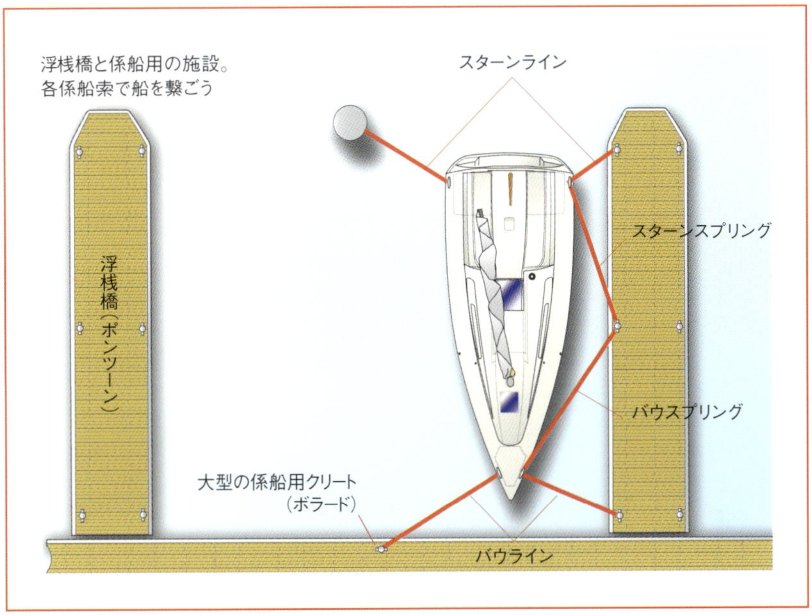
浮桟橋と係船用の施設。
各係船索で船を繋ごう
スターンライン
スターンスプリング
浮桟橋(ポンツーン)
バウスプリング
大型の係船用クリート
(ボラード)
バウライン

マリーナの設備

ヨットなどプレジャーボートを係留する施設をマリーナやヨットハーバーという。マリーナ側に備わっている係船設備も確認しておこう。

浮桟橋

係留は、岸壁か浮桟橋(ポンツーン)かに分けられる。ここでは、マリーナによく設置されている浮桟橋に係留する場合を考えていこう。岸壁については、後に詳しく解説していく。

浮桟橋は、その名の通り、海面に浮いている桟橋だ。潮の干満に合わせて桟橋自体が上下するので、ヨットと桟橋との高さが常に変わらない。そのため、乗り降りが楽で、係留もしやすいという利点がある。

設備が整ったマリーナなら、ここにまで水道や電気が引かれている。また、船が傷つかないように、桟橋側にフェンダーが付いている場合もある。小型のプレジャーボートにとって、理想の係留施設ともいえるのが浮桟橋なのだ。

ビット、ボラード

桟橋側にも係留用のクリートが付く。

ヨット側の係留用クリートは、帆走時には邪魔になることもあり、頑丈なものを付けたいものの限度がある。しかし桟橋側のクリートはそうしたことに気を使う必要もないので、より頑丈なものが付いている。これらはボラード、ビットなどと呼ばれている。

Soleil II
浮桟橋には、ボラード(大型の係船用クリート)が付く。係船索をかけて船が流れないように固定する。船と桟橋が擦れないように、フェンダー(後ろに見える白い筒状のもの)を当ててショックを吸収させる

出港時の離岸の心得

出港時の、離岸の方法から見ていこう。狭いところへ入る着岸よりも、広いところへ出る離岸の方が比較的簡単だ。

後進で出て行くことが多くなるのだが、まず後進について考えてみよう。

ラダー形状で違う舵の利き

後進は“go astern”から、ゴースタン、あるいはアスターンという。

ギアをバックに入れて、エンジン回転を上げればいいのだが、ここで問題なのが、ラダーの形状による舵利きの違いだ。

図は、代表的な2種類のラダー形状だ。スポーティーなヨットには、図の上にあるバランストラダーと呼ばれるタイプのラダーが付いていることが多い。舵軸（ラダーポスト）がラダーブレードの前端にないため、舵を切った時にトルクが打ち消し合って舵が軽くなる。舵軸で吊り下げるような構造になっているので、ハンギングラダー、また形状からスペードラダーとも呼ばれている。

対して、クルージングタイプのヨットではラダーブレード前面に舵軸があり、その前にはスケグと呼ばれるフィンが付いていて、ラダーを下からも支えているタイプがある。

このようなスケグ付きのラダーでは、舵を切ってもスケグの部分は動かない。前進する時はスケグの部分が船を直進させる助けをするからいいのだが、後進する時は、いったん回頭を始めると、スケグ部分に水流を受けて回頭がより大きくなってしまい、ここで舵を戻しても船は回頭し続けてしまうという現象が起きる。

このため、スケグ付きのラダーの場合、後進時は繰船が難しくなる。舵を大切りしても船はいうことをきかない。小さな舵角で、まず真っ直ぐ後進することに集中しよう。

シングルアップ

離岸の前には係船索を外す。この作業を「もやいを解く」という。

穏やかなコンディションなら、深く考えずにもやいを解き、船を押し出しながら乗り込めばいいが、風が強い場合は、もやいを解く順番が重要になってくる。

ヨットは前後左右から係船索で留められているが、実際には風下側の係船索は効いていない。風に吹き流されるように、風上側の係船索にぶら下がるようにして留まっている。

また、係船索には外しやすいものと外しにくい場所にあるものとがある。

離岸にあたっては、その時に効いていないもの、続いて最後には外しにくいものと、順番に外していこう。そうして、最終的にどうしてもなければ困るラインを残す。こうすることをシングルアップ（single up）と呼んでいる。

どうしても必要だが、外すのが大変というものは、船の上から外すことができるように両エンドを船側にして、U字形にラインをとるとよい。これは、「バイト（bight）にとる」とか、俗に「行ってこい」と呼ばれている。

離岸、そして切り返し

離岸時は、ヘルムスマンとクルーは

スポーティーなヨットに多いハンギングラダー（スペードラダー）。舵軸がブレードの前端にないのが特徴

スケグ付きのラダーでは、舵を切ってもスケグの部分は動かないので、後進時に舵利きが悪い

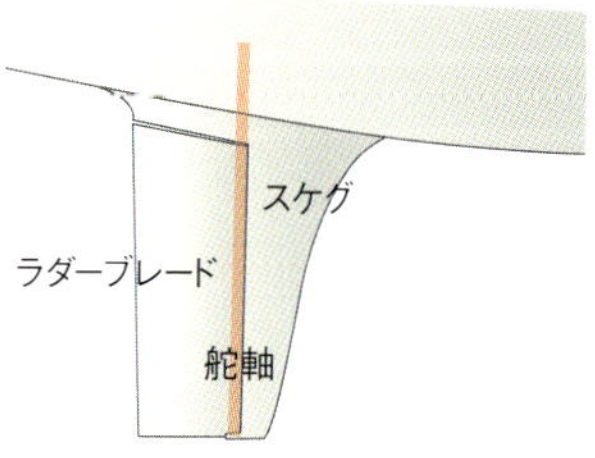

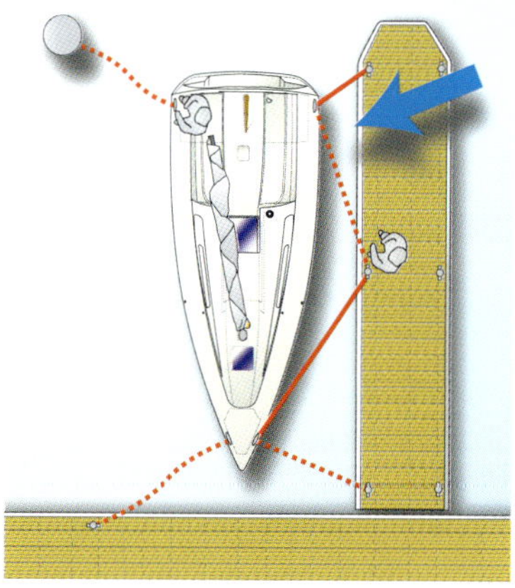

風下側になって効いていない係船索を外し、最低限必要なラインだけを残すことをシングルアップという。特に強風下では、どれを最後に残すかが重要になる

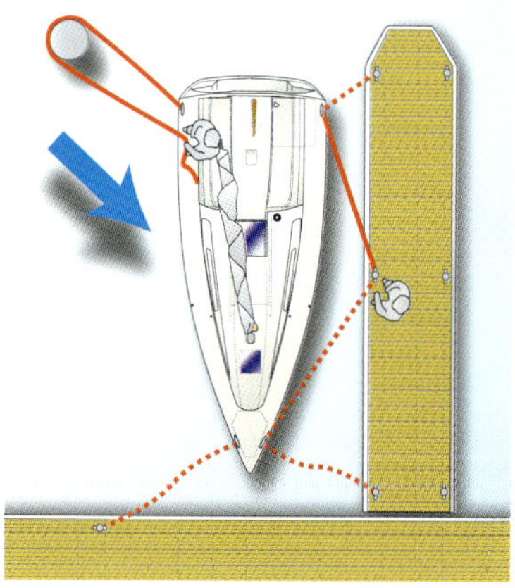

外しにくいラインを最後に残さなくてはならないような場合、「行ってこい」にしておくと、艇上から放すことができるようになる。いずれもヘルムスマンとクルーが、事前に段取りをよく話し合おう

事前に話し合い、どういうルートで船を出すのかを決めておこう。

船尾を右に振って切り返すのか、あるいは左に振ってバックで出て行くのか……、マリーナ内の状況次第でルートは異なるはずだ。ヘルムスマンとクルーが別のことを考えていたのでは、離岸は上手くいかない。ヘルムスマンが舵を切るだけではなく、クルーはヘルムスマンが思っている方向に船を押し出してやるようにしよう。

ルートが決まったら、いよいよ離岸だ。ギアを後進に入れ、ゆっくりと桟橋から離れる。最初は真っ直ぐ下がり、小さな舵角でゆっくりと、思った方向に曲げていく。後進時は舵をしっかり握っていないと、水流で大きく舵を持っていかれるので要注意だ。

船の前後の動きを行き足とよんでいるが、ここでエンジンを中立にしても、まだ行き足は止まらず、ゆっくりと後進し続けるはずだ。エンジンを前進に入れ、回転を上げてやる。それでもすぐには行き足は止まらない。やがて行き足が止まって前進が始まるが、この時間差をしっかりと把握しておこう。

後進の行き足が止まらないうちに舵を切り返してしまうと、船は思っているのと逆方向に回頭してしまう。行き足が止まったのを確認してから舵を中立に戻し、前進しはじめたら切り返す。

これで思った方向に船は切り返せたはずだ。

前進しはじめたら、エンジン回転を落とす。アイドリング状態でもギアが繋がっていれば、港内では十分なスピードが出る。

港内では微速前進。これがマナーだ。

着岸を極める

それではいよいよ緊張の瞬間、着岸だ。

とはいえ、焦ることはない。準備をして、正しいコースに乗せれば、うまくいく。

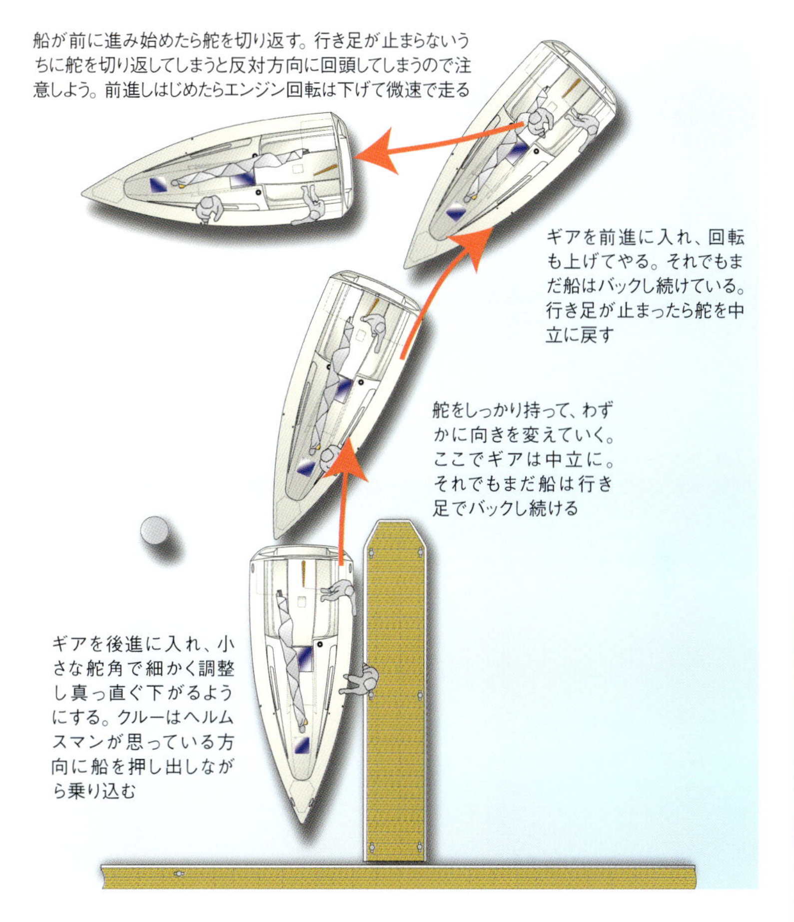

船が前に進み始めたら舵を切り返す。行き足が止まらないうちに舵を切り返してしまうと反対方向に回頭してしまうので注意しよう。前進しはじめたらエンジン回転は下げて微速で走る
ギアを前進に入れ、回転も上げてやる。それでもまだ船はバックし続けている。行き足が止まったら舵を中立に戻す
舵をしっかり持って、わずかに向きを変えていく。ここでギアは中立に。それでもまだ船は行き足でバックし続ける
ギアを後進に入れ、小さな舵角で細かく調整し真っ直ぐ下がるようにする。クルーはヘルムスマンが思っている方向に船を押し出しながら乗り込む

あくまで低速で

右下の図のように浅い角度でアプローチできれば着岸も楽だが、実際にはマリーナ内は狭い。きつい角度でアプローチしなくてはならない場合が多い。

ポイントはスピードだ。あくまで低速で。機関を中立にし、惰性で走っている状態でも、ヨットの舵は大きいのでよく利く。このあたりはモーターボートとは大きく異なる。舵が小さく、船底部がよりフラットなモーターボートでは、プロペラが回っていないと舵利きが悪く、横流れも大きくなり、ボートのコントロールがしにくい。その点、ヨットは大きなバラストキールのおかげで横流れもほとんどなく、微速前進でのコントロール性は段違いだ。

逆に、エンジンが小さいので後進に入れてもブレーキは利きにくい。行き足を止めるのは、なかなか難しいのだ。

そこで、着岸の際はあくまでも低速にする。早めにギアを中立にし、惰性で走るくらいでいい。

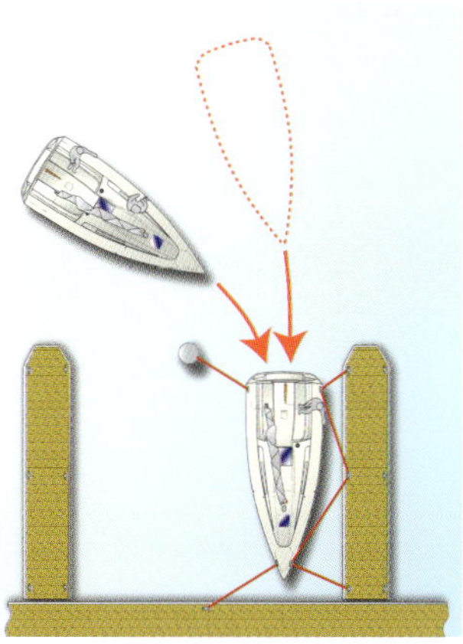

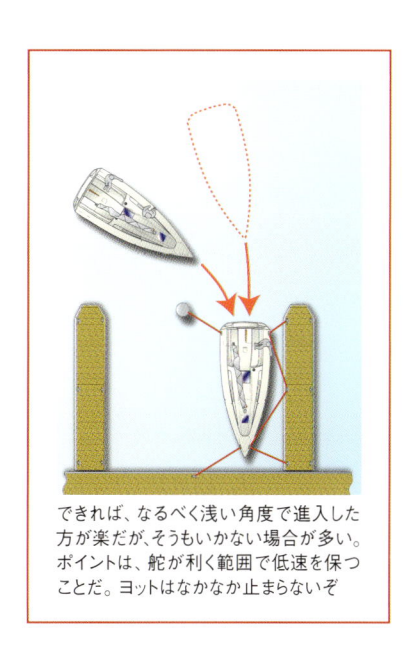

できれば、なるべく浅い角度で進入した方が楽だが、そうもいかない場合が多い。ポイントは、舵が利く範囲で低速を保つことだ。ヨットはなかなか止まらないぞ

コース取りを頭に描こう

ヨットは船首が尖っており、船腹にかけては次第に幅が広くなっていく。あたり前のことだが、そこが一つのポイントだ。上から見ると四角い形状をしている乗用車との大きな違いだ。

桟橋にアプローチする場合の航跡をイラストにすると下図のようになる。

舳先の部分に注目してみよう。船の先端はいったん桟橋に近づき、しかしその後遠ざかっていく。ヨットの舵は船尾に付いているので、船尾を振るようにして向きを変えていく。

逆に言えば、桟橋に当たりそうだからと早めに舵を切り始めると、桟橋にはたどり着けない。

特に風が桟橋側から（イラストでは右から）吹いている場合は要注意だ。舳先が桟橋に当たりそうになってから舵を切り始めても大丈夫。回頭するに連れて、舳先と桟橋との間隔は開いていく。その代わり、ミジップ（船の中央、一番幅の広い辺り）が桟橋に寄っていく。

途中でブレーキをかけていったん止まるとか、バックして切り返すとかいうことはまずできないので、アプローチのコース取りが重要だ。そしてその際、できるかぎりの微速前進をキープする。

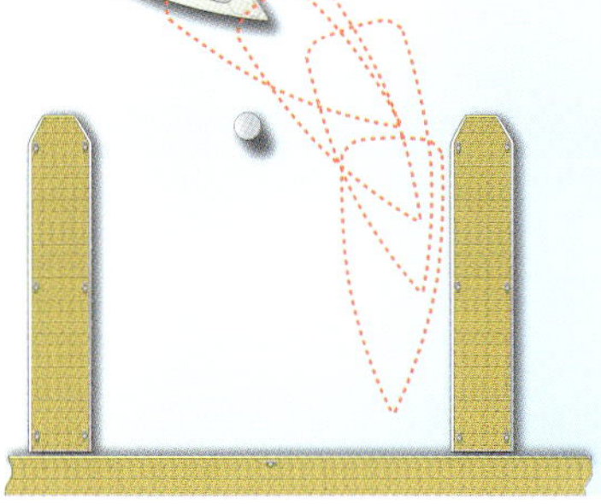

着艇準備

着艇の準備は、入港前に済ませておこう。これまでに何度か書いてきたが、ヨットの上でのあらゆる作業は、準備と段取りがキモになる。

まず、左右どちらの舷が桟橋側になるのか。イラストの例では左舷が桟橋側となる「左舷着け」だ。係船索を左舷に準備し、フェンダーも当然左舷側にセットする。フェンダーを桟橋の高さに合わせるのも重要だ。

係船索はパルピットの下を通してリードする。最終的に引っ張られる方向を見越してセットしよう。その際、船尾側の係船索には、先端にもやい結びで輪を作っておこう。

ブームは反対舷（この場合は右舷側）にずらしておいた方が邪魔にならず、デッキの上で動きやすくなる。

準備ができたらクルーは船側中央ミジップ部、サイドステイのすぐ後ろあたりで、船首側、船尾側、両方の係船索を持って待機する。

いよいよ進入

頭に描いたコース通りに桟橋へ進入する。クルーは舳先に立っていたのでは桟橋に乗り移るタイミングを逸す

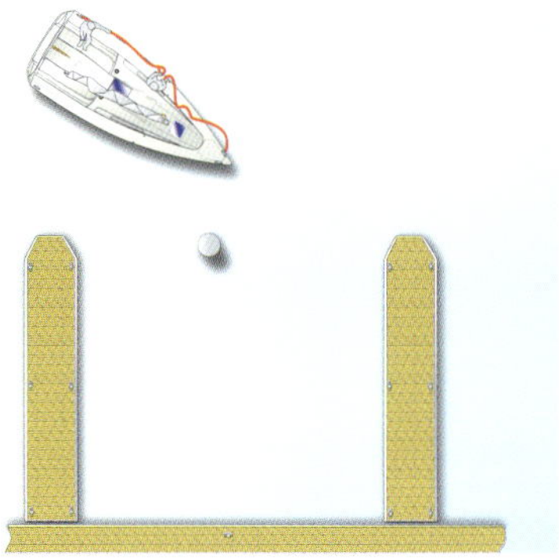

準備を整えてから進入する。クルーは、前後の係船索を持ってミジップ付近で待機。機関を中立にし、想定したコース通りに惰性で進入する

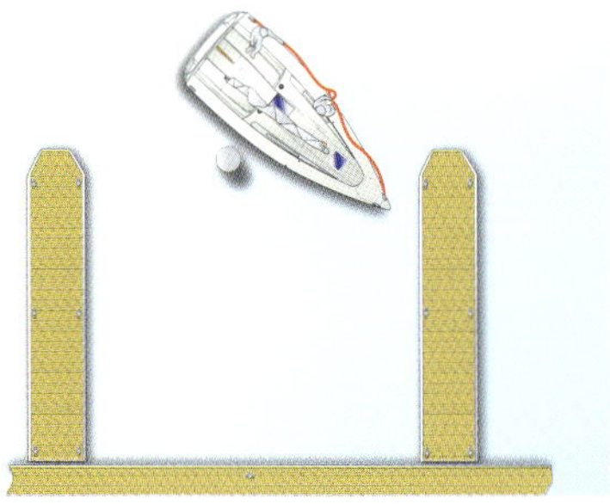

船首がぶつかりそうだが、ここから舵を切れば船首はしだいに桟橋から離れていく。桟橋との間隔はクルーが伝えてもいい。回頭していくイメージが重要だ

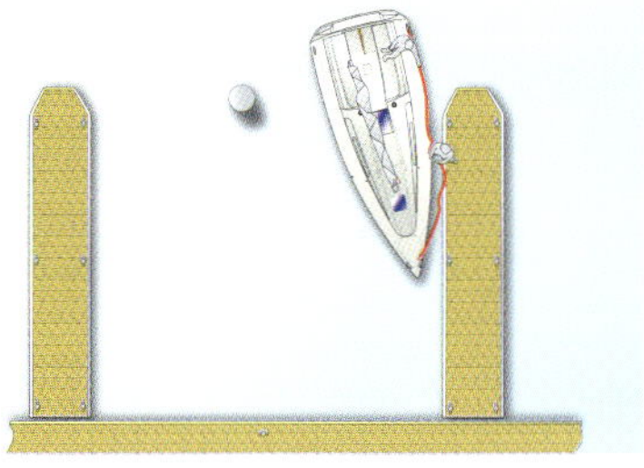

船首が離れていき、代わりにミジップが桟橋に寄ってくる。クルーはサイドステイをつかんで桟橋にゆっくり降りる。慌てて飛び降りないように

る。舳先は、いったん桟橋に近づき、その後離れていってしまうからだ。桟橋に一番近づくのはミジップ部分。このあたりにサイドステイもあるので、つかまることができ、楽に桟橋に降りることができるだろう。無理に飛び降りるのは危険なので注意しよう。

船の回頭が続き、舷側が桟橋に近づいたら、前後の係船索を両方持って桟橋に降りる。降りたら、まず船尾側の係船索を桟橋のビットにかける。あらかじめもやい結びで輪を作っておけば、これを引っかけるだけで済む。船尾側のビットは、この時点では降りたクルーの足元の近くにあるはずだから簡単な作業だ。

船はこのまま惰性で前に進んでいく。

ヘルムスマンは、エンジンを後進に入れて行き足を止める。

桟橋に降りたクルーは、そのままバウラインを持って桟橋を船首側に移動。ビットに係船索をかけて長さを調節する。

スターンラインは、エンドを桟橋側に留めたので、ヘルムスマンが船の上から長さを調節すればスムースに作業が進む。

船尾側から風が吹いていて、行き足がなかなか止まらないような時は、スターンラインを利かせて行き足を止めよう。この場合、手で直接持っていたのでは耐えきれない。スピードが遅くても、船の重量で係船索にはかなりの力がかかるのだ。1回転でいいから、必ず船のクリートにかけること。1回転でもクリートにかかっていれば、軽く引くだけで強いテンションに耐えることができる。また、繰り出したい時も、簡単に緩めることができる。

バウラインも、バウスプリングになるように桟橋後部のビットにかけ、クルーが桟橋側で決めてやろう。スターンラインだけで利かせるとバウが開いてしまったり、あるいは桟橋側に押しつけられてしまったりする。

船が完全に止まったら、最初のページのようにスプリングラインを含めた各ラインを設定し、前後左右から船を完全に固定しよう。

ホームポートでは

ホームポートなら、各係船索は桟橋側に用意されていて、長さもピッタリ。船側の係船用クリートにエンドをかけるだけでいいように端に輪が作られていたりする。

これは、引っかけるだけでいいから楽なように見えるが、長さがピッタリなだけに、定位置にピッタリと船を止めないと長さが足りなくなる。特に桟橋側から風が吹いているような時に流され始めると、クリートにかける余地がないため、手では持ちきれなくなってしまう。

そこで、係船索が桟橋側に用意されているような場合でも、人数が少ない時は、自艇に長めのラインを用意しておいた方がいい。長いラインなら、とりあえずクリートにかけて船を止め、後からゆっくり引いてくれば船は桟橋に寄る。

備えあれば憂えなし。ヨットの作業は常に準備と段取りが肝要であると改めて心しよう。

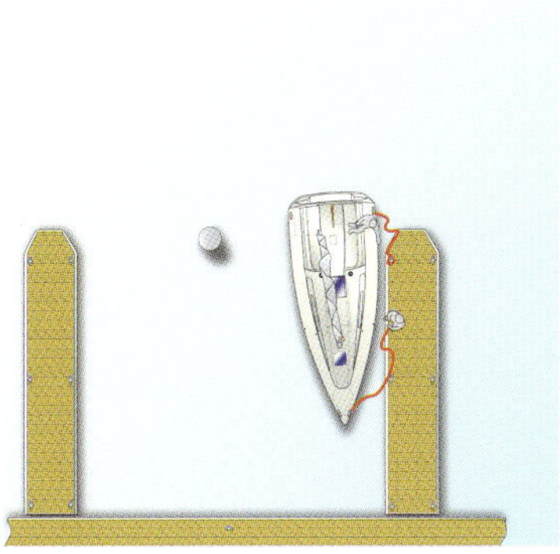

クルーが桟橋に降りたら、足元近くにスターンライン側のビットがあるはず。スターンラインにはエンドに輪を作っておいたので、これをビットにかける

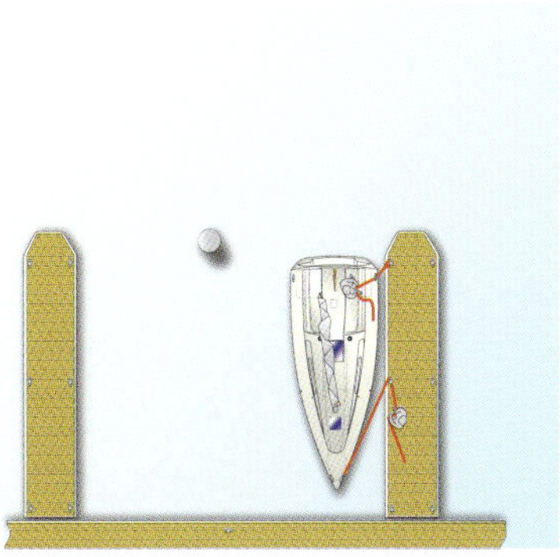

スターンラインは、ヘルムスマンが船の上から決める。後進で楽に行き足が止まるならいいが、必要ならバウラインをスプリングのように使ってもいい

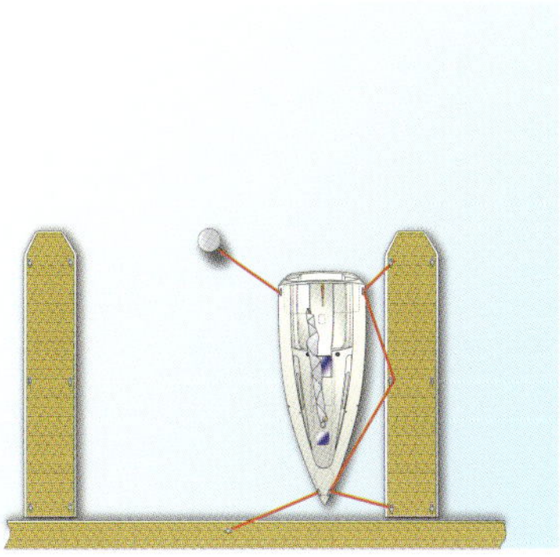

クルーは船が進むにしたがってバウ側に移動。前後2本のラインで船を止めてから、反対舷のライン、スプリングラインで完全に固定する

潮汐を知る

アンカリング等、その他の係留方法に入る前に、潮汐について説明しておこう。

海面の高さ(潮位)は、時間とともに変化する。これが潮の満《み》ち干《ひ》(潮汐)だ。月や太陽の引力によって引き起こされ、周期や高低には規則性がある。

潮汐の規則性

潮位が高い時を満潮、低い時を干潮といい、1日に約2回、干満を繰り返す。

その周期は、平均すると約12時間25分となっていて、満潮の時刻、干潮の時刻は毎日約25分ずつずれていくことになる。

満月と新月(月が出ない状態)の時には、干満の差(潮差)はより大きくなり、これを大潮《おおしお》と呼んでいる。逆に潮差が小さい時期を小潮《こしお》と呼び、その中間は中潮《なかしお》と呼ぶ。大潮から大潮の周期は、約14日となる。

潮汐の周期や潮位は、海水の慣性や粘性、地形の影響を受けるので、規則的とはいってもかなり複雑だ。場所によっても違うし、まれに1日1回の干満しかないこともある。と、複雑ではあるが、予測はできる。それを詳しく書き表した『潮汐表』が、海上保安庁海洋情報部(旧水路部)から発行されている。

あるいは潮汐表の抜粋が掲載されている雑誌やカレンダーもあるし、インターネットのホームページや、パソコン上で計算するソフトウエアもある。

ここに表される潮位の数値は、海図に記載される水深の基準面となる最低水面(基本水準面、かつて「略《ほぼ》最低低潮面」とも呼ばれた)を基準にしてい

潮汐表。基準となる各港での満潮時間、干潮時間、それぞれの潮高が記されている。ヨット、ボートの雑誌「KAZI」の巻末にも、その抜粋が掲載されている

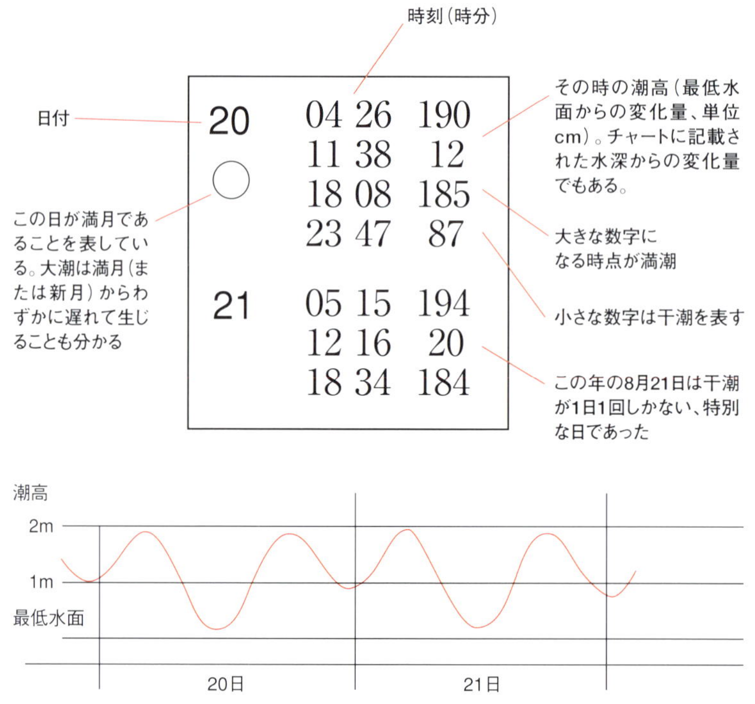

時刻(時分)
日付
20
04 26 190
11 38 12
18 08 185
23 47 87
21
05 15 194
12 16 20
18 34 184
その時の潮高(最低水面からの変化量、単位cm)。チャートに記載された水深からの変化量でもある。
この日が満月であることを表している。大潮は満月(または新月)からわずかに遅れて生じることも分かる
大きな数字になる時点が満潮
小さな数字は干潮を表す
この年の8月21日は干潮が1日1回しかない、特別な日であった
潮高
2m
1m
最低水面
20日
21日

満潮時と干潮時とでは、海面の高さはこれだけ違う。潮が引いた時の岸壁には、貝類が付着しているのですぐに分かる。
岸壁上で釣りをしている人の背丈と比べると、かなりの潮差があることが分かる

る。海面がこれ以上低くなることは滅多にないという数字だ。つまり、海図に記された水深は、これ以上浅くなることはほとんどないという数字である。潮汐も、この最低水面を基準にして表されている。したがって数字がマイナスになることは、ほとんどない。

干満の差は、最も大きなところでは10m以上にも達する地域があり、国内でも最大5mになる場所もある。係留時、特に錨泊や岸壁を利用する場合には、潮の干満に注意する必要がある。今は満潮なのか干潮なのか、この後どれくらい潮が引くのか、あるいは満ちるのかを、しっかりと把握しておこう。

潮流と海流

潮の満ち干は、海水の密度が膨張して起きるわけではない。月や太陽の引力により、海水が移動するために生じる現象だ。この時の海水の流れを潮流と呼んでいる。

そのため、潮流は、潮汐に応じて規則的に変化している。大潮の時には潮の流れも速く、また狭い水道では特にその流れは速くなり、小型ヨットの艇速では追いつかないほどの流れにもなる。航行にあたっては注意が必要だ。

一方、海流は、同じ海水の流れでも潮汐とは関係なく、ほぼ一定の流れが続く。また、台風の接近などで気圧が低くなると、海面が上昇することもある。

実際の海水の動きは、これらが合わさって複雑なものとなっている。

アンカリング用の設備

アンカー(錨)を用いての係留をアンカリング(錨泊)という。アンカーを海底に下ろし、その風下にぶら下がるようにして船をその場に留めることだ。

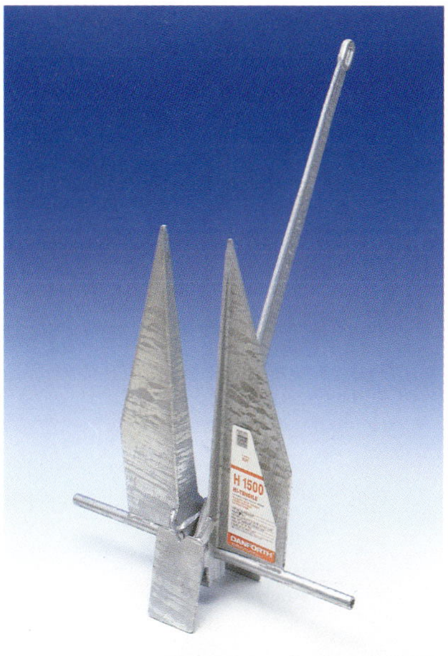

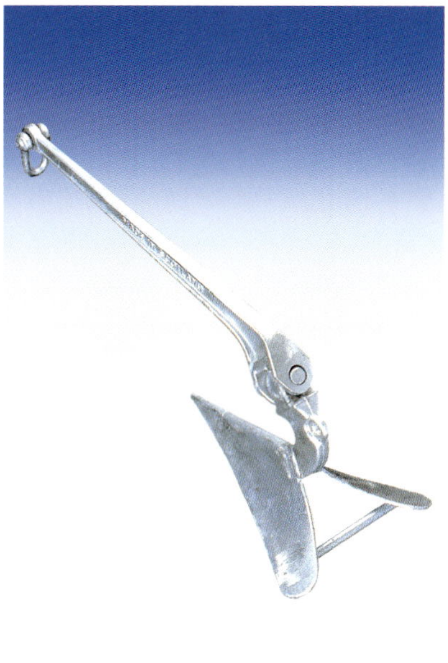

上:ダンフォースアンカー(純正)。薄いブレードが砂や泥に食い込み、長いストックが横転を防ぐ。軽量のわりに利きが良く、予備のアンカーとしても重宝する
右上:プラウアンカー(純正CQRアンカー)。重く、かさばるが、船首にセットすればすっきり収まる。クルージングボートの主錨によく使われる。振れ回るような錨泊に強いとされる
右下:ブルースアンカー(純正)。可動部がなく質実剛健。筆者はこのタイプを多用している。いずれのアンカーもチェーンと併用してこそ、その力を発揮することができる

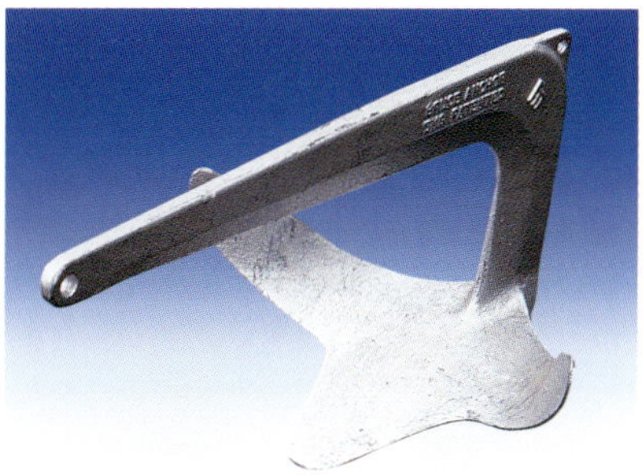

アンカリングの主役がアンカーだ。プレジャーボートで用いるアンカーと、それにともなう艤装について見ておこう。

アンカーの種類

一言でアンカーといっても、種類はいろいろある。日本で最もオーソドックスなのは、ダンフォースタイプと呼ばれるもの。薄いブレード(fluke)と長いストックが特徴で、軽量ながら特に泥や砂地での利きがいい。ダンフォースというのは会社名で、同様の形状のものが各社から出ている。中には分解できるものもあり、スペアのアンカーとしても重宝する。

対して、畑を耕す鋤《すき》のような形状のプラウアンカーは、重く、かさばるが、あらゆる底質で良好な性能を発揮する。かさばるとはいえ、船首に直接セットしておけば船首の形状とフィットして収まりがいい。オリジナル商品の会社名からCQRアンカーとも呼ばれている。

プラウタイプのアンカーは、柄《え》(shank)との接合部が左右に動くのも特徴だ。

逆に、可動部分がまったくないブルース型アンカーも人気がある。こちらもダンフォースタイプのアンカーと比べると、重くかさばるので、船首に直接セットして使うことが多い。

アンカーは、好みや用途で選ぶことになるが、いずれも船の大きさ(重さ)に対応するサイズのものを搭載しよう。メーカーごとに推奨サイズが提示されている。また予備のアンカーも必要だ。

チェーンとロープ

ヨットに使われるアンカーは、その重さで海底に固定されるわけではない。アンカーの爪(claw)が、海底を掻いて固定される。アンカーの利き具合を「錨《いかり》掻《か》き」とも言うが、いかにガッチリ海底の泥や砂に埋まり込むかが重要なのだ。

図のように、アンカーが引かれる角度が小さいほど、錨掻きは良くなる。角度を小さくするためには、アンカーラインを長くするとともに、重量のあるチェーンを使うことが重要になってくる。

水深に対して繰り出すアンカーラインの長さを「スコープ」と呼んでいる。通常は水深の4倍から5倍の長さ(スコープ)のラインが必要になる。チェーンが短ければ、さらに長くラインを繰り出す必要がある。

アンカーラインすべてをチェーンで賄う「フルチェーン」が理想的だが、50mほど必要になるので、収納時の重さや巻き上げ作業を考え、数メートル程度のチェーンにロープを接続して使う場合が多い。

チェーンが短かったり、スコープが短いと、走錨《そうびょう》のリスクが大きくなる。どの程度、アンカーに頼るのか(錨泊してそのまま船中泊するのか、あるいは食事の間だけのアンカリングなのか)にもよるので、用途や状況を考えて、チェーンの長さやスコープを決めるようにしよう。

ウインドラス(揚錨機)

アンカーラインを巻き上げるためのウインチが「ウインドラス」だ。小型艇ならアンカーも小さいので手で引き上げることもできるが、アンカーが大きくなったりチェーンが長くなると、なかなか大変だ。

モデル艇に装備されていたアンカーとチェーン、アンカーライン。ブリタニーアンカーと呼ばれる簡易なもので、チェーンも短く、短時間のアンカリング用に手軽に打てるようになっている

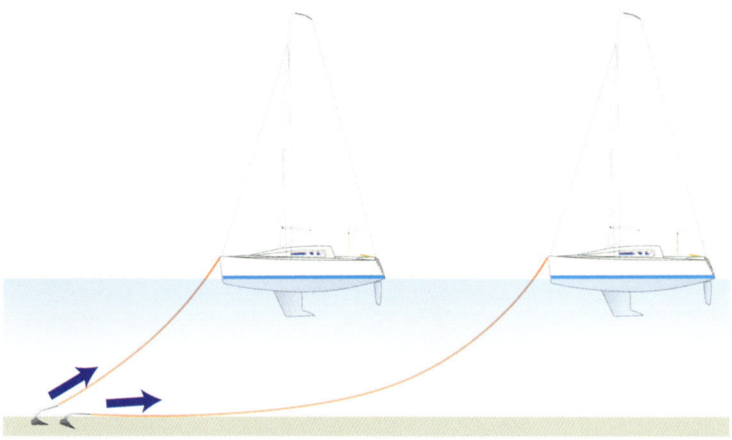

スコープが短いと、アンカーラインは上に引かれる。スコープが長くなれば、アンカーは横方向に引かれるので錨掻きは良くなる。チェーンを10m用意し、水深3mの場所でチェーンも含めて4倍のアンカーラインを繰り出せば、ほぼすべてがチェーンになり、錨掻きはかなり良くなる。全長35ft程度までの艇なら、ウインドラス(揚錨機)を装備し、チェーンは10m用意しておくことを勧める

ウインドラス。チェーン用、ロープ用、またチェーンとロープを接続したラインを連続的に巻き上げることができる機種もある

そういう場合に、機械を使って引き上げるウインドラスが役に立つ。

古くは手動だったが、最近は電動のものが多くなっている。アンカーだけで停泊するアンカリングというスタイルは、日本ではあまり一般的でなく、また小型のヨットが多かったため、ウインドラス自体が一般的な艤装ではなかったが、今では電動ウインドラスは故障も少なく、信頼できる艤装品の一つになっている。

アンカリングを多用するなら、長いチェーンと電動ウインドラスを装備することで、確実で楽な洋上泊が可能になる。逆にこれらがないと、アンカリングという楽しみを味わうことも難しくなるだろう。

水深計

もう一つ、我が国のヨットではあまり普及していないのが水深計だ。

水深は海図(チャート)に出てはいるが、実際に錨泊する場合には、より局地的で詳しい水深を知る必要がある。錨地の水深が3mなのか5mなのかで大違いなのだが、海図だけではそこまでは分からない。

そこで水深計を使うのである。

かつては長い紐の先に重りを付けた、ハンドレッドという道具で水深を測った。非常に正確に水深を知ることができるが、連続して測るためには1人がハンドレッドに付きっきりにならなければならない。

それが今では、電気的に水深を測る水深計も決して高価なものではな

水深計として魚探を装備すると便利だ。モノクロ液晶の機種なら、釣具店でも安価なものが置いてあるはずだ。写真はGPSプロッターに魚探が付いたもの

い。特に釣り用の魚群探知機（魚探）は、多くの商品が市販されている。モノクロ液晶画面の機種なら価格も安く、機能としては十分なので是非とも装備したい。

本来、魚探は魚群を探すものだが、同時に海底の様子も映し出す。もちろん水深も分かる。単に水深を数字で示すだけではなく、船が進むに連れて連続して画面に水深の変化を図示してくれるので、操船の合間にちらちらと目をやるだけで、浅くなりつつあるのか再び深くなっているのか、なだらかなのか急激に変化しているのかがよく分かる。

アンカリングを多用するなら、是非とも水深計として安価な魚群探知機の装備をお勧めする。海底の変化を知るのは、新たな楽しみでもあるのだ。

錨泊地

アンカリングに適した場所を、アンカレッジ（錨泊地）と呼ぶ。

アンカリングでは、アンカーひとつで海底から風下にぶら下がっているような状態になるわけだから、特にそのまま船中泊するようなら、錨泊地は慎重に選びたい。

風向と地形が重要

良い泊地とは、風と波を防ぐ場所である。

まず、波が一番の大敵だ。

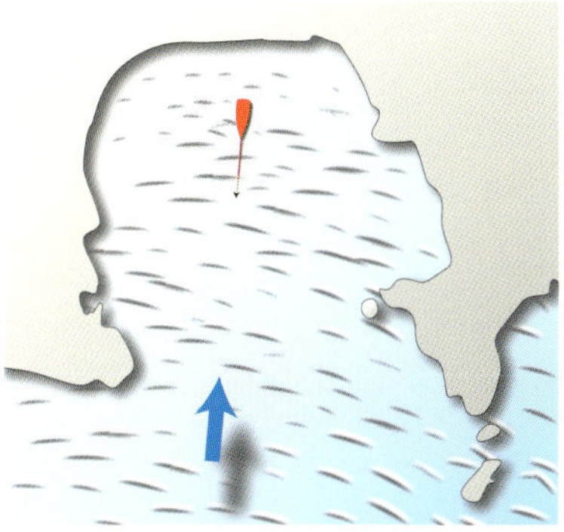

湾口方向から風が吹いている場合、風の当たりも波も大きくなり、錨泊には適していない。水深が浅すぎては座礁してしまうし、深すぎるとアンカーラインを長く出さなくてはならず、その分、振れ回る範囲も広くなってしまう

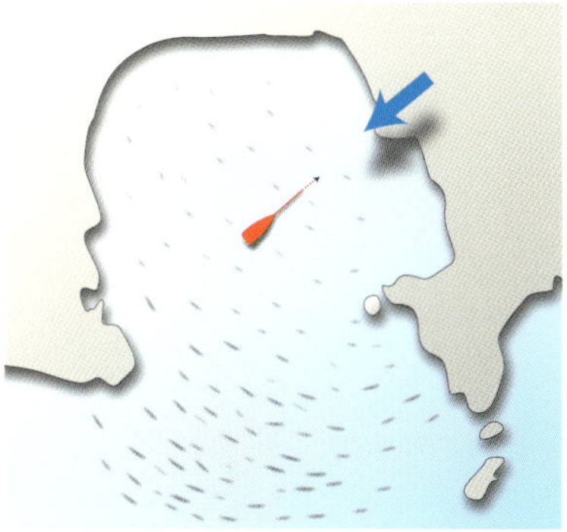

陸地から風が吹いてくる奥まった入江が最適だ。適した泊地を探すのも、またヨットの面白みの一つだ。この時、水深計（魚探）が強い味方になってくれるのだ

波は、風が長時間、長距離にわたって吹きつけるほど大きくなる。もちろん風が強いほど波も大きくなる。風向を見定め、陸地から風が吹いてくるような場所を選ぼう。陸地に遮られて風も弱く、吹き渡る距離が短くなるため、波も小さく、海面はおだやかになる。逆に湾口から風が吹いてくるような場所は、波も大きい。

長時間錨泊するようなら、今後の風向の変化も考慮に入れる。

水深と底質にも注意

水深が浅すぎれば座礁してしまうので、当然進入できないし、水深が深くなると、それだけアンカーラインを長く繰り出さなくてはならない。アンカーを上げる時に苦労するし、ラインが長いほど風で振れ回る範囲も広くなる。海図、水深計を駆使して、適度な水深の場所を選ぼう。

その際、今は満潮なのか、干潮なのか、この後どのくらい潮が引くのか満ちるのかという点も、潮汐表から確認する。もちろん自艇の吃水を把握しておく必要もある。

また、海底の状態（底質）も重要になってくる。アンカリングには、泥や砂が望ましい。深く海草が茂っている場所では、一見アンカーが利いたようにみえて、その後ズルズルと滑ってしまうことがあるので要注意だ。

錨泊地の面積も重要だ。風が振れれば船も振れ回る。振れ回っても水深に余裕があるかどうか。水深計で、水深を確認しながら付近を探索しておきたい。

こうして考えると、日本の沿岸には安心して何泊も過ごせるような入江は少ない。適した場所には、すでに養殖用の筏やヒビが設けられている。アンカリングで長時間過ごすに足る良い泊地は、きわめて少ないのが実情だ。

しかしヨットでのクルージングの真の楽しみは、アンカリングでの外界と隔絶された環境での生活にあるといっても過言ではない。

風波を防ぎ、景色が良く、魚影も濃い静かな入江を求めて海に出る。それこそが、クルージングの楽しみなのだ。

アンカーを打つ

それでは、いよいよアンカーを打つ作業（投錨）に移ろう。ポイントを押さえておけば、それほど難しい作業ではない。

準備する

アンカリングでも、準備が重要であることに変わりはない。

アンカーラインはエンドをクリートに留め、エンド側からデッキの上でフレークしていく。ハリヤード同様、出て行くラインが絡まないように、いくらきれいにコイルされていても、必ず8の字にフレークし直しておくことをお勧めする。

また、エンドは必ずクリートなどに結びつけておこう。思いのほか勢いよくラインが出て行く場合があり、勢い余ってラインごと全部海の中に……という間抜けな事態にならないように。この時、エンドを50cmほど残してクリートしておくと、テンションがかかった状態で継ぎ足さなく

アンカーの準備をしたら、まず風上に向かってゆっくりと前進。最後はエンジン中立で、アンカー投下ポイントに近づく

接続部、パルピットとの干渉をチェックしてスタンバイ完了。特に接続部は、投錨後に気になってもチェックできないので、この時点でしっかり確認しておこう

てはならない時にも便利だ。この場合、エンドの余った部分にもやい結びを作って別のロープを継ぎ足し、準備が整ったところでクリートを解けばいい。

続いてチェーン、アンカーとの接続を確認しよう。つなぎっぱなしになっていることが多いが、投錨後に不安になっても確認しようがない。

アンカーラインは、パルピットと干渉していないだろうか？　船の構造にもよるが、パルピットの下を通さなくてはならない場合が多い。アンカーを打つ前に、もう一度確認しよう。

さあ、すべての段取りが済んだら、いよいよ投錨だ。

投錨

投錨作業を、レッコと呼んでいる。「let go the anchor」から訛ったもののようだが、海に物を投げ込む動作は総じて「レッコ」と呼ばれ、物を捨てる意味にも使われる。海中投棄でなく、ゴミ箱に捨てる場合も「レッコする」という。

話がちょっと逸れてしまった。アンカーのレッコに戻ろう。

準備が整ったら、風下側からゆっくりポイントに進入する。最終的に船を留める場所を頭にイメージし、水深から考えられるスコープの長さ分だけ風上側にアンカーをレッコする。目印のない海の上では、自艇の全長を目安にすると距離感をつかみやすい。30ftのヨットなら、全長は9mだ。水深が4mなら2艇身で約4倍強……と目安を付けていく。

微速前進からエンジン中立にして惰性で進む。アンカー投入地点にきたら、エンジンを後進に入れて回転を上げ、

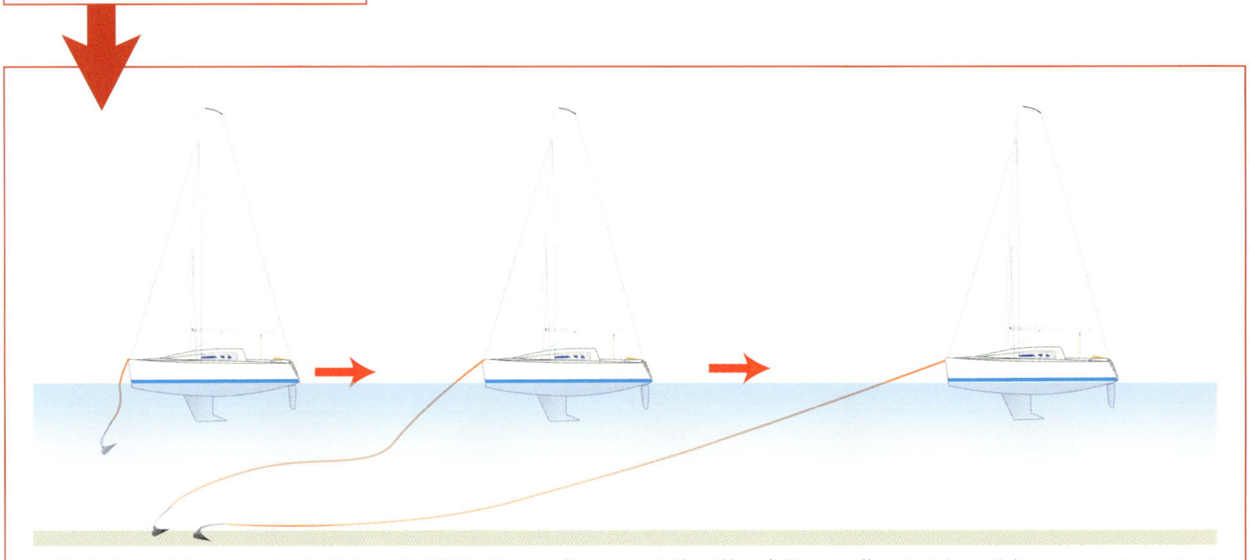

想定したポイントに着いたら、エンジン後進。回転を上げて行き足を止める。行き足が止まったところでアンカーレッコ。放り投げるのではなく、静かに落とす感じ

船が後進し始めたら、舵をしっかりと持って慎重に真っ直ぐバックするようにする。エンジン回転も落とす。アンカーラインはどんどん繰り出していく

水深の3〜5倍ラインを出した時点でいったんクリートにかける。アンカーが利いたら、再びエンジン回転を上げ、アンカーの利きを確認。アンカーが利いたのを確認してから、状況によってさらにアンカーラインを繰り出す

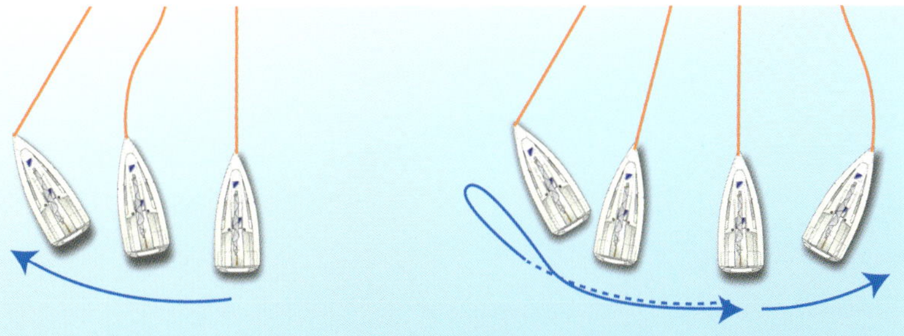

風は常に強弱を繰り返す。強い風が当たればアンカーラインには強い力がかかり、ふと風が弱まればラインのテンションは抜ける。同時に、セールを揚げていないヨットは風下に頭を振ろうとする

頭を振った状態で、再びアンカーラインにテンションがかかると、ラインに引かれてヨットは元に戻ろうとする。以上を繰り返し、錨泊中のヨットは8の字を描いて左右に振れるが、これが正常な状態だ。アンカーが利いていないと、頭を振った状態で風下に流されていくことになる

行き足が止まったところでアンカー投入だ。ヘルムスマンが行き足を見極め、「レッコ」の合図とともにクルーがアンカーを投入する。

この時、勢いよく投げ込まないこと。そのままスッと下に落とせばいい。

続いて船はバックし始めるはずだ。舵をしっかり持って真っ直ぐ下がろう。

その間、アンカーラインはどんどん繰り出していく。あらかじめ、アンカーチェーンやロープには10mごとに目印をつけておく手もあるし、また、出て行くラインを目で追いつつ、だいたいの長さをカウントしていってもいい。

船が後進し始めたら、エンジン回転を落とす。あるいはギアを中立にする。水深の3～5倍ラインを出したところでいったんクリートし、アンカーを海底に食い込ませる。

アンカーは利いているだろうか。

ここで、エンジンを後進に入れ、回転を上げてみる。アンカーが利いていないと、アンカーロープの海面に没しているあたりが水を掻く(船がバックするから)のですぐわかる。

アンカーが完全に利いたのを確認してから、状況によってさらにアンカーラインを出していこう。

投錨中の挙動

釣りや昼食をとるだけの短時間の錨泊なら、なにもアンカーラインを必要以上に繰り出すことはない。走錨に気づいたら打ち直せばいい。逆に、そのまま船中泊をするなら、走錨しないように長めにアンカーラインを出しておこう。強風下なら、さらに長く繰り出す必要もあるだろう。

錨泊中は、アンカーを支点として風下側に船があるわけだが、実際には強い風を受けた時はアンカーラインごと引っ張られ、風が弱まると伸張した分ラインは緩み船はわずかに前に出る。加えて、セールを降ろしたヨットが水面上で受ける風圧の中心は比較的前の方にあるので、風を受けたヨットは船首を風下に振る。しかしアンカーが利いているので、いったん振れた船首はアンカーに引っ張られて元に戻ろうとする。これを繰り返すため、錨泊中のヨットは大きな8の字を描いて左右に振れる。

逆に言うと、8の字を描かず船首をかしげたままになっていれば、アンカーが利いていないということでもある。このあたりは、注意して観察してみよう。

以上のような挙動を繰り返すが、風向が変わればそれに連れて船の向きも変わっていき、基本的に常に船首方向から風が吹いてくるわけだ。同時に波も船首に当たるので、錨泊中はなかなか居心地がいい。

走錨

錨が利かず、船が流れ出してしまう状態を走錨と呼ぶ。

79ページ中段上図の状況で走錨すると座礁してしまうし、その下の図のような状況でも、いったん走錨するとどんどん水深の深い方へと移動していくので走錨は止まらない。

走錨しているか否か。最初はよく分からない。先に述べたアンカーラインが水中に没する付近や、船の左右の振れ具合をよく観察したり、また、遠くの陸地の重なり具合をよく覚えておき、走錨のし始めを察知しよう。

抜錨

アンカーを引き上げることを抜錨《ばつびょう》という。

アンカーラインをたぐり寄せていけば、最終的に真上からアンカーを引き上げるようになり、海底をつかんでいたアンカーは引き起こされる。

最初は軽くエンジンで船を前進させてやると、ラインを軽くたぐることができるだろう。ただし勢いがつきすぎると投錨地点より前に出てしまい、船底部からラインを引き上げることになってしまうので注意しよう。

クルーは、船首部でアンカーラインの延びている方向をヘルムスマンに伝えるようにすると、船の向きをコントロールしやすい。

海底の岩などにアンカーが引っ掛かってしまうことを「根がかり」と呼んでいる。

そのままではアンカーは上がってこない。いったんラインをクリートし、反対方向へエンジンで引っ張ってみよう。たいていはこれで抜けるはずだ。

岩場や他のラインが沈んでいるような港内では、あらかじめアンカーの頭に細いライン(トリップライン)を結びつけておき、これを引き上げて根がかりを防ぐ方法もある。

横付け

クルージングに行くと、漁港の岸壁などに係留する機会も多い。76ページで説明したように、海面は潮汐によって時間とともに上下する。マリーナの浮桟橋（ポンツーン）は海面の上昇とともに動くので問題ないのだが、海底からそびえる岸壁は常にその高さが変わらない。このため、潮の干満によって海面と岸壁上面の距離は変わってくる。係留に当たっては、また別の注意が必要になる。

岸壁への係留の中でも、岸壁に舷側を沿わせるようにして係留するのが横付け。アロングサイドともいう。乗り降りしやすいが、その分幅を取るので岸壁の占有率が高くなる。

注意するポイントは、やはり潮の満ち干への対応だ。

潮の干満に対応する

浮桟橋への係留と同じように、基本はバウライン、スターンライン、さらにはバウスプリング、スターンスプリングで艇を固定する。

しかし、イラストのように各ラインを短く取ると、潮が引いた時に長さが足りなくなってしまう。かといって、干潮時に長さを合わせたのでは、今度は満潮時には長すぎて岸壁から船が離れてしまう。均等に離れるならまだいいが、実際には全体的にゆるゆるになってしまい、船が岸壁にぶつかってしまうことになる。

そこで、図のように各ラインを長く取ることによって、潮の干満の影響を受けにくくすることができる。岸壁係留では、なるべく遠くのビット（係船柱）を使い、ラインを長くとるように心がけよう。

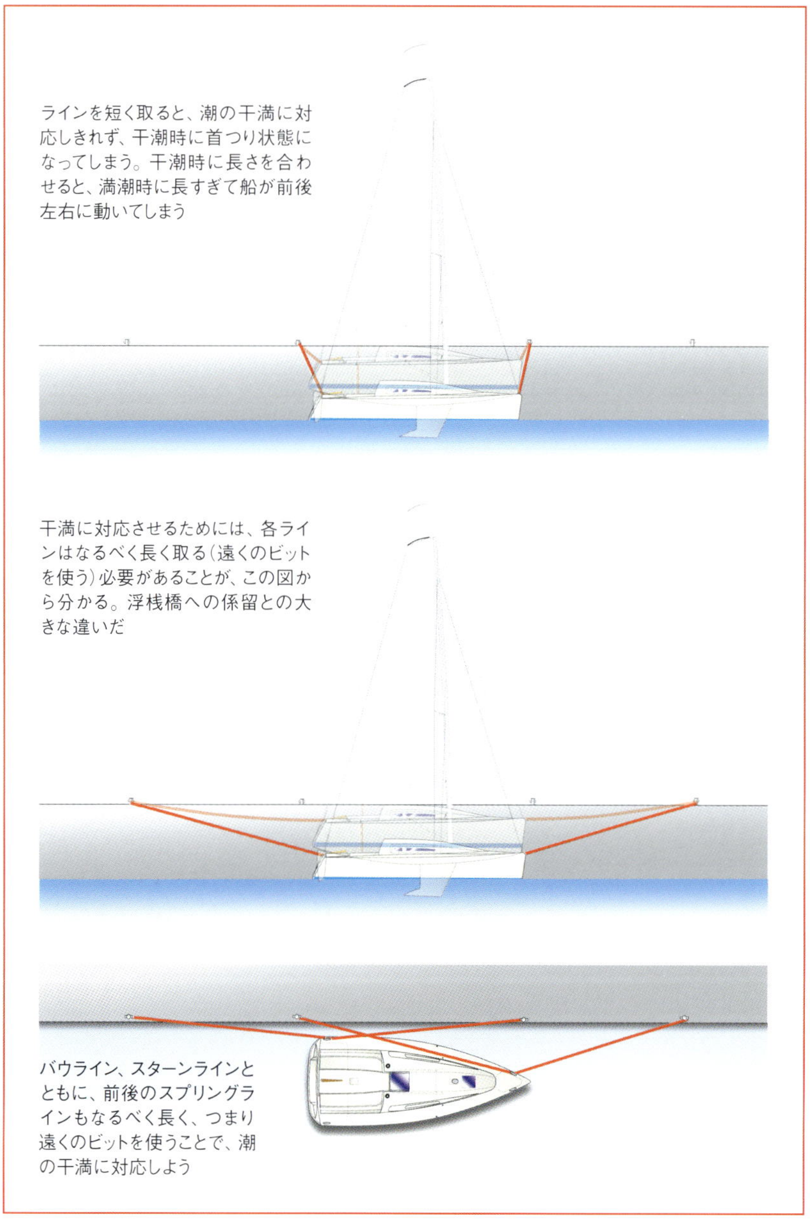

ラインを短く取ると、潮の干満に対応しきれず、干潮時に首つり状態になってしまう。干潮時に長さを合わせると、満潮時に長すぎて船が前後左右に動いてしまう

干満に対応させるためには、各ラインはなるべく長く取る（遠くのビットを使う）必要があることが、この図から分かる。浮桟橋への係留との大きな違いだ

バウライン、スターンラインとともに、前後のスプリングラインもなるべく長く、つまり遠くのビットを使うことで、潮の干満に対応しよう

アンカーで沖に出す

横方向に取る係留索をブレストラインと呼ぶ。岸壁への係留では、岸壁側にブレストラインを取ると、潮の干満によって首つりになってしまうので要注意だ。

さて、岸壁係留では、岸壁から船を離すような方向からはラインを取ることができない。そこで、岸壁側から

岸壁係留ではフェンダーは欠かせない。形もサイズも各種あるので、用途に合わせて選ぼう

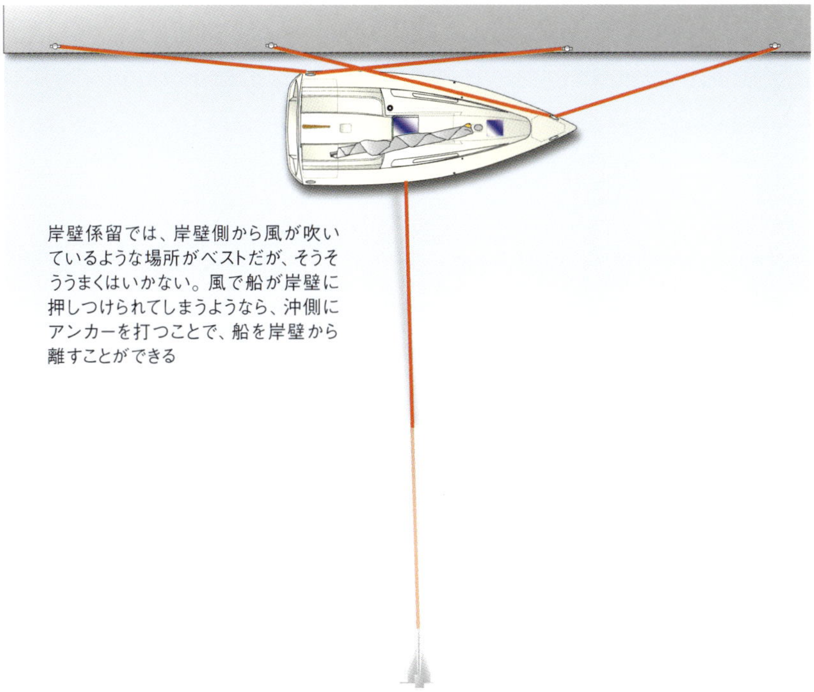

岸壁係留では、岸壁側から風が吹いているような場所がベストだが、そうそううまくはいかない。風で船が岸壁に押しつけられてしまうようなら、沖側にアンカーを打つことで、船を岸壁から離すことができる

ヨット同士を横付けする場合、互いのマストが干渉しないようにマストの位置をずらすなどの工夫をする必要がある。特に、接舷する時に互いのクルーが相手艇を押さえようと舷側に集まってしまうと、マスト同士がぶつかることもあるので要注意だ

風が吹いているような場所を選ぶのがベストになる。これなら風の力で艇体は岸壁から離れていられる。

どうしても岸壁側に押しつけられてしまうようなら、フェンダーをいくつもぶら下げて岸壁との衝撃を防ぐ。とはいえ、港の中は他船の引き波もあり、そうそう安心していられるわけではない。そんな場合には、沖側にアンカーを打つのも手だ。

船首部にセットした主錨に対して、予備のやや小型のアンカーをケッジアンカーと呼んでいる。ケッジアンカーを沖側に打てば、船を岸壁から離すことができる。

フェンダー

岸壁係留では、フェンダーもより重要になる。クルージング先で、漁港の岸壁に係留することが多いなら、大きなフェンダーを用意しておくと安心だ。ただし収納に苦労するので、大きさの限界はあるが。

一般的な円筒形のフェンダーは、フェンダー自身が回転し、岸壁の砂を巻き込んで船体に傷を付けてしまうこともある。円筒形以外にも、板状のフェンダーなどいろいろなものが市販されている。

ヨット同士の横付け

岸壁に着けたヨットの横に、さらにヨットを横付けすることもある。これもアロングサイドという。外側のヨットにとっては浮桟橋に繋ぐようなものなので、なかなか居心地はいい。

ただし、引き波などで船が大きく揺れた時にマスト同士がぶつからないように、マストの位置を前後に離して係留するようにしよう。船が前後に動かないように、スプリングラインも欠かせない。

また、ヨット同士を横付けする時に、互いのヨットのクルーが船を押さえようと舷側に集まるとヨットは大きく傾く。2艇が互いに内側に傾くことにより、マスト同士が接触する場合がある。なるべくヨットが傾かないように、反対舷に体重をかけるクルーも必要になる。

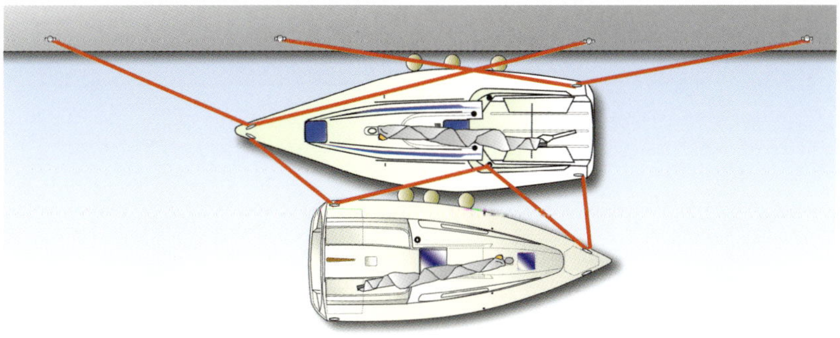

沖側に舫う艇からみると、岸壁側の艇は浮桟橋のようなものになり、居心地はいい。が、船同士が接するわけで、乗り降りの際は岸壁側の艇を通っていくことになる。必ず了承を得てから係留しよう。一般的には、知り合い同士の艇での係留方法と考えよう

縦付け

狭い漁港では、1艇が横付けしてしまうとそれだけで岸壁のスペースが取られてしまう。そこで、岸壁に対して直角に船を着けることも多い。言ってみれば、横付けに対して縦付けである。

縦付けの場合、船首を岸壁に着ける「槍付け（おもて付け）」と、船尾を岸壁に着ける「艫《とも》付け」の場合がある。それぞれ違いを見ていこう。

槍付け

船尾からアンカーを打って船首を岸壁に着ける方法を、特に槍付け（やりづけ）と呼んでいる。船首を槍の穂先に見立てた呼び名のようだ。

ポイントは、船尾からアンカーを打つということ。これまで日本のヨットでは、アンカーとアンカーラインはコクピットロッカーにしまっておくというスタイルが多かった。普段はレースをし、たまにクルージングに行くというレーサー／クルーザー的な使い方をするセーラーにとっては、船首にセットしたアンカーはレース中邪魔である。また若いクルーも乗艇しているので、アンカーの出し入れもさほど苦にはならなかったのだろう。

そこで、船尾のロッカーから出したアンカーを船首まで持っていくよりは、そのまま船尾から投入したほうが楽、ということからこのスタイルが定着したのかもしれない。

微速前進で岸壁に向かいつつ、船尾からアンカーを打つ。先に解説したとおり、スコープは水深の4～5倍。水深3.5メートルなら、アンカーラインは14メートルから18メートル伸ばす必要がある。

まず魚探で水深を測り、自艇の全長を基準にしてアンカー投入ポイントの目星をつけよう。自艇の全長が30ftなら約9メートルだから、2艇身が18メ

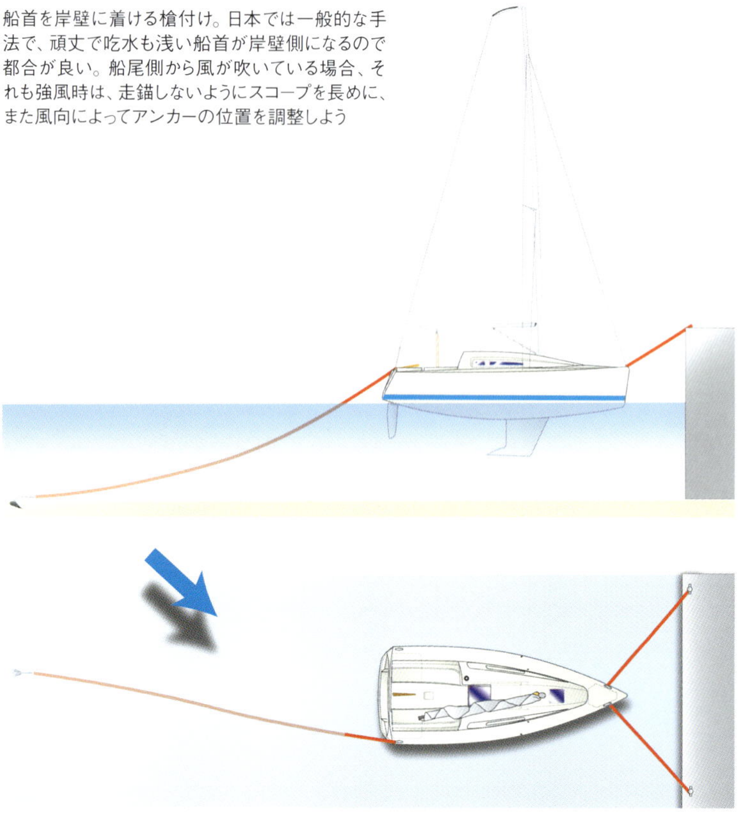

船首を岸壁に着ける槍付け。日本では一般的な手法で、頑丈で吃水も浅い船首が岸壁側になるので都合が良い。船尾側から風が吹いている場合、それも強風時は、走錨しないようにスコープを長めに、また風向によってアンカーの位置を調整しよう

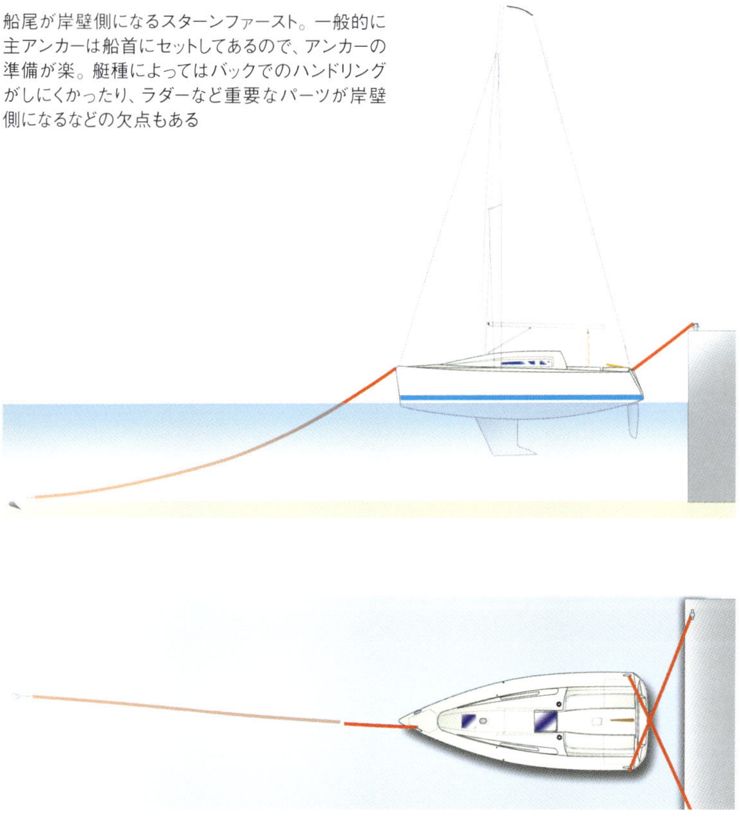

船尾が岸壁側になるスターンファースト。一般的に主アンカーは船首にセットしてあるので、アンカーの準備が楽。艇種によってはバックでのハンドリングがしにくかったり、ラダーなど重要なパーツが岸壁側になるなどの欠点もある

ートルだ。ヨットは微速ながら前進しているわけだから、アンカーを投入してから海底に着くまでの時間差も考慮に入れ、3艇身ほど手前でレッコする……という具合に間合いを計る。

80ページの錨泊のケースよりも、ヨットが止まる位置がきっちり決まっているので、投入ポイントの目安は、より重要になってくる。

槍付けでは、頑丈な船首が岸壁側となるので、もしもアンカーが引けて岸壁に擦ってもダメージは比較的少ない。乗り降りはしにくいが、岸壁側の水深が浅くなっているような場合でも、ラダーのない船首側の方が吃水が浅く、ぶつかりにくいという利点もある。

艫(とも)付け

槍付けに対して、船首側からアンカーを打ち船尾を岸壁側に向けての係留を艫付け、あるいはスターンファーストと呼んでいる。槍付けに対し、船首側からアンカーを打つのがポイントになる。

最近は、輸入艇に代表されるように、最初から船首にアンカーがセットされている船も多い。艇が大型化していくにしたがい、アンカーも大きく、またチェーンも長くなり、主錨をコクピットロッカーに収納するわけにもいかなくなった。

アンカーが船首にあるのだから、船首からアンカーを打つというのは当然の考え方で、ヨーロッパでは艫付けで係留するのが一般的だ。出港時も楽なので、浮桟橋などでも船尾から着ける場合もある。

槍付けとは逆に、後進進入していくことになるが、72ページで解説したように、艇種によっては真っ直ぐバックするのが難しい場合もある。狙いを定め、舵をしっかり持って真っ直ぐバックしていこう。

アンカー投入ポイントは槍付けと同じ。船尾側が岸壁に着くので乗り降りもしやすくなるが、ラダーは壊れやすい部分でもあるので、岸壁との接触には注意が必要だ。

また、横付け同様、干満に注意してスターンラインはなるべく長くとりたい。

ブイ係留

常設のブイを拾って船をもやうケースもある。ブイ係留、あるいは沖がかりともいう。

大きなアンカーやシンカー、それらに接続したチェーンなどからラインが取られており、そのラインを直接船に舫ったり、あるいはラインの先のブイに自艇の係留索をもやったりと、そのバリエーションは多い。

海面上に浮いているブイをボートフックで拾い上げるのだが、その際、自艇のペラにラインを絡めないように注意する。多くのブイが密集しているような泊地で、なおかつ強風時には特に注意しよう。

ボートフック

長い棒の先がカギ状になっていて、海面上のブイやその他の漂流物を拾い上げる作業に用いられるのがボートフックだ。あるいは、岸壁から離れる時に「押し出す」とか、海上で接近した2艇間で物を受け渡すという時にも便利だ。

長さの調節ができるようになっているテレスコピックタイプや、先端部を取り換えるデッキブラシにもなるものなど、さまざまなタイプの製品がある。ぜひとも1本備えておきたい。

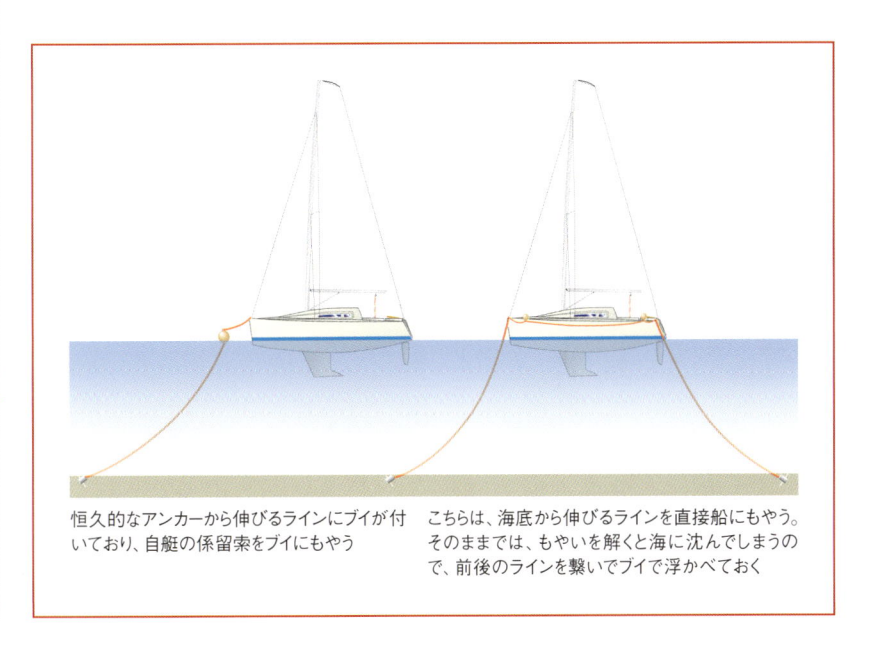

最近のモデルでは、船首にアンカーライン用のアンカーローラーが取り付けられている場合も多い。頻繁にアンカリングする艇では、ここに常にアンカーをセットしている場合もあり、船首からの投錨の方が用意が楽になる

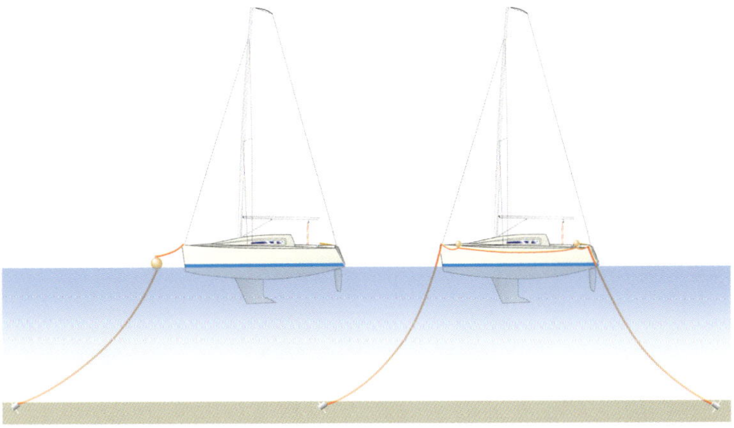

恒久的なアンカーから伸びるラインにブイが付いており、自艇の係留索をブイにもやう

こちらは、海底から伸びるラインを直接船にもやう。そのままでは、もやいを解くと海に沈んでしまうので、前後のラインを繋いでブイで浮かべておく

上架、下架

陸上保管のマリーナも多い。普段は陸上で船台の上に載せた状態で保管、使用する時に下架し、使い終わったらまた上架する。

上下架の方法はマリーナによって多少異なる。写真は船だけをベルトにかけて吊り降ろすタイプ。他にも、船台ごとテーブルリフトに乗せて海に入れるタイプ、あるいは船台ごとスロープから降ろして海に入れるタイプ、あるいはベルトで吊るタイプのクレーン自体が動いていく自走式もある。いずれも、各マリーナのやり方どおり、作業員の指示に従おう。

上架時のアプローチは、ここでも微速で行う。舵が利く程度の艇速を維持しながら、エンジンは中立としよう。作業員が船を押さえてくれるので、比較的楽かもしれない。

陸上保管中は、はしごを使って艇に乗り降りをする。海から上がってしまったからといって気を抜かないように。ここではしごから落ちて大怪我をしたという例もある。

また、下架直後は機関の冷却水が回らないこともまれにあるので、チェックを怠らないようにしよう。

陸置き、あるいは陸上保管と呼ばれる保管方法も一般的だ。いちいちクレーンを使って上下架しなくてはならないが、船底にカキなどが付かないなどの利点もある

上下架の際は、マリーナスタッフの指示に従おう。どのタイミングで乗り降りするかなど、場所によってしきたりも異なる

陸上での乗り降りははしごを使う。ここではしごから落ちて大けがをしたという例もある。落下注意だ

係留の知恵

岸壁への係留はさまざまな状況が考えられるので、臨機応変に対応しなくてはならない。いくつか注意点を挙げておこう。

根がかり注意

漁港内では海底にワイヤなどが沈んでいる場合もある。他艇のアンカーラインもどこまで伸びているか分からない。

自艇のアンカーが、これらのラインに引っかかってしまうとやっかいだ。アンカーの爪にラインが引っかかってしまうとちょっとやそっとでは上がってこない。元々アンカーの爪は引っかかりやすいような形状になっているわけだから、そこに他のラインが沈んで

係留索を持って岸壁に降りる。横付けなら、サイドステイにつかまってライフラインをまたいだ状態で待機。無理はしないように。港内でも落水は危険だ

いれば確実に引っかかるといってもいい。

どうしても外れないからといってあきらめてアンカーを捨てていくと、今度はそのアンカーに後から来た他艇のアンカーが引っかかってしまうかもしれない。

そこで、81ページでも紹介したトリップラインを付けておくといい。

アンカーの頭の部分には、たいていトリップラインを結ぶ穴が開いているはずだ。ここに細いラインを結びアンカーラインと共に流していく。

アンカーを引き上げる際は、トリップラインを引けば、アンカーは頭から上がって来るというわけだ。

乗り降り

係留場所によってそのコンディションは多岐にわたる。時には、エイヤっと船から飛び降りなければならないようなケースもあるかもしれない。港の中とはいえ、このまま落水すると非常に危険なので無理しないようにしよう。

場合によっては、乗り降りしやすい場所でクルーを降ろし、改めて係留場所にアプローチし、船から係船索を投げ渡すというケースもある。

ロープの遠投

右手にエンド側のコイルを、左手にも残りのラインをコイルして持つ

サイドスローで投げ、左手も同時に離す。ラインはきれいに伸びていく

足場が悪かったり、岸壁が非常に高い場合もある。岸壁側に誰かがいれば、係留索を投げ渡すことで、ヨットを完全に岸壁に寄せなくても、後から係留索を引き込んでいけばヨットを寄せられる。

長いロープを遠くに投げるのには、ちょっとしたコツがある。まず、きれいにコイルしたロープを両手に分けて持つ。右利きなら右手にテール側のコイルを持ち、左手にも残り半分をコイルして持つ。

ここから、サイドスローで投げ、両手を同時に離せばロープはきれいに出て行く。

もちろん、エンドはクリートしておかないとロープごと全部出て行ってしまうという間抜けな事態になるので注意しよう。着岸時は意外と慌てているので、ひとつひとつの動作を落ち着いて行おう。

ロープワーク応用編

プレジャーボート専用マリーナと異なり、岸壁はそもそも大型船用の施設なのでビットやボラードも大きい。

もやい結びで輪を作り、岸壁側をエンドにして船側のクリートで長さを調整しても良いが、岸壁側で長さを調節して結ぶ場合にはクリート結びができないので多少とまどうかもしれない。

こういう場合はクラブヒッチで留めることになるが、クラブヒッチは強く引かれると解きにくくなる。写真解説のように、ひとひねりするだけでテンションを緩和できるので覚えておこう。

ビットに1回転。この時テール側が下を通るところがポイント。つまりビットに1回転させるというより「捨ってかける」イメージ

この状態でテンションを殺す。普通のクラブヒッチだとこの部分がないので、きつく締まると解けにくくなることがある

あとは普通のクラブヒッチ。捻ってかけることでテール(手元側のエンド)が長く伸びているような場合でも対応できる

もう一度、捻ってかける。左から2枚目の写真の状態でテンションが殺されているので、この部分にはあまり力はかかっていない

これで、終了。ロープが岸壁と当たる部分には、ボロ布を巻くなどしてロープが擦り切れないように工夫しよう

係留は相手があることだから、方法は多岐にわたる。ここですべてを網羅できているわけではないので、後は経験と工夫が必要だ。そこがヨットの楽しみでもある。

第 9 章

なぜ風上に向かって走るのか?

ロープワークやら係留やら、本来の「ヨット」からちょっと外れた部分を解説してきたが、やはりヨットの本質はセーリング、風の力で走るということにある。追っ手に帆掛けて……というのはなんとなく想像が付くが、風の力だけで風上に向かって走るのが現代のヨットだ。これは、簡単に考えるよりもずっと奥深い力のバランスによって成り立っている。理屈を無視しては、ヨットの上達はない。すこし難しくなるが、ここで改めて考えてみよう。

揚力について真面目に考える

なぜヨットは風上に進むのか?

セールに風を受けて風下に進むというなら話は早い。セールがなくたって、船は風下には進む。これでは単に流されているだけともいえるが、セールがあればさらに勢いよく風下へ進んで行くであろうことは容易に想像できる。

ところが、ヨットは風の力だけで風上にも進んでしまうのだから不思議だ。

もちろん限界はある。風向に対して35

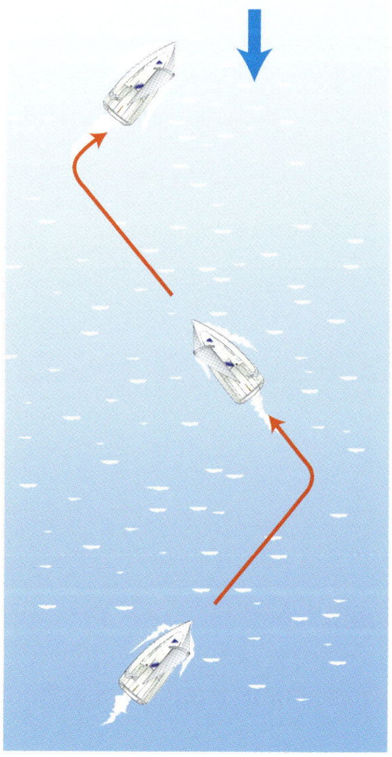

ヨットは風上に向かって走る。ちょっとヨットに乗っていると当たり前のこととして受け入れてしまいがちだが、改めて考えてみるとかなり不思議だ

〜45度あたりの角度が限度だ。これについては第2章でも解説した。しかし45度とはいえ、風が吹いている方向へ、風の力だけで進むのだ。風に逆らって風の力で進むのだ。やっぱり不思議だ。

この「不思議」を理解するには、「揚力」という力が一番のキーワードとなる。

なぜ飛行機は空を飛べるのか？それは翼に揚力が生じるからである。……という話はご存じだと思う。が、「なぜ、どういう条件になると揚力が生じるのか？」となると、これがなかなか難しい。

飛行機が空を飛ぶ理由や、翼とそこから生じる揚力といった現象については、ウェブサイトを検索してみれば、子供向けの解説を含めていくつも紹介されてはいる。しかし、実をいうと、どれも本質をとらえてはいない。もちろん、揚力が生じる理由については、既に科学的に解明されてはいる。ところが、これを簡単に説明するのは、実は非常に難しい。

簡単に記述してあるものはどこか間違っていたり、きちんと説明してあるものはとても難しかったりする。簡単に正しく説明してある文章をどこかから拾ってこようにも、見あたらなかった。

そこで、難しい部分は省いて「ヨットがなぜ風上に向かって走るのか」を解明するうえで必要な要素を説明してみよう。

揚力の正体

一様な流れの中に物体を置くと、それまで一様であった流れに変化が生じる。ここがポイントだ。

複雑な形の物体だと話が難しくなるので、非常に薄い板で考えてみよう。

まず、流れに添って板を置いてみる。とても薄い板なので、流れはほとんど変わらない。

次に、板の角度をちょっと変えてみる。流れの方向と板の向きに角度をつけることにより、それまで一様であった流れは変化し始める。

この時、板の上面では流れが速くなり、下面では流れが遅くなる。なぜそうなるかを正しく簡単に説明するのが難しいのだが、……そうなる。

するとベルヌーイの定理により、流れの速い板の上面では圧力が低くなり、反対に流れの遅くなった下面では圧力が高くなる。一様な流れが、この板によって流れを変えられたために、板の上下で圧力の差ができた。

結果、板は圧力のより低い上方に押し上げられる（あるいは吸い上げられると言いかえてもいい）ような力が生じる。これが揚力だ。

ポイントは、流れと板に、ある角度を持たせるというところにある。翼のような断面を持たせる必要はない。平らな板でも、揚力は発生する。

抗力、そして失速

この時、板が固定されていなければ、風圧で吹っ飛んでいくだろう。流れに沿って板に力が加わっている訳で、この力を揚力に対して抗力と呼んでいる。ヨットのセールを考える時、揚力と並んでこの抗力という要素も重要になる。

図に示げた板はとても薄いわけだから、流れに沿って板を置いた場合、抗力（抵抗）は非常に小さい。

流れと板とのなす角度を迎え角と呼んでいる。迎え角を増やせば増やすほど揚力は増す。と同時に抗力も増す。流れにさらされる面積が増える訳だから抵抗も増すということだ。

さらに迎え角を増やしある角度を超えると、板上面の流れが剥離してしまい、揚力は急激に減少する。これを失速と呼んでいる。

失速して揚力が生じなくなった状態でも、迎え角を増せば抗力は増え続ける。最終的には、流れに直角に板を置

▶一様な流れの中に、薄い板を置く。流れはほとんど変わらない。非常に薄い板なので、風の抵抗（抗力）も非常に小さい

▶板に角度（迎え角）をつけてみる。一様な流れは変化し、板の上下で流れが変わる

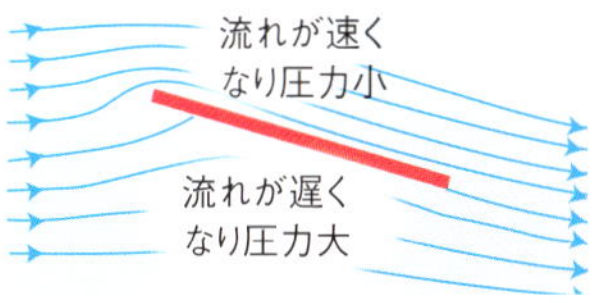

板の上面では流れが速くなり、圧力は小さくなる。板の下面では流れが遅くなり、圧力は大きくなる。圧力の差によって揚力が生まれる

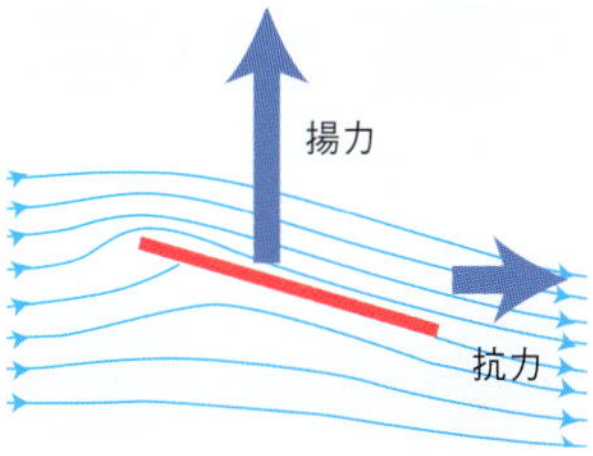

迎え角がついたことで、抗力も大きくなる。迎え角を増せば揚力は大きくなるが、抗力も大きくなる

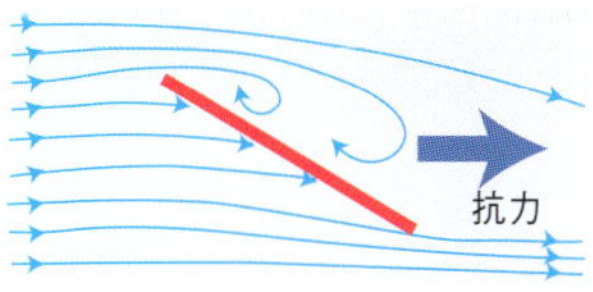

ある角度を超えると板上面の流れが剥離し始め、その範囲が広くなると揚力は急速に減じる。が、それでも抗力は増え続ける

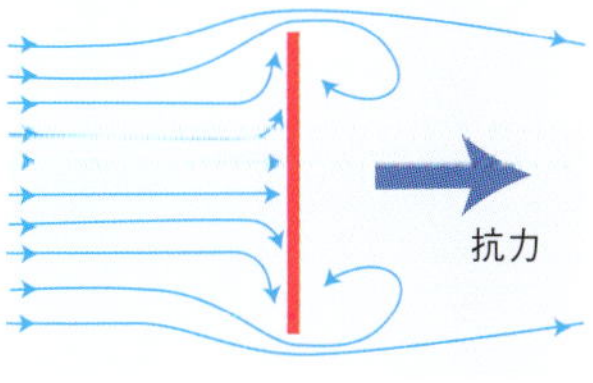

流れに直角に板を置けば、抗力は最大になる。揚力は当然ながらゼロである

けば抗力は最大になる。この時の揚力は当然ながらゼロである。

以上をまとめると、次のようになる。

●一様な流れの中に物体を置き、ある条件が整うと揚力が生じる。揚力とは流れに直角に生じる力をいう。
●迎え角が増えれば揚力は増すが、ある角度を超えると失速し、揚力は激減する。
●一方、流れの中に物体を置くと抗力が生じる。抗力は流れの方向に生じる。
●抗力は、迎え角が増えるほど大きくなる。

アップウォッシュ

もうひとつ、流れは、板に当たる前にすでに上向きにその流れの方向を変えている。板に当たることによって流れの向きが変わっているのではない点に注目していただきたい。

これが実は「上面は速く、下面は遅く」流れが変わった理由とも関係してくる。

このあたりは説明がちょっと難しくなる。拙著『セールトリム虎の巻』にもう少し詳しく解説してあるので、そちらを参照していただき、入門編である本書では、「流れは翼(セール)に当たる前に向きを変える」ということだけを理解していただきたい。これをアップウォッシュと呼んでいる。同様に、翼の後面では下向きの流れ(ダウンウォッシュ)になっている。

なぜ翼型断面なのか?

平らな板でも、適正な迎え角を持たせて板の上面と下面で流れを変えることができれば揚力は発生する、というのは理解いただけたと思う。下面が平らで上面が膨らんだ、いわゆる翼型の断面は必ずしも必要ではない。

では、なぜ翼型の断面が採用されているのだろうか。

飛行機の翼は、少ない抗力で大きな揚力を得、なおかつ失速しにくいように断面形状が工夫されている。さらに離着陸等の低速時にも必要な揚力が得られるよう、フラップを装備して翼の面積や形状を変化させる（写真＝エアバス社）

飛行機の場合、エンジンで機体を前進させることによって空気の流れの中に翼を置いていることになる。小さな推力(エンジン)でより大きな揚力を得るためには、なるべく少ない抵抗(抗力)で、なるべく大きな揚力を得る翼が必要になる。あるいは、より失速しにくい形状である必要もある。そのため、機体の大きさや速度に合わせて、さまざまな翼型断面が試されてきた。

また、同じ飛行機でも、常に同じ速度で飛行するわけではない。低速時にも必要な揚力を得るためには、フラップなどでその形状や面積を変化させるという工夫もなされているわけだ。

ヨットのセールでは

さてそれでは、ヨットのセールはどうなっているのだろうか。

第一に、ヨットのセールは布地(フィルム状のものを含む)でできている。布地を、翼状に展開して風を受ける。あるいは風を流すことによって揚力を得る。

効率よく揚力を発生させ、また失速しにくくなるように翼型断面に似たカーブがついているが、それは風を受けることによって形づくられる。風を受けていない時のセールは、だらんと垂れ下がるし、そのまま風を受ければ旗のようにはためいてしまう。

また、飛行機の場合、翼に生じる抗力は推進力で打ち消している。しかし、

▶モデル艇を含めて、一般的なヨットは1本マスト、2枚帆のスループ艇だが、2枚のセールをイラストにするとややこしくなるので、以下、1枚帆で説明していこう

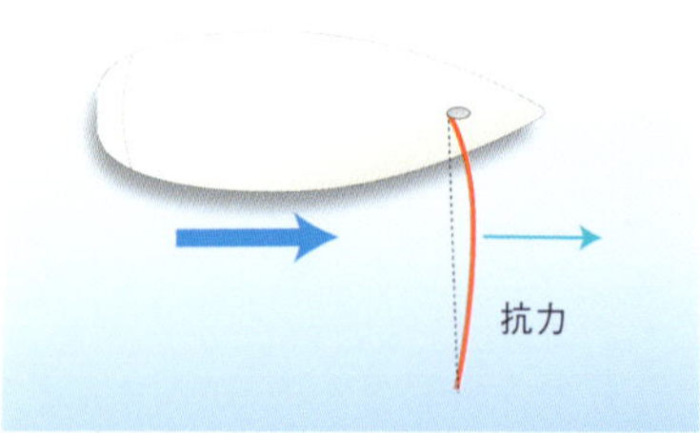

真後ろから風を受けている場合、セールに直角に風が当たっている。ここでは揚力はゼロ。セールに加わる抵抗(抗力)のみでヨットは走っていることになる。抗力は揚力に比べて小さいので、効率のよい走り方ではない

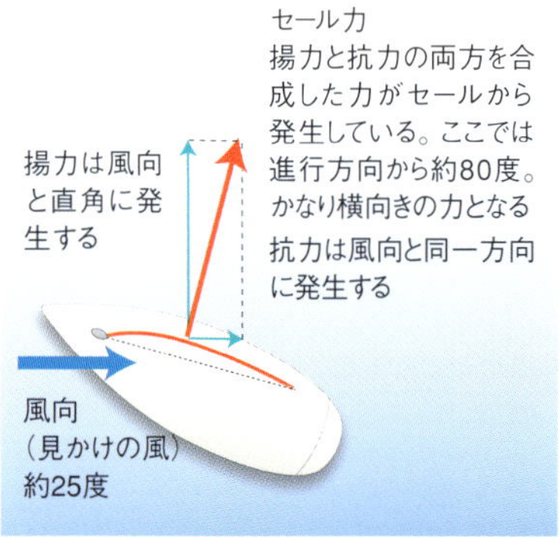

クローズホールド時のセールに生じる力を矢印で表してみたのが下の図。矢印の長さが力の大きさ。矢印の向きは力の向きを表す

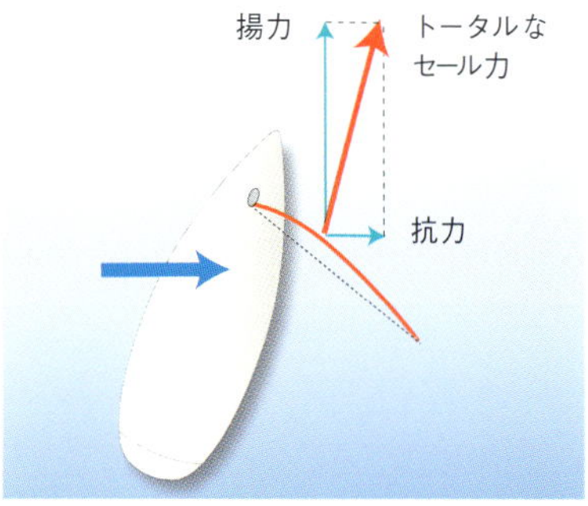

斜め後ろから風を受けている場合。セールから生じる揚力も抗力も、ヨットを前進させるために有効に働いている。また、揚力は抗力に比べてずっと大きく「リーチングは速い」のもうなずける。またここに示した風向はいずれも「見かけの風」だ。真の風向はより後ろにあるということも頭に入れておきたい

風の力のみで走るヨットのセールは、それ自体が推進力を得るためにあるわけで、抗力もそのままセールから生じる力となる。つまり、ヨットのセールからは揚力と抗力が合成された力が生じている。

ヨットのセールは風を受ける（あるいは流す）ことによって形作られる。断面は、写真のように平板ではなく弧を描いており、風速や海面状況によって面積や断面形状を変化させ対応する

真後ろから風を受けて走る場合、セールと風との成す角度（迎え角）はほぼ90度となり、揚力は発生していない。この時は、セールに生じる抗力のみで走っていると考えて良い。

逆にヨットがクローズホールドで風上に向かって走っている時、抗力は進行方向と逆の方向に生じる。したがって、セールから生じる抗力はなるべく小さく、しかし揚力がなるべく大きくなるようにセールをセットしなくてはならないわけだ。

ヨットの場合、揚力のみならず抗力も前進力に利用する時がある。セーリング条件によって、セールの形状を変化させ、揚力と抗力のバランスを考えて調節していかなくてはならない。これをセールトリムという。

風上に進むための工夫

飛行機の場合、エンジンの推力で機体を前進させることにより、翼に風を当てて揚力を得ている。その揚力によって、機体は空中に浮く。

しかしヨットは流れる風の中にセールを置き、そこから得られる揚力を前進力にしている。セールから得られる力が風上に向くことはないはずで、「セールから揚力が発生しているから」という説明だけでは、ヨットが風上へ進むことへの答えにはならない。

なぜヨットは風に逆らって進むのか。もう少し詳しくみていこう。

セールから発生する力

ヨットのセールから生じる力（揚力と抗力を合成した力）を、セール力と呼ぶことにしよう。

ヨットの性能やセールトリムにもよるが、クローズホールドでの見かけの風速は約25度。この時のアタックアングルが約15度程度だとすると、セール力はおよそ80度の方向に生じる。真横が90度だから、かなり横方向に生じているのが分かる。

80度方向にセール力が生じているとすると、前進力（0度方向）となるのはそのうちの1/5程度になる。セール力のほとんどは横向きの力となり、これはヨットを傾かせる（ヒールさせる）力や、横流れを生じさせる力となる。

それら横方向への力を打ち消すことができれば、残り1/5のセール力を使ってヨットは前に進んでいけるわけだ。

さて、どうやって打ち消すのだろうか？

キールから生じる揚力

外洋ヨットの船底にはバラストキールが付いている。

バラスト＝重りであり、このバラストのおかげで起きあがりこぼしのようにヒール力に対抗している。……というところまでは分かりやすい。

もう一つ、バラストキール部には水面下で揚力を発生させるという大事な仕事がある。ここが、「何故ヨットは風上に進んでいけるのか」という謎を解くための大きな鍵だ。

ここでもポイントは「揚力」だ。

「流れの中に、ある角度をもって板を置くと揚力が発生する」と冒頭でも説明した。流れは空気だけとは限らない。水面下では、海水の流れによって翼状のキールからも揚力が発生する。

キールの断面は左右対称であるから、揚力を発生させるには流れに対して「ある角度」にならなければならない。ヨットは真っ直ぐ進んでいるわけだから、水流はキールの真正面から当たっているはずである。

しかし、実際はヨットは風下に流されながら進んでいる。大げさに図示すると、次のページ左上図のようになる。この横流れをリーウェイという。

海の上には目印があまりないので気づきにくいかもしれないが、実際にはヨットはリーウェイしながら前に進んでいるのだ。

リーウェイしながら進むヨットのバラストキールを考えると、真正面ではなく斜め

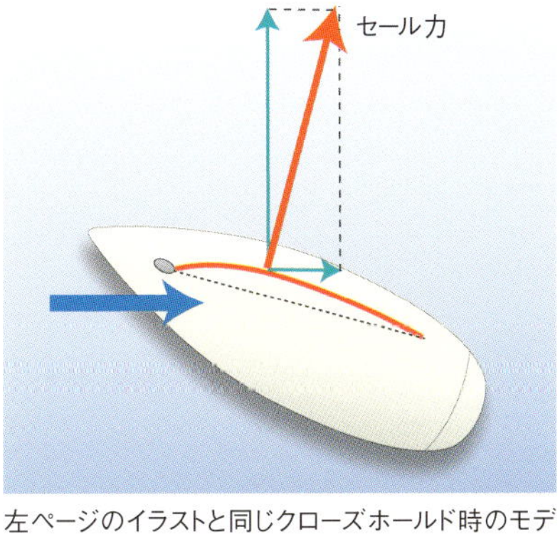

左ページのイラストと同じクローズホールド時のモデルだ。セールから生じる揚力と抗力を合計したもの（赤い矢印）がセール力。船首方向に対して、約80度の方向に発生している。かなり横向きの力であるが、これを横向きの力と前向きの力に分けてみよう

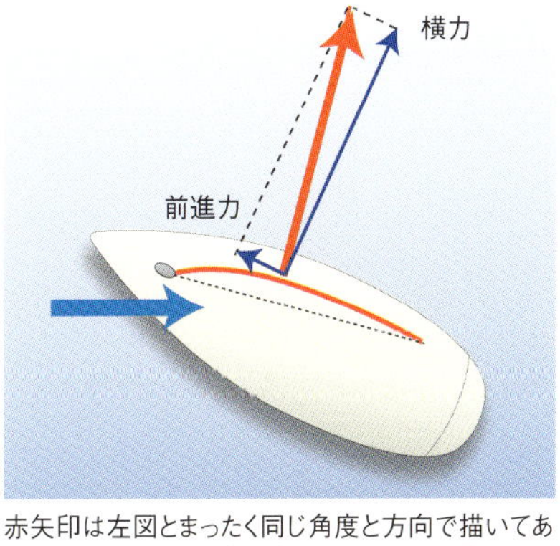

赤矢印は左図とまったく同じ角度と方向で描いてある。こちらの方が前方に向いているように見えるが、目の錯覚である。これを前進力と横力に分けると、前進力は横力の1/5程度しかない。ヨットが前に進むには、横力をいかにして打ち消すかが鍵となる

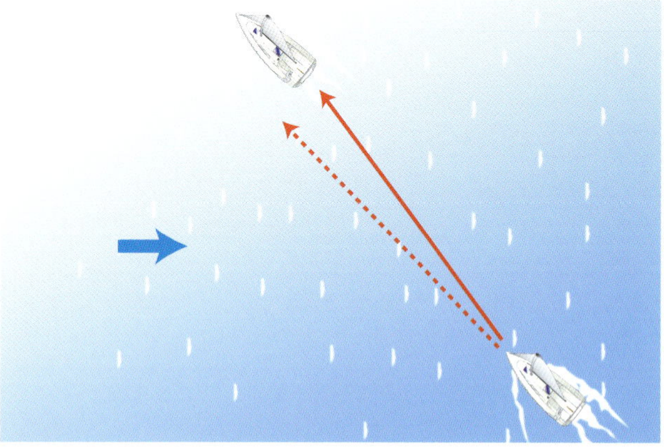
真っ直ぐ進んでいるように見えても、ヨットは横流れ（リーウェイ）しながら進んでいる。特に走り出したばかりのヨットの航跡を見てみるとよく分かる

船底部にあるバラストキール。ヒールを起こすためのバラストと、揚力を発生させるフィンの役割を担う重要な装備だ

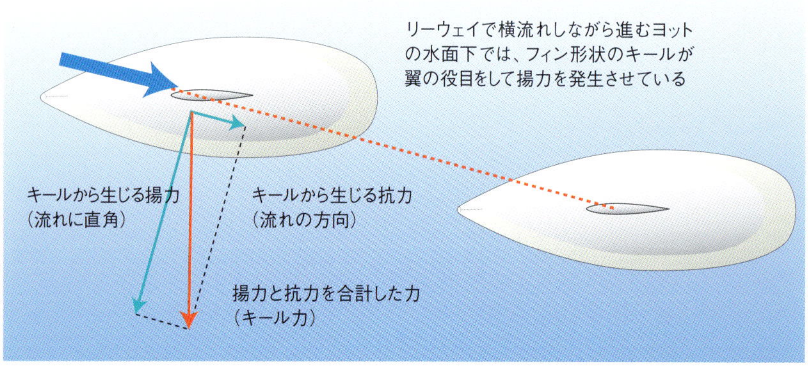
リーウェイで横流れしながら進むヨットの水面下では、フィン形状のキールが翼の役目をして揚力を発生させている
キールから生じる揚力
（流れに直角）
キールから生じる抗力
（流れの方向）
揚力と抗力を合計した力
（キール力）

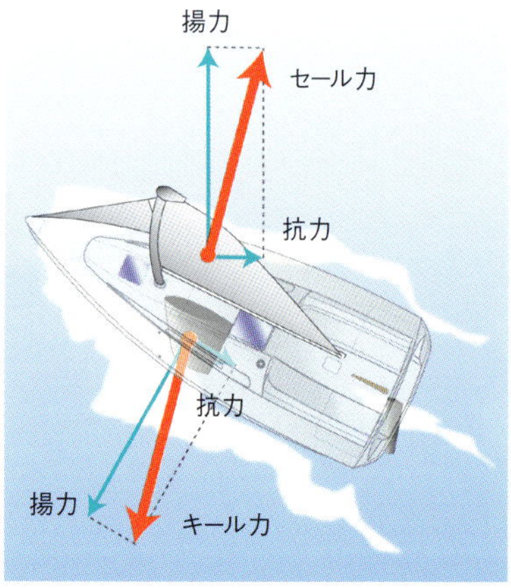
揚力
セール力
抗力
抗力
揚力
キール力
セールから生じるセール力と、海中から生じるキール力が釣り合うことによってヨットは走り続ける。クローズホールド時には、キール力がいかに重要かが分かる

前から水流があたっていることになる。そう、ある迎え角をもって水流があたるため、キールからも揚力が発生する。

揚力は平らな板からも生じる。左右対称な断面を持つキールからもしっかりと揚力が発生する。その上、水の密度は空気の800倍もあるので、キールの面積は小さいし迎え角も小さいが、そこから発生する揚力はかなり大きなものになる。

そしてこの大きな揚力は、ヨットを風上に押し上げる力となり、これがセール力の横方向の成分を打ち消す要素となるのだ。

バラストキールは、フィンキールとも呼ばれている。揚力を発生させるフィンとしての役割は重要だ。

飛行機にたとえれば、セールがエンジン、キールが翼と考えてもいい。水面下の翼によって、宙に浮く代わりに艇体を風上に押し上げ、風下に流されないようにしているわけだ。

神秘の釣り合い

水面下では、キールはもちろん、ラダーブレードからも揚力が発生し、また船体そのものも水面下部分を見れば分厚くて短い翼のようなもので、多少なりとも揚力が発生する。

もちろん翼同様、これらは抵抗にもなる。その抗力と揚力を合成した力が、水面下で発生していることになる。ここでは、これら水面下で発生する力を合成したものをすべて合わせて「キール力」と呼ぶことにする。

クローズホールド時に生じるセール力（大部分は横方向の力となるが）は、キール力によって打ち消される。セール力の前進成分がキール力の抗力より勝ればヨットは加速し、セール力とキール力が釣り合うとヨットは同じ速度で走り続ける。セール力が足りなければ減速する。

これが、ヨットが風上に向かって進む理由、の答えだ。空気と水の性質の違いをたくみに利用した、絶妙なバランスの上になりたっているのだ。

ヨットは急には上れない

ヨットが前に進んでいなければ、キールからの揚力は発生しない。キールからの揚力がなければヨットは風上には進めない。飛行機にも滑走路が必要なように、ヨットが風上に向かって進

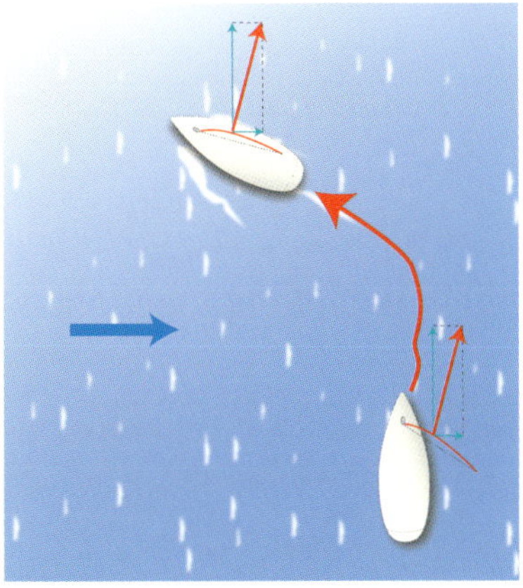

いきなりクローズホールドで走り出すことはできない。キールからの揚力を必要としない角度で走り出し、キールからの揚力が発生してから上り始めよう

むには助走が必要である、ということも分かる。

通常、セールアップ時には機走していて、そのままセーリングが始まるので意識することは少ないが、ヨットが止まってしまったら、セール力がなるべく前に向く状態(風を横から受けてキールの揚力をあまり必要としない状態)で走り始めよう。

走り始めはリーウェイが大きいが、スピードがつけばキールから発生する揚力は増し、キール力はより風上へヨットを押し上げる働きをする。

艇速が増せばリーウェイが少なくても必要なキール力を得ることができ、より風上へ向かって走ることができるようになる。

ウェザーヘルムが必要なワケ

「セール力とキール力が釣り合うと、ヨットは走り続ける」ということは理解していただけたと思う。

ここで、セール力とキール力、両者の作用点がずれていると、ヨットはどちらかに方向を変えていく。

ラダー(舵)が中立の時にヨットが風上に向かって針路を変えていく傾向(舵中立で風上に向かっていく性質)を「ウェザーヘルム」と呼んでいる。ウェザー(=風上)へのヘルム(=コースから外れようとする傾向)である。逆はリーヘルムとなる。

ラダー中立で真っ直ぐ走るようにすればよさそうなものだが、通常、ヨットは僅かにウェザーヘルムが出るように調整される。

それはなぜだろうか。

もっと上る

ウェザーヘルムがあるヨットは、舵を真っ直ぐにしていると、どんどん風上に上っていってしまう。これを真っ直ぐ走らせるためには、若干舵を切りながら走ることになる。

風下に向かうように(バウダウンするように)舵を切るというのは、舵と水流との成す角度(迎え角)が増えるということだ。それだけラダーからの揚力が多く発生する。

もちろん、ウェザーヘルムがきつすぎると舵角はより大きくなり、揚力は増えるものの抗力も増大してしまう。適正な舵角は4〜5度と言われている。

適度なウェザーヘルムがヨットの上り性能をアップさせると考えよう。

ヘルムバランス

ウェザーヘルムは、セール力の作用点と、キール力の作用点がずれることによって生じる。

キール力とは、キールのみならず、船底全体やラダーからの揚力、抗力を合わせたものである。ラダーを切ることによってラダーからの揚力が増大し、キール力全体の作用点が後ろへずれたため、セール力の作用点と釣り合いがとれて真っ直ぐ走るようになった、という意味でもある。また「ラダーを切るとヨットが方向を変える」というのは、理屈っぽく説明するとこういうことなのだ。

その他、ヒールすればウェザーヘルムは増すし、セールのトリムによってもセール力の作用点は変化し、ヘルムは変わる。

逆に言えば、それらをうまくコントロールすれば、ラダーを操作しなくてもヨットは左右に自在に操れるということになる。

詳しくは、次章「クローズホールド」で解説していきたい。

ここでは、ウェザーヘルムのあるヨットを真っ直ぐ走らせるために、舵を切ることによって、ラダーからの揚力を増してより効率よく風上に向かっていくことができる、ということを頭にいれておこう。

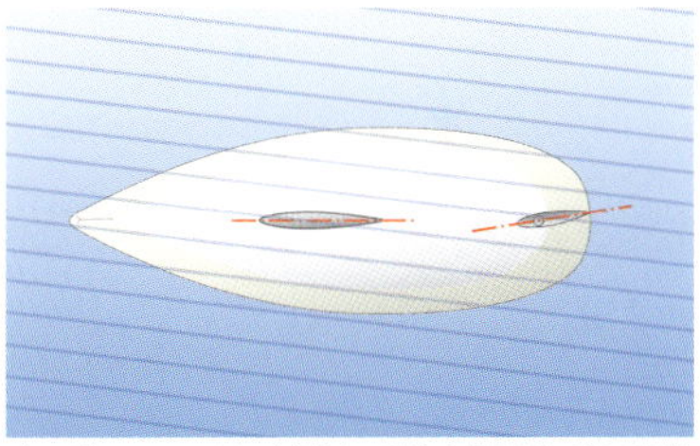

ウェザーヘルムに対抗して舵を切りながら直進することにより、ラダーの迎え角はより大きくなり、揚力もより多く発生させることができる

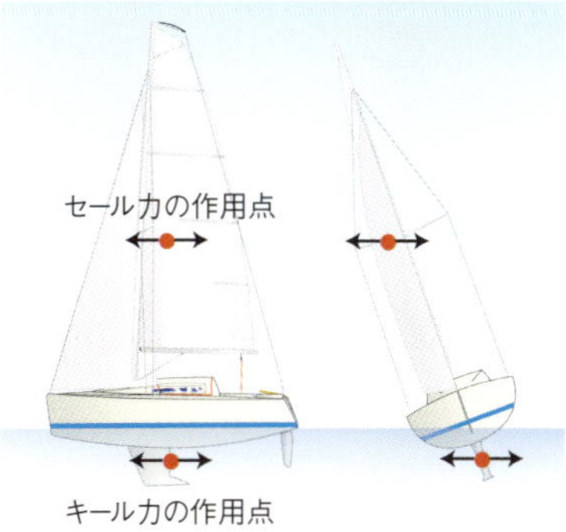

セール力とキール力の作用点が前後、左右にずれるとヨットは方向を変える。ヒールが増せばウェザーヘルムは大きくなる。ラダーを切ることによってキール力の作用点が後ろへずれ、ヨットは直進する

ヨットはどうして走るのか。なぜ風上に向かって進むのか。ちょっと堅苦しい話になってしまったが、以上の理屈が理解できればセーリングはより楽しくなる。こうした理屈をふまえて、いよいよ、セーリングの実際について解説していこう。

第１０章

クローズホールド

風上に向かって走るクローズホールドこそ、セーリングの基本と言ってもいいだろう。第10章では、クローズホールドについて詳しく解説していこう。

風上に向かう

前章では、ヨットが風上に向かって走る状態を理論的に説明した。理論を頭に入れた上で、ここでは実際にヨットの上ではどうなるのかを見ていこう。

上りの限界点

風上への方向転換をラフィング（略してラフ）、あるいは上《のぼ》るという。

舵を切り、風上に向けてヨットをゆっくりとラフさせてみよう。ウェザーヘルムがあれば、わずかに舵を切るだけで自然にラフしていくはずだ。

そのままラフしていくと、セールに裏風が入ってしまう。裏風が入らないように、ラフするにしたがって、ジブシート、メインシートを引いてセールを引き込んでいこう。

艇上で感じる風（見かけの風）は、次第に強くなってくるはずだ。ヒール（艇の傾き）もきつくなっていく。

これ以上シートを引き込めない状態までラフしたあたりがクローズホールドの限界点だ。ここからさらにラフすると、セールに裏風が入り始め、艇速は急激に落ち、最後は止まってしまう。

急減速が始まる直前あたりがクローズホールドの状態ということになる。これが真風向に対して35～45度くらい。見かけの風は前に回るので、20～25度くらいになる。

片上りと真上り

クローズホールドの状態で目的地がヘディング（船首）方向にあるなら、そのまま真っ直ぐ走っていけばいい。これを「片上《かたのぼ》り」と呼んでいる。

しかし、目的地がヘディングよりもさらに風上にある場合はどうなるか。クローズホールドの状態でいつまで走っても目的地には到達できない。

そこでタッキングだ。風上に向かって約90度、一気に方向転換をする。

タッキングを繰り返しながらジグザグに走れば、風上にある目的地へ到達できる。これを真上《まのぼ》り、あるいはアップウインドと呼んでいる。

タッキングを縮めて「タック」ということも多いが、「タック」そのものには、ほかにも意味がある。セールの前端の名称も「タック」。また、風下へ向かっての方向転換をジャイビングというが、タッキング中でもジャイビング中でもないヨッ

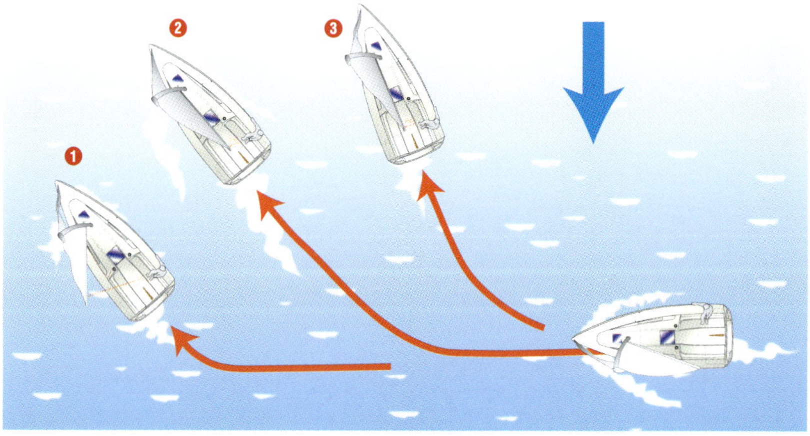

❶ ラフしただけだと、セールに裏風が入り、ヨットは止まってしまう
❷ ラフしながらメインシート、ジブシートを引き込んでクローズホールドへ
❸ これ以上シートを引き込めない状態で、さらにラフすると、セールに裏風が入り、やはりヨットは止まってしまう

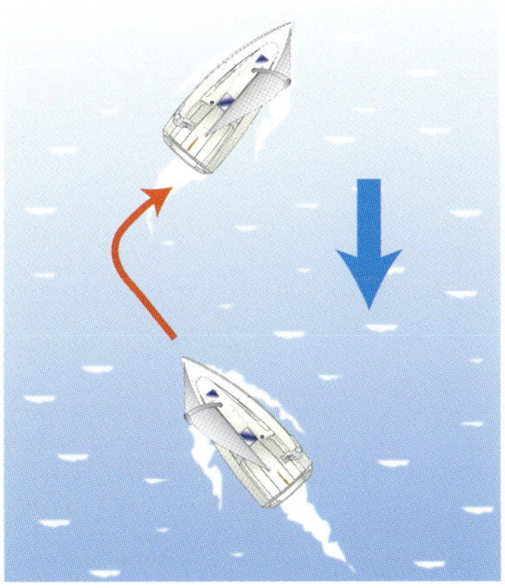

風上方向に約90度、一気に方向を変えるのがタッキング。ヨットの操作の中でも基本の一つだ

トは「タックの状態」である、という使い方もある。右舷から風を受けているのがスターボードタックの状態、左舷から風を受けていればポートタックという。

位置と帆走距離

アップウインドでは、どこで何回タッキングしても、走る距離は変わらない。「風向が一定しており、タッキングによるスピードのロスを無視すれば」という前提での話になるが、どのようなコースを通っても目的地までの所要時間は変わらないことになる。

また、目的地の位置が風軸上になくても、目的地までの距離は変わらない。

これは、別の見方をすると「風向に直角な線上にあれば、同じ位置にいる」ということになる。

高さかスピードか

「艇速」に対して、上り角度を「高さ」と表現する場合がある。

ヨットは一般的に、上り角度（高さ）を稼ぐほど艇速は落ちる。わずかでも風に対して落としてして走れば艇速は増すが、その分高さは稼げなくなる。

高さかスピードか、そこが問題だ。

一方、クローズホールド時、真風向に対する速度成分をVMG（Velocity Made Good）と呼んでいる。文章にすると分かりにくいが、図を見れば分かりやすいだろう。

どこまで上れば、より高いVMGを稼げるか。上りすぎても落としすぎてもVMGは悪くなる。最も高いVMGを得られるポイントが、その条件での最適なクローズホールドになり、風上にある目的地へ向かう近道となる。

VMGがマックスとなる最適な上り角度は、風速や波の状態によって変わってくる。VMGマックスを維持して走るのはなかなか難しいが、これこそがクローズホールドの面白みでもある。

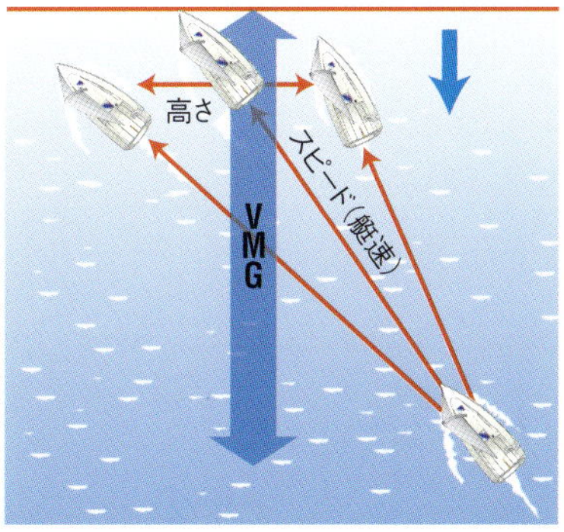

真風向に対する速度成分がVMGだ。クローズホールド時には、高さとスピードによってVMGが決まってくる。最高のVMGを達成できる角度＆スピードで走ろう

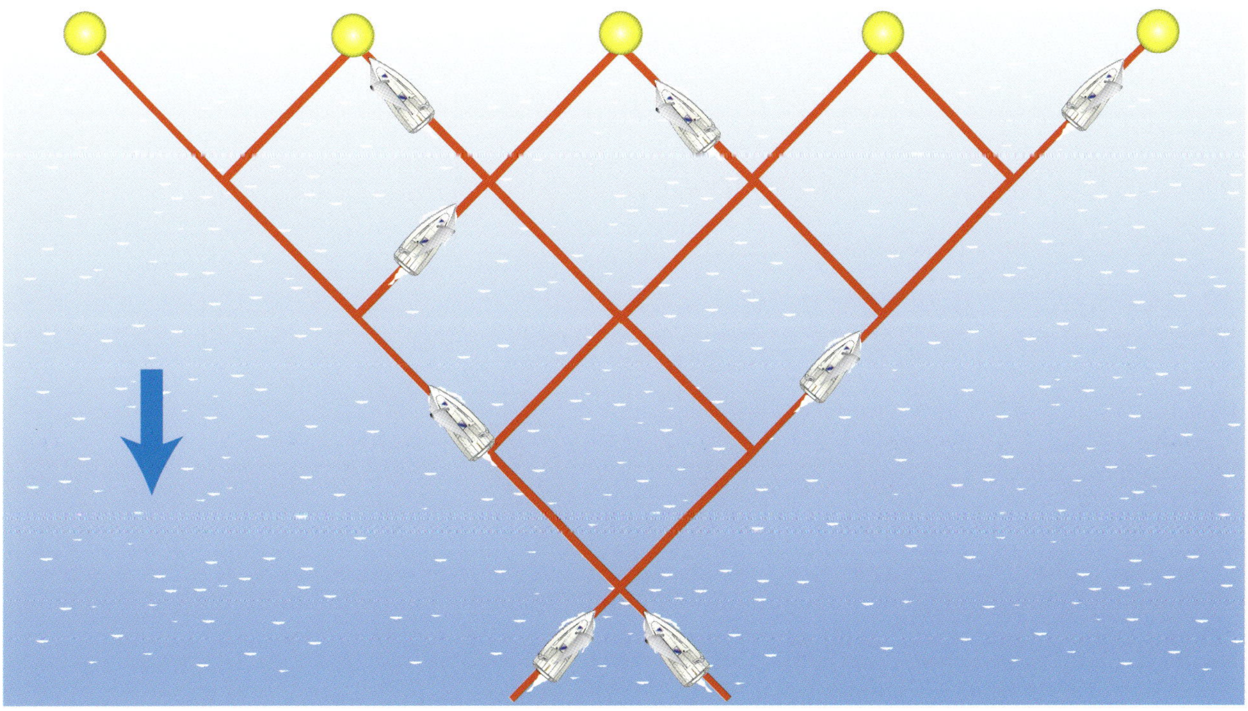

アップウインドでは、どこをどう通って、何度タッキングしても、目的地までの帆走距離は変わらない。風向に直角な線からなる「位置」が重要な要素となる

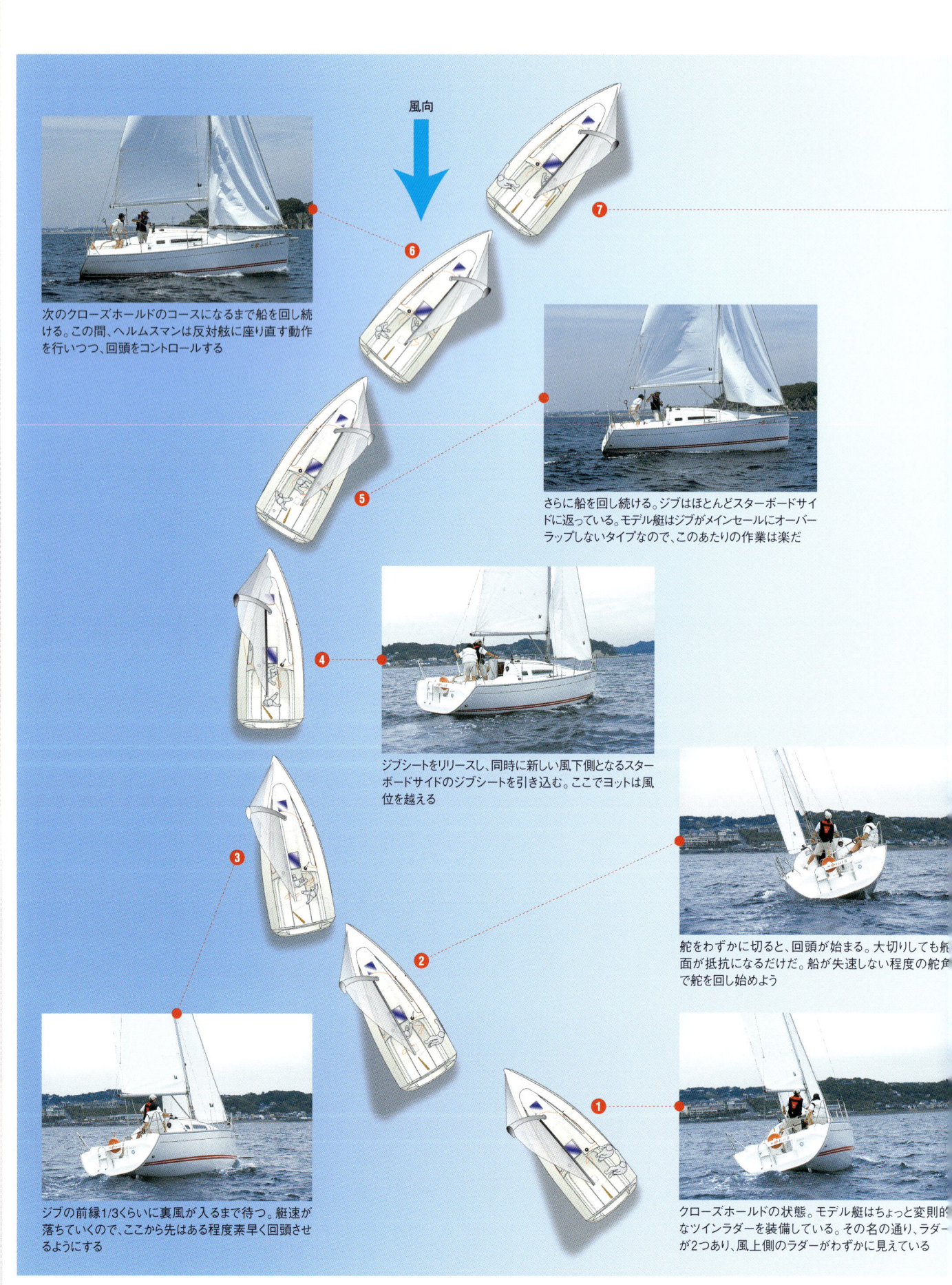

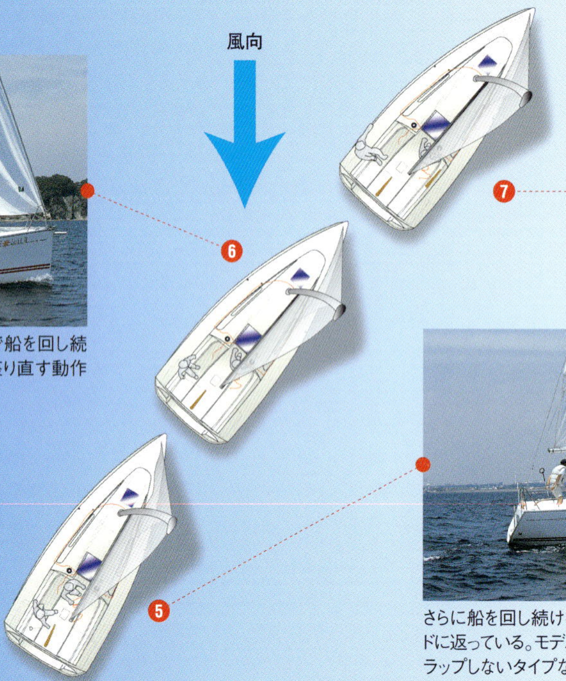

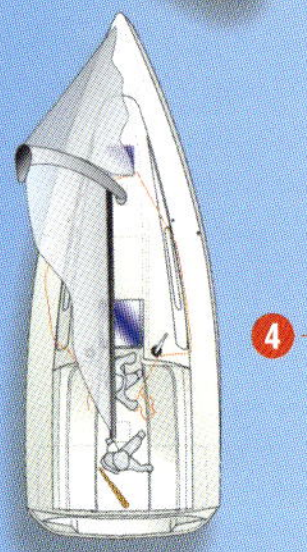

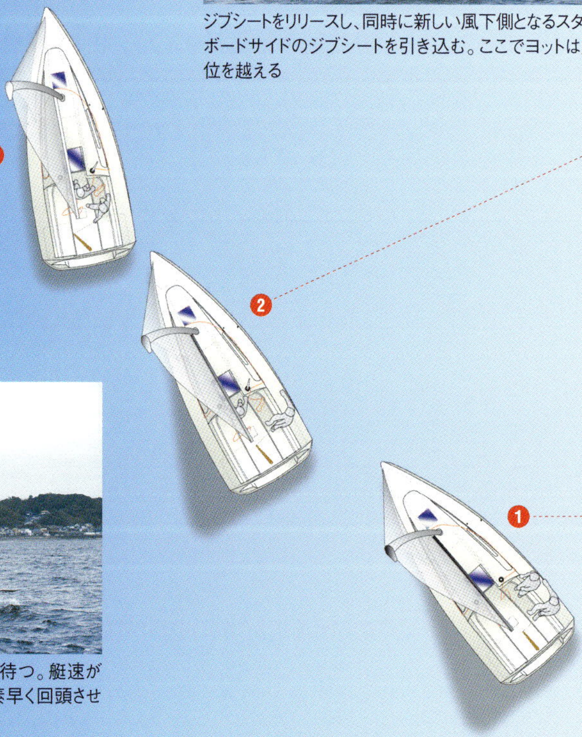

次のクローズホールドのコースになるまで船を回し続ける。この間、ヘルムスマンは反対舷に座り直す動作を行いつつ、回頭をコントロールする

さらに船を回し続ける。ジブはほとんどスターボードサイドに返っている。モデル艇はジブがメインセールにオーバーラップしないタイプなので、このあたりの作業は楽だ

ジブシートをリリースし、同時に新しい風下側となるスターボードサイドのジブシートを引き込む。ここでヨットは風位を越える

舵をわずかに切ると、回頭が始まる。大切りしても舵面が抵抗になるだけだ。船が失速しない程度の舵角で舵を回し始めよう

ジブの前縁1/3くらいに裏風が入るまで待つ。艇速が落ちていくので、ここから先はある程度素早く回頭させるようにする

クローズホールドの状態。モデル艇はちょっと変則的なツインラダーを装備している。その名の通り、ラダーが2つあり、風上側のラダーがわずかに見えている

いったんセールが入ったところで走りだす。艇速が回復するまでは落とし気味に。ジブはライフラインに当たる程度でいい

8 艇速が回復するにしたがって、ジブシートを引き込んでいく。完全に艇速が回復したところでタッキング完了

タッキング

それではタッキングの実際を見ていこう。ここでは、スターボートタックからポートタックへのタッキングを例に挙げて解説していく。ポートからスターボードへのタッキングもまったく同様だ。

タッキング準備

まずは、なにはともあれタッキングの準備だ。

タッキングは、船が約90度回転し、その間にジブの展開が左右入れ替わる。

出て行く側（風下舷。例ではポートサイド）のジブシートは、ウインチからリリースされた後、スムースに出て行くように、シートのテールをざっとさばいておこう。

引きこむ側（風上舷。例ではスターボードサイド）のジブシートはウインチに2回転ほど巻き、ウインチハンドルをセットしておく。

モデル艇はジブシートウインチがキャビントップに付いている、ちょっと変則的なレイアウトだ。通常はデッキ上にあるウインチを使う。

舵を切る

クローズホールドでは、真風向に対して約45度で走っているわけだから、タッキングはヨットをその2倍、約90度回頭させることになる。

タッキング前に、「タッキング後にヘディングはどこを向くか」を頭に入れておこう。

舵を切ればヨットは回り始める。風上に向けての回頭なので、回転中は艇速が低下する。勢いをつけて一気に回ろう。

とはいえ、舵を大切りするとラダーブレードが失速してしまい、抵抗が増すばかりだ。舵は最初は小さく、ジブに裏風が入る頃から早く回していくようにする。

ジブの入れ替え

操作は単純。風下側のジブシートをリリースし、（新たに風下側になる）反対舷のジブシートを一気に引き込むだけだ。

リリースのタイミングは、ジブのラフ側1/3程度まで裏風が入った時点。セールをよく見て、ウインチドラムから一気にシートをリリースしよう。あらかじめ巻き数を減らしておき、シートを上に引き上げるようにすると簡単にリリースできる。すーっと緩めるのではなく、一気に解くこのような動作をダンプ（dump）とも表現する。

引き込みは、大きなストロークで、最後は体重をかけて一気にライフラインの内側にセールが入るように引き込む。

ボートの回頭スピードが速すぎると引き込みきれない場合もある。船を回すヘルムスマンとの呼吸が重要だ。ヘルムスマンは新しいコースに乗る直前で一度回頭を止めるくらいのイメージでもいい。クルーが楽にシートを引き込めるように、タイミングを合わせよう。

ヘルムスマンの移動

通常、ヘルムスマンは風上舷に座っている。タッキング中に反対舷に乗り移らなくてはならない。もちろん「舵を切る」という動作をしながらだ。

コクピットは意外と狭い。時にはティラーをまたいだり、後ろ向きに体を入れ替えて移動するなんていうケースもあるが、基本は「前を見て、背中側でティラーを持ち替える」こと。

ティラーを一杯切っている状態で、空いた中央部のスペースを使って体を移動させると楽だ。

デッキ形状によっても、身のこなしが

変わってくるかもしれない。何度も練習して、スムースな移動のコツをつかもう。

新しいコースに乗る

新しいコースに乗ったら、最初はジブのフットがライフラインに触れるか触れないかの所まで引きこんだ状態で走る。角度は稼げないが、スピードは付く。

スピードが回復するのを感じながら、しだいにジブシートを引きこんでいこう。手では引ききれないので、ウインチドラムにさらにシートを巻き、ウインチで引きこむ。

完全にスピードが回復したら、タッキング終了。クルーはジブシートをクリートし、風上舷に移動する。次のタッキングに備えて、風上舷のジブシートをウインチに巻いてウインチハンドルをかけておこう。

まだまだあるぞ

ここでは入門編として、メインシートはそのままとし、ジブシートの操作のみでタッキングを行った。

モデル艇にはメインシートトラベラーが付いていない。メインシートトラベラーの操作を含めてセールトリムの詳細は後に詳しく解説していく。ここでは、メインシートトラベラー付きの艇もセンター固定でOKだ。

「ボートを約90度回転させて新しいコースに正しく乗せること」、「その間、クルーはスムースにジブを入れ替えること」――この2点に絞って練習していこう。

さらには、さまざまな状況(波のある時、極端な強風時、あるいは微風時など)で要領も違ってくる。船が大きくなってくれば、シートをリリースする役と引きこむ役、さらにはウインチを巻く役と、クルー間の連携も重要になってくる。まだまだ奥は深いぞ。

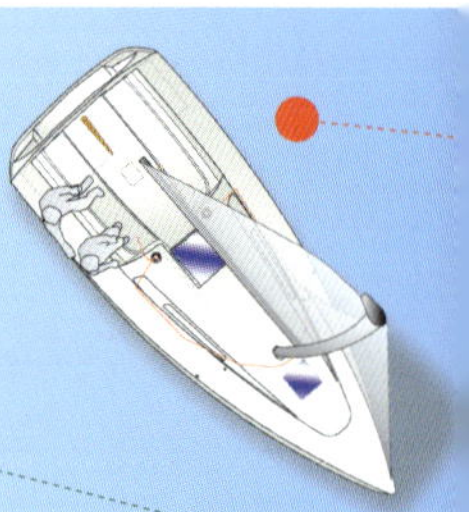

クルーは風下側ジブシートを持ってタッキングの準備に入る。ここではスターボードタックからポートタックへのタッキングなので、ポート側のジブシートを手にしてリリースの準備

クルーは、タッキング後風下側となるスターボード側のジブシートも同時に手に持つ。ウインチに2回ほど巻いてウインチハンドルも付けておこう。ここでは2人乗りなのでクルーは1人で準備しているが、3人乗りならリリースと引き込みを2人で分けて行っても良い

回頭が始まった。ラフの状態を見ながらジブシートのリリースのタイミングを計る。リリースする側のシートが絡んでいたり踏んづけていないかも要チェックだ

リリースは、ジブのラフ側1/3くらいまで裏風が入ったあたりが目安になる。ポート側をリリースし、すかさずスターボード側のシートを引き込む。大きなストロークで体重をかけて一気に引き込もう

セールがライフラインの内側に入りきった所でいったんキープ。このまま走って艇速が回復するのを待つ

艇速の回復に合わせてジブシートを徐々に引き込んでいく。ファイナルポジションまで引き込んだところでタッキング終了。ジブシートをクリートして定位置に戻ろう

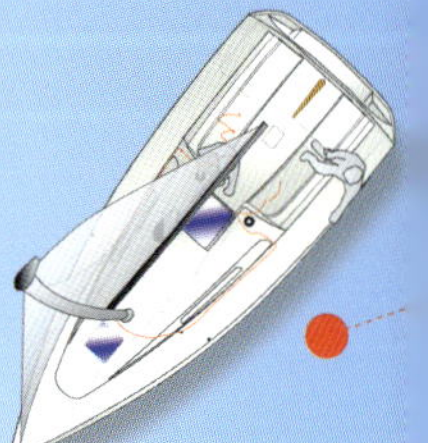

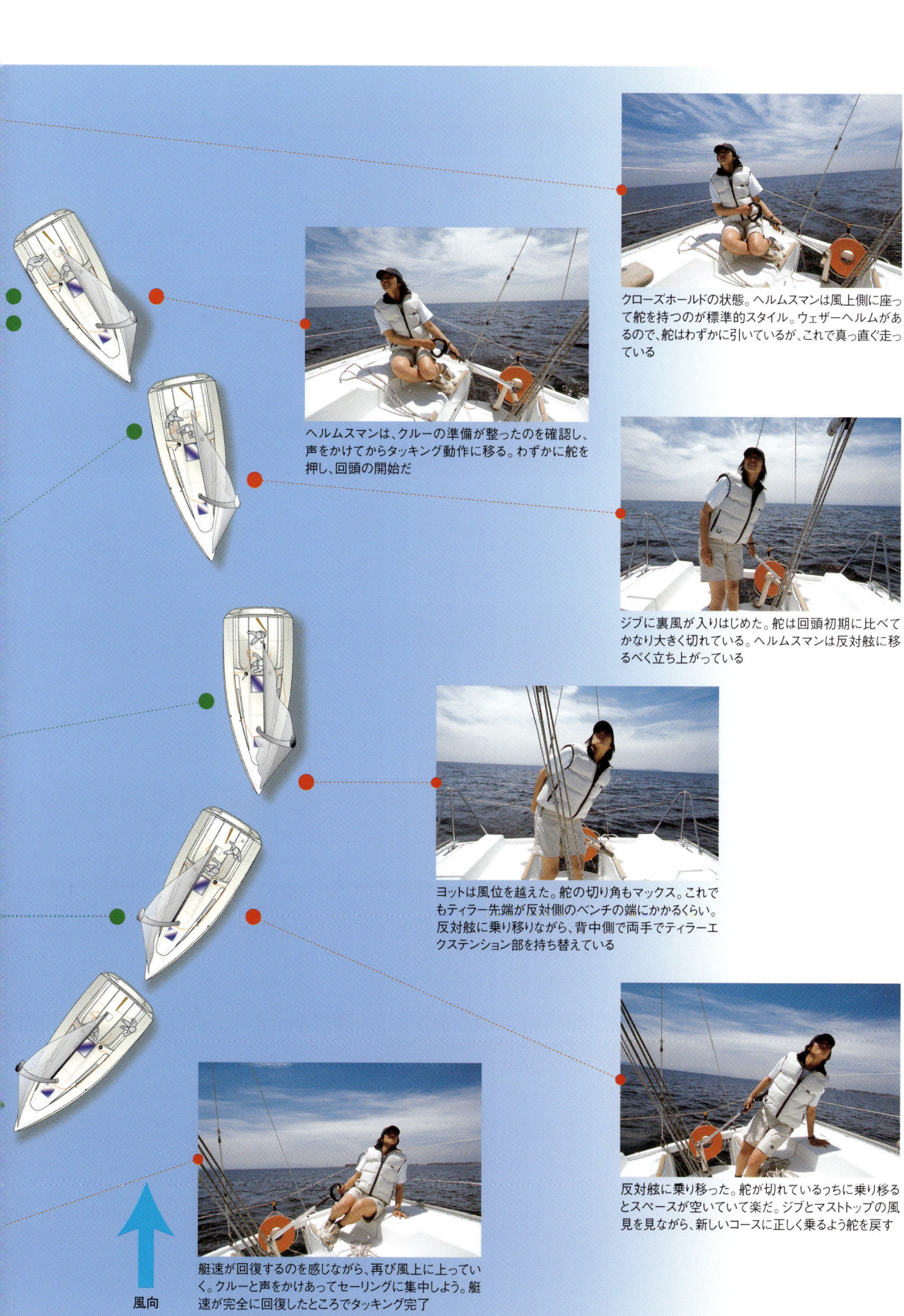

クローズホールドの状態。ヘルムスマンは風上側に座って舵を持つのが標準的スタイル。ウェザーヘルムがあるので、舵はわずかに引いているが、これで真っ直ぐ走っている

ヘルムスマンは、クルーの準備が整ったのを確認し、声をかけてからタッキング動作に移る。わずかに舵を押し、回頭の開始だ

ジブに裏風が入りはじめた。舵は回頭初期に比べてかなり大きく切れている。ヘルムスマンは反対舷に移るべく立ち上がっている

ヨットは風位を越えた。舵の切り角もマックス。これでもティラー先端が反対側のベンチの端にかかるくらい。反対舷に乗り移りながら、背中側で両手でティラーエクステンション部を持ち替えている

反対舷に乗り移った。舵が切れているっちに乗り移るとスペースが空いていて楽だ。ジブとマストトップの風見を見ながら、新しいコースに正しく乗るよう舵を戻す

艇速が回復するのを感じながら、再び風上に上っていく。クルーと声をかけあってセーリングに集中しよう。艇速が完全に回復したところでタッキング完了

風向

ヒール

ヨットは横方向に傾斜しながら走る。これがヒールだ。特にクローズホールドでは顕著だ。ヒールについて、詳しく考えてみよう。

ヨットはヒールする

前章で詳しく説明したが、クローズホールドではセール力（セールから生じる力：揚力と抗力を足した力）は、進行方向に対して約80度方向に生じるといわれている。ここから前進力に使うことができるのは、1/5程度にしかならない。残りの4/5は、横方向に生じる力となる。

風向が横に回るにつれて、セール力はより前方に向かって発生するようになるが、クローズホールドの状態では横方向に生じる力は非常に大きいのだ。加えて、クローズホールドでは見かけの風速もより強くなるので、ますます横方向の力は大きくなる。

セール力の作用点はかなり高いところにあるので、横方向の力が強ければ、当然ながらヨットは横に大きく傾く。これがヒールだ。

さらには、波も前方から受けることになるので、強風下のクローズホールドはなかなかキビシイのだ。

ヒールに対抗する力

ヒールしようとする力に対抗するのが復原力だ。

復原力は、浮心と重心との距離によって決まってくる。ちょっと理屈っぽくなるが、図を見れば分かるように、ヨットが傾くと浮力の中心である浮心の位置が移動する。その結果、重心と浮心の位置がずれる。この、ずれが元に戻ろうとする力、それが復原力だ。

浮心の移動量は、船型によって違ってくる。幅が狭くて丸みを帯びた断面形状のヨットほど、浮心の移動量が少ないので復原力は小さい。ヒールしやすい船型ということになる。

また、重心の位置が高いほど、浮心との距離は開きにくくなる。位置が逆転して、重心位置が浮心より外側になれば船は転覆する。

そこで、外洋ヨットではバラストキールによって重心を下げ、ヒール力に対抗する復原力がより大きくなるようにしている。

一方、バラストキールを持たないセーリングディンギーでは、クルーの体重移動によって重心を横方向にずらして大きなヒール力に対抗している。

クローズホールドの状態。セールから発生する力はかなり横方向に向いている。そのため、ヨットはヒールしながら進む

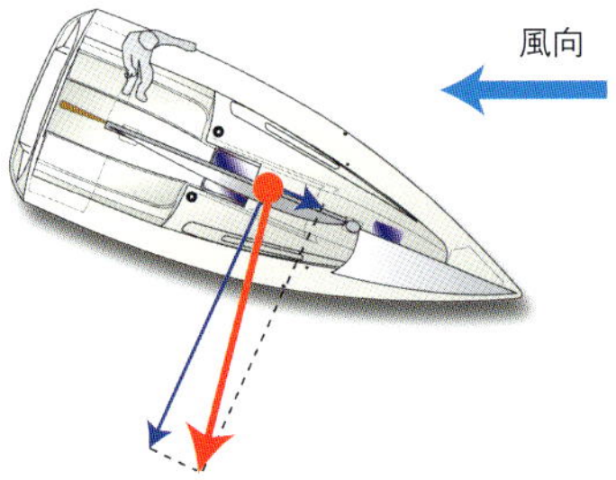

真横から風を受けている状態。セールから発生する力はより前方に向くので、ヒール角も小さい

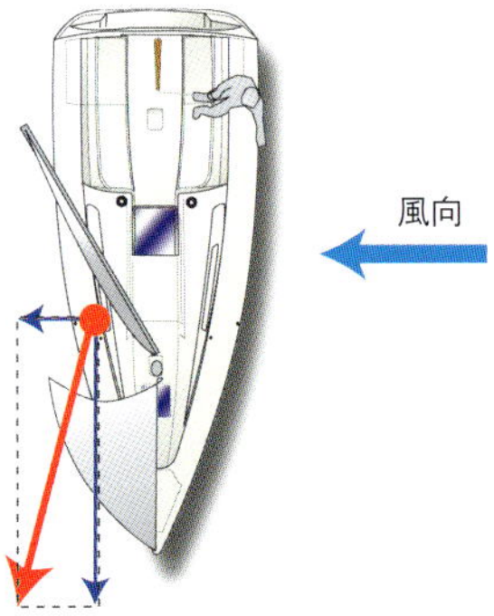

ヒールしやすい船、しにくい船

復原力が小さく、ヒールしやすい船を「腰が弱い（ティッピー［tippy］な）船」と呼んでいる。バラストキールを重くすれば復原力は増し「腰の強い（スティフ［stiff］な）船」となるが、ヨット全体の重量が増えるので、それを駆動するためにより大きなセールが必要になり、さらにヒール力が大きくなってしまう。

また、細く丸みを帯びた断面を持つ船型は、腰は弱いが抵抗が少ないので、あまりヒールしないような状況ならより速く走ることができる。逆に幅広で平たい船型は、腰は強いが、いったん転覆してしまうと元に戻りにくくなる。

このように、ヨットの性能を判断する時にはバランスが重要になってくる。同じ外洋艇でも、レース艇では、船自体はより軽くしてクルーの体重を利用してヒールに対抗しようとするし、クルージング艇では乗員も少なく、常に風上側に座っているというわけにもいかないので、船自体の復原力を増すことを考える。用途によって、船の性格は大きく違ってくるということだ。

オーバーヒールを抑えるには

風速が上がればセールから生じる力も大きくなり、ヒール角も増す。しかし、ヒール角が増せばセールの投影面積が減るのでセール力は減る。どこかで釣り合いが取れるはずだ。極端な話、ヨットが横倒しになってしまえば、セールから生じる力はほとんどなくなるはずだ。

実際には船体にも風圧はかかるし、このような状況では波も大きいだろうから、横倒しの状態から完全に転覆してしまうこともある。あるいは、小型の艇では乗員が風下側にぶら下がってしまったために転覆し、沈没に至った例もある。とはいえ、風の力だけでは外洋ヨットは転覆しないということだ。そのように設計されている。

しかし転覆はしないまでも、過大なヒールによってフィンキールの投影面積も減るので、リーウェイが大きくなる。さらにヒールが増すと舷側が海中に沈み、抵抗も増す。なによりウェザーヘルムが過大になって、極めて走りにくくなる。こうした過度なヒールをオーバーヒールと呼んでいる。

オーバーヒールさせないようにするには、まず、クルーが風上舷に乗ること。ヘルムスマンも当然ながら風上側で舵を持つ。これは基本だ。乗員体重の大きいレース艇では特に重要な要素となる。

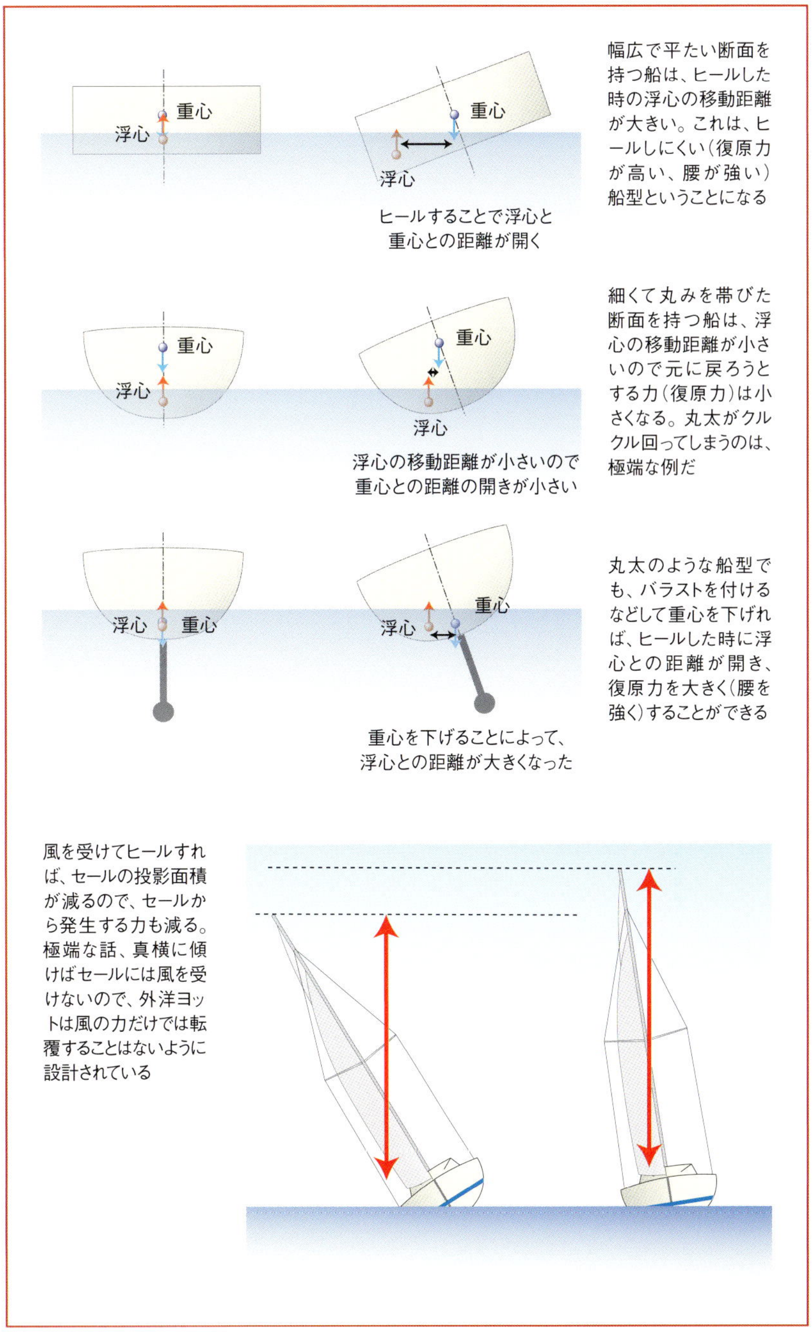

重心
浮心
重心
浮心
ヒールすることで浮心と重心との距離が開く
幅広で平たい断面を持つ船は、ヒールした時の浮心の移動距離が大きい。これは、ヒールしにくい（復原力が高い、腰が強い）船型ということになる
重心
浮心
重心
浮心
浮心の移動距離が小さいので重心との距離の開きが小さい
細くて丸みを帯びた断面を持つ船は、浮心の移動距離が小さいので元に戻ろうとする力（復原力）は小さくなる。丸太がクルクル回ってしまうのは、極端な例だ
浮心
重心
浮心
重心
重心を下げることによって、浮心との距離が大きくなった
丸太のような船型でも、バラストを付けるなどして重心を下げれば、ヒールした時に浮心との距離が開き、復原力を大きく（腰を強く）することができる
風を受けてヒールすれば、セールの投影面積が減るので、セールから発生する力も減る。極端な話、真横に傾けばセールには風を受けないので、外洋ヨットは風の力だけでは転覆することはないように設計されている

また最近では、風上舷に備え付けられたタンクに海水を満たしてバラスト（重り）にしたり、バラストキール自体を風上側に跳ね上げたりするような工夫を凝らしたヨットも出てきているが、これらはまだ発展途上だ。

通常のヨットなら、まずセールのエリアを減らし、セール力を減らしていくことになる。

ジブは、サイズの違うものが何枚か搭載されているはずだ。クルージング艇なら、エリアの大きなものから、ジェノア、レギュラー、ストームの3種類はあるだろう。適したサイズを選んで展開する。

メインセールは1枚しか搭載していない。そこで、リーフィングによって展開エリアを減らすことになる。

メインセールのリーフ

風が強くなってオーバーヒールがきつくなってきたら、まずはメインセールをリーフしよう。

リーフの仕組み

リーフの仕組みにはいろいろあるが、現在もっとも一般的なジフィリーフ方式を紹介しよう。

メインセールには、リーフ用のアイ（穴）がいくつか付いている。ラフ側、リーチ側にある大きなアイをリーフクリングルという。このリーフクリングルを、新しいタックとクリューとして展開すれば、ラフの下側は余って、セールのエリアを減らすことができる。

通常は、ラフ側（タック）は直接ブームの付け根（グースネック）にあるホーンにかけ、リーチ側（クリュー）はリーフラインで引き込んでいく。

リーフラインは艤装段階から取り付けておかなくてはならないので注意しよう。忘れると、強風時に暴れるセールのアイにリーフロープを通すハメになり、なかなかやっかいだ。

余ったフット部はそのままでもいいが、リーフしたまま長時間走り続けるなら、アイを通して雑索やショックコードなどでブームに縛り付けておく。

この細いラインは、昔はセールに直接付いていて（普段はブラブラさせておく）、これを正式にはリーフポイントと呼ぶが、単に雑索、セールタイなどと呼ぶことが多い。手ごろな長さ／太さのものを用意しておこう。

システムのバリエーション

要するに、ラフ側とリーチ側を引き下ろして固定すればいい。小人数でも楽に行えるよう、ジフィリーフのシステムもいろいろ工夫されている。

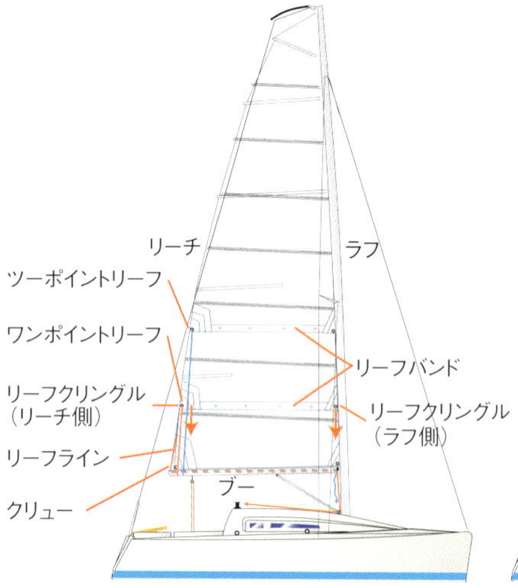

リーフ艤装（ジフィリーフ）

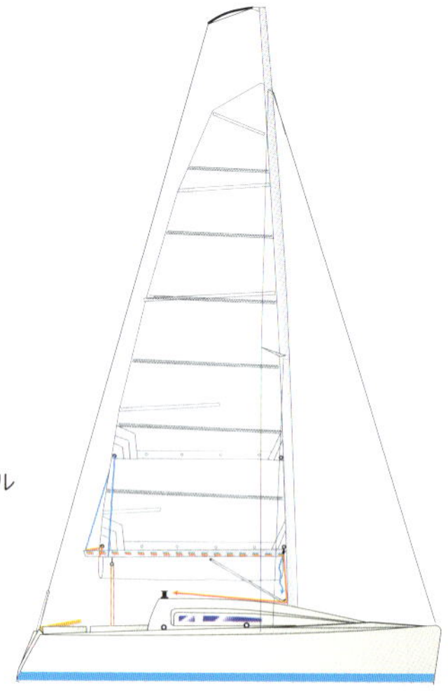

ラフ側、リーチ側、それぞれのクリングルを引き下ろしてメインセールのエリアを減らす

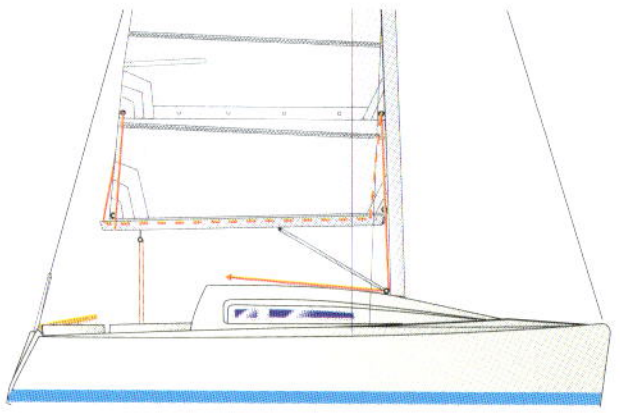

モデル艇ではリーフラインをラフ側のリーフクリングルにもリードし、これを引くことでラフもリーチも両方下りてくるように艤装してある。艇の大きさや乗員の好みなどで、使いやすいように工夫しよう

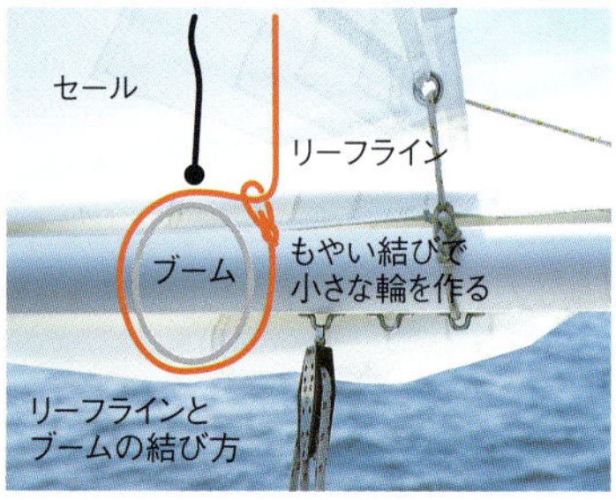

モデル艇では、コクピットから1人で作業できるように、リーフラインをラフ側（タック）にもリードし、1本のリーフラインを引けばラフ、リーチ、両方が引き込めるようにしてある。

しかし、船のサイズが大きくなると、このシステムではうまく機能しない場合もある。先に説明したように、ラフ側は手で引き下ろして直接ホーンにかける方がシンプルでトラブルが少ないかもしれない。

船のサイズのみならず、船の艤装（ハリヤードウインチがどこにあるかなど）や乗員の人数、錬度によっても使い勝手は違ってくる。各自使いやすいように工夫していこう。

リーフの手順

それではリーフの手順を見ていこう。

「ラフとリーチを引き下ろして固定する」という理屈が分かっていれば、後は順序よく行うだけだ。

まず、いつものように準備から。メインハリヤードは出て行くわけだから、途中で絡まないように、あらかじめフレークしておこう。ただし、ハリヤードが出て行く量はわずかだ。

ヘルムスマンは船をそのまま真っすぐ走らせることに集中する。デッキ作業に気を取られてワイルドタック（予期せぬタッキング）をしないように注意しよう。障害物や大きな波など、海面にも注意を払っておこう。クルーは2人いた方が楽だが、1人でもどうにかなる。

まず最初にメインハリヤードを緩め、ラフを引き下ろす。

モデル艇では、ラフ側もコクピットでリーフラインを引き込むことでタックを

まずはメインハリヤードを緩める。これで風は抜けるが、その後のことを考えてブームバング、メインシートも緩めておく

モデル艇ではリーフラインでラフ側もコントロールしている。メインハリヤードを緩めつつ、リーフラインを引き込んで行く

最初にラフ側（タック）を決め、メインハリヤードをアップ。ラフに縦じわが出るくらいまで引く。次にリーチ側（クリュー）を決める

リーチ側もフットがピンと張るまで引き込む。この時、ブームバング、メインシートが利いていると引き込めないので注意

短時間走るだけならこのままでもいいのだが、余ったフット部分を縛っておくと視界も開ける。適当な長さのラインを用意しておこう

この作業、大型艇ではやっかいだったりする。一度タッキングし、風上側に余ったフット部分が来るようにすると、楽に作業できる

リーフし終わったところ。過度のウェザーヘルムも消えて走りやすくなった。早めの作業が肝心だ

引き下ろしているが、一般的な艤装ならマストまで行き、手でラフを持って引っ張り下ろす。

下ろす際に、メインハリヤードのエンドをヘルムスマンに持ってもらえばデッキ作業は1人でもできる。あるいは、メインハリヤードをマストまでリードして自分で持ってもいい。

ラフ側のクリングルをホーンにかけたら、メインハリヤードを引き、ラフにテンションをかける。ラフに縦じわができるくらい引いておこう。

ラフが決まってからリーチ側を決める。リーフラインを引いていけばセールは引き下ろされて（というより、ブーム側に引き込まれて）、最終的にはフットにテンションがかかるはずだ。ウインチにかけてギリギリまで引き込もう。その際、メインシートとブームバングを緩めておかないと引き込めない。やけに重いと思ったら、どこかがひっかかっていないかチェックだ。無理やり巻いて、セールを破かないよう注意しよう。

リーフラインには、ブームのグースネック側にクリートが付いているはずだ。引き終えたら、このクリートで留めれば、ウインチが空く。引き込んだリーフラインはきれいにコイルして、流れないように納めよう。

落ち着いたら、余ったフット部をブームに結びつければスッキリする。

荒天下では

穏やかな時ならリーフ作業はそれほど難しいものではない。が、通常、風が強くなってきた時に行うわけで、船は揺れるし波もかぶる。作業はそれなりに困難だ。

まず、ラフを下ろしている間、緩んだリーフラインが風にあおられて絡みついてしまうことがある。手が空いていたら、ハリヤードを下ろしている間にリーフラインのたるみをとってやるといい。ただし、ウインチで引き込むのはラフが決まってからだ。

また、余ったフット部分をブームに結び付ける作業も、大型艇になるとなかなかやっかいになる。風にあおられてまとめにくくなるのだ。そんな時は、一度タッキングして、余ったセールが風上側に来るようにすると、楽にきれいにまとめて縛り付けることができる。

穏やかな時に練習し、基本的な作業のコツをつかんでおき、強風時はさらに経験を積んでいこう。

リーフの解除

リーフの解除は、逆の手順になる。

特に、余ったフット部分をまとめた雑索（リーフポイント）を最初に解くのを忘れないように。先にリーフラインを緩めてしまうと、リーフポイント部からセールが破れてしまう。

セールのコンビネーション

メインセールとジブ。セールエリアのコンビネーションは多様だ。状況によって最適の組み合わせを考えよう。

セールチェンジ

メインセールはリーフすることによって、セールエリアをコントロールできる。

これに対してジブは、各種のサイズを用意しておき、セールの張り替え（ジブ交換、セールチェンジ）を行うことで、適正なセールエリアを保つようにする。

セールチェンジは「セールを降ろして、次のセールを揚げる」という作業になる。第7章で解説した作業を行うだけの話だが、波の穏やかな湾内ならいざしらず、沖合で、それもジェノアが張り切れないような風速となると、白波が出始めた頃になる。強風下で大きなジェノアを降ろす作業はそれほど簡単ではない。また、降ろしたジェノア（たいていは波をかぶってびしょ濡れだ）をコクピットまで引きずってしまい込むという作業もある。場所もいる。まずは穏やかな海面で練習し、慣れていこう。

ジブファーラー

ジブの上げ下げや交換作業を省くため、ジブファーラーを装備したヨットも増えている。今、ヨットハーバーを見回すと、クルージングタイプのヨットなら、ジブファーラーを装備していない船を探す方が難しいくらいだ。

ジブファーラーの場合、無段階にジブを巻き込んだ状態にすることで、セールエリアを減らす（リーフした）状態にすることもできる（下図）。

ただし、本来は完全に開くか完全に巻き込むか、どちらかの状態で使用することを前提として作られている製品が多いので注意が必要だ。近くの港まで帰る間、一時的に走るというなら問題なくても、強風下、丸一日走り続けるとなるとトラブルになることもある。

セールをある程度巻き込んでリーフした状態では、フォイル部は巻き込まれたセールの厚みの分だけ径が太くなっている。一方、ドラムの方はシートが出て行っているので、軸の径は細くなっている。セールのエリアは小さくなっていても風が強い分、セールにかかる力は変わらない。ジブシートにかかる力も変わらない。しかしファーリングラインには、フォイル部の径が太くなりドラム部の径が細くなった分、より力がかかっている計算になる。ところが、ファーリングラインの径はジブシートにくらべてはるかに細い。ここでラインが切れたら……。

ファーリングギアはメーカーによって機構も違っているし、現在進行中で開発が続いている。完成度は高いが、何よりも正しい使い方をすることが前提になる。

また、日ごろファーリングジブばかり使っていると、ジブの揚げ降ろしの作業をすることがほとんどない。いざ強風時にセール交換となっても慌てないように経験を積んでおきたい。

ジブファーラーでは、適当なエリアになるよう巻き込んだ状態でセーリングすることもできる。ローラーリーフィングと言ってもいい。メインファーラーを装備したヨットも同様だ

まずはリーフから

オーバーヒールすると、ウェザーヘルムが強くなる。大きく舵を切らなくてはならず、これはブレーキになってしまう。ひどい時にはいくら舵をきってもそのまま切り上がってしまって、ついにはセールから風が抜け、再び走り出すとまた大きくヒールして風上に切り上がって……の繰り返しになる。ウェザーヘルムの増大が、セールエリアが大きすぎる(オーバーキャンバス)ということの目安となる。

ウェザーヘルムを減らすには、メインセールのリーフが有効だ。メインセールのセールエリアが少なくなり、セールから生じる力の作用点も下に下がるのでヒールは減る。後方にあるメインセールのセール力が減ったということは、全体的に作用点が前にずれたことにもなるのでウェザーヘルムはさらに減る。

オーバーヒールしたらまずリーフ、これがクルージング艇のセオリーだ。

さまざまなスタイルで

沿岸部でスポーティーに走るなら、まずメインセールをリーフし、ワンポイントリーフのメイン＋ジェノアで走り続ける。

丸一日走る、あるいはこのまま夜通し走る、というような場合には、最初からレギュラージブにしておくのも手だ。ここから風速が上がってきたら、メインを1ポイントリーフ。さらに上がったら2ポイントリーフすれば、レギュラージブとの組み合わせでたいていの時化でも走り通せる。その下はストームジブしかないわけで、そうなったらどこかの港へ避難することを考えた方が良い。

風が落ち、フルメイン＋レギュラーで艇速5ノットをキープできなくなったからといって、ジェノア＋フルメインにしても、さほどの艇速アップは望めない。さらに風が落ち、ジェノアでも艇速5ノットをキープできず、結局ジブは降ろして、メイン＋エンジンで機帆走した方が、より早く目的地へ到着できるというケースも多い。あるいは再び風が上がって、ジェノアではオーバーパワーになることもある。

もちろん、あくまでもセーリングにこだわるというスタイルなら話は別だが、普通は「明るいうちに入港したい」という場合が多いものだ。クルージング艇の場合、レギュラージブの使用範囲は意外に広い。なにより、波の中で重く大きなジェノアを取り込んで収納するという作業を避けることができる。

また、ジブファーラーを使用する、あるいはジブファーラーと別にハンクス仕様のジブを組み合わせるといった具合に、コンビネーションはセーリングスタイルによってさまざまだ。

艤装を工夫して、楽に、最適のセールエリアを保つ工夫をしよう。

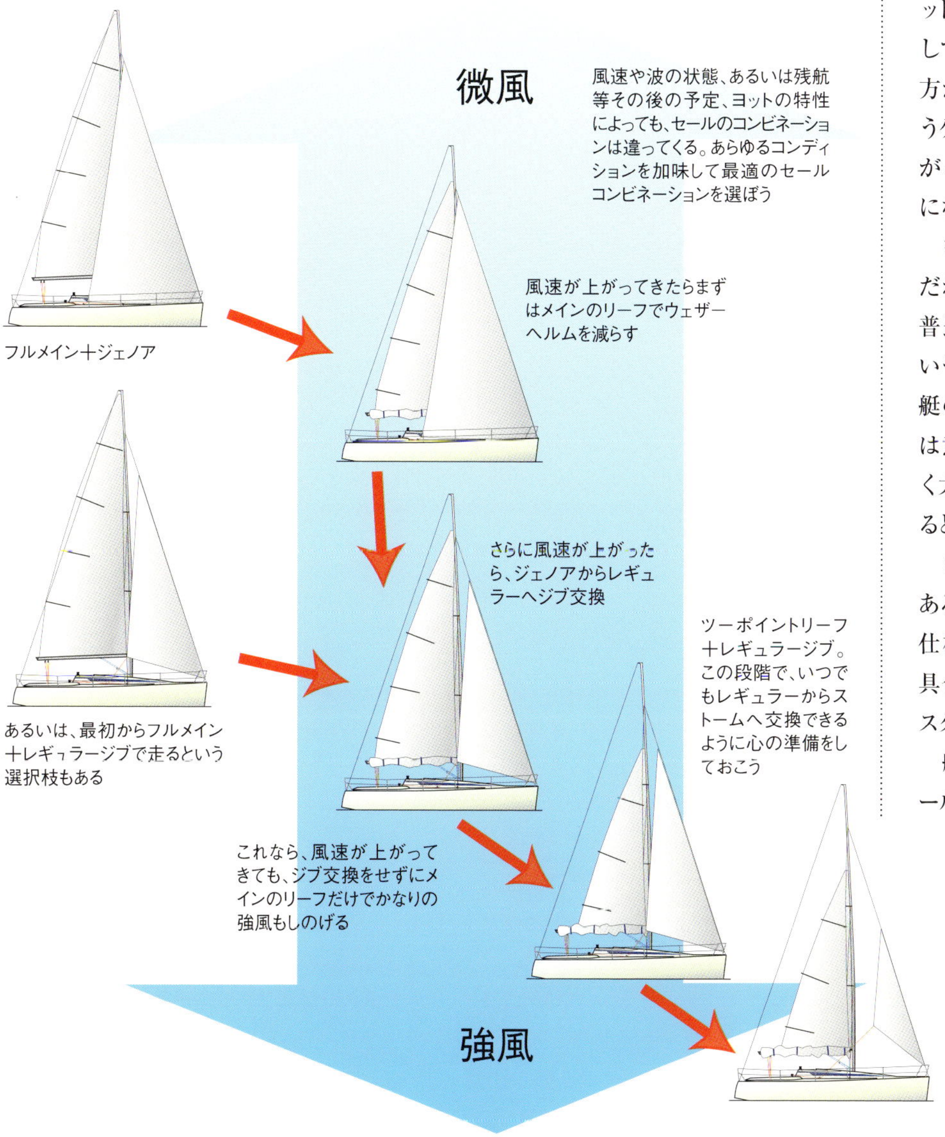
微風
風速や波の状態、あるいは残航等その後の予定、ヨットの特性によっても、セールのコンビネーションは違ってくる。あらゆるコンディションを加味して最適のセールコンビネーションを選ぼう
フルメイン＋ジェノア
風速が上がってきたらまずはメインのリーフでウェザーヘルムを減らす
あるいは、最初からフルメイン＋レギュラージブで走るという選択枝もある
さらに風速が上がったら、ジェノアからレギュラーへジブ交換
ツーポイントリーフ＋レギュラージブ。この段階で、いつでもレギュラーからストームへ交換できるように心の準備をしておこう
これなら、風速が上がってきても、ジブ交換をせずにメインのリーフだけでかなりの強風もしのげる
強風

ツーポイントリーフ＋ストームジブ。沿岸航海なら、この時点で近くの港へ避航することを考えた方がいいかもしれない。この後は、メインセールのみ、あるいはストームジブのみで走るということになる

セールトリム

セールの調整をすること。それがセールトリムだ。

ヨットはセールで走る。その割にはセールトリムはわりとなおざりにされているかもしれない。ちょっと詳しく解説していこう。

セールトリムの3要素

セールの展開具合を調整するのがセールトリムだ。舵（ヘルム）の操作と並んで、ヨットを走らせる上での重要なポイントとなる。

セールトリムは、大きく分けると3つの要素に分けて考えられる。

○アタックアングル
○シェイプ
○ツイスト

以上の3つだ。

これらをコンディション（艇速、風速、波の状況など）に合わせ、自在にコントロールする。それがセールトリムだ。

高さかスピードか？

「高さかスピードか」、それがクローズホールドでの命題だ。最適のVMGが得られる高さ&スピードで走るためには、セールのトリムはかかせないぞ

風上に向かって走るクローズホールドでは、高さを稼げばスピードは落ちる。角度を落としてスピードを付ければ、高さが犠牲になる。高さを優先させるか、スピードを優先するか？　風上への到達速度であるVMGが最も高くなるように走ることが、クローズホールドでの命題であるという話はこれまでにもしてきた。

高さかスピードかを分ける要素には、セールトリムが深く関わっている。単に「セールを引き込めるだけ引き込む」だけではないのだ。スピードを稼ぐためのトリム、スピードを高さにつなげるトリムを使い分け、メリハリのある走りを目指そう。

アタックアングル

セールと風との成す角度がアタックアングルだ。具体的には、ラフとリーチを結んだ線（コードという）と、風向（見かけの風向）との成す角度をいう。

対して、コードと船体中央線の成す角度をシーティングアングルという。

アタックアングルとシーティングアングル。両者の違いを頭に入れよう。

クローズホールドではヘルムで調整

通常、最適なアタックアングルを保つために、風向に合わせてシーティングアングルを変える。シーティングアングルは、ジブシートとメインシートで調節する。これがセールトリムの第一歩だ。

ところが、少しでも風上に切り上がりたいクローズホールドでは、スピードが落ちない限り、風上にヘディングを向けたい。そこで、シーティングアングルは「引けるだけ引き込む」ことになる。その上で、風向の変化に合わせて舵を切り、ヘディングを変化させてアタックアングルを調節する。

ここが、クローズホールドと、その他の走りの大きな違いだ。

テルテールで見えない風を見る

クローズホールドでは、メインセールはブームがセンターライン上にくるように

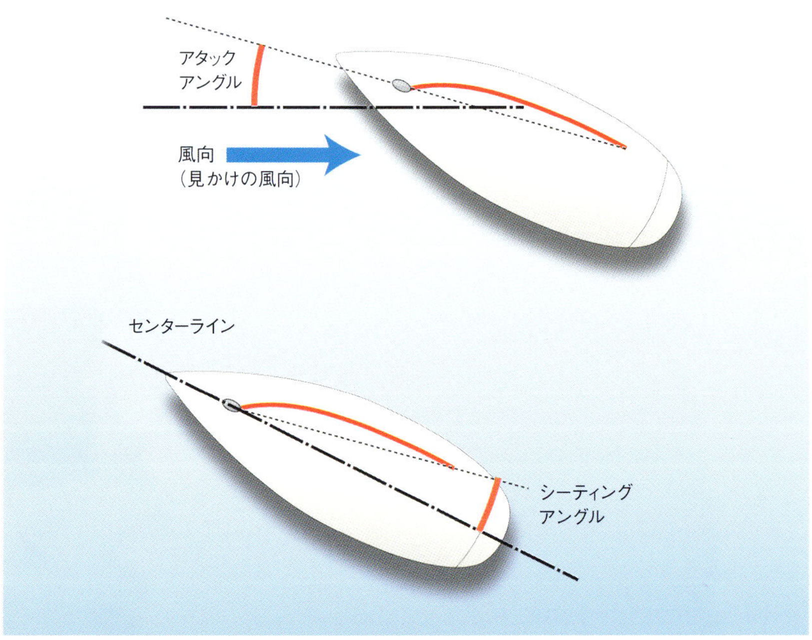

シーティングアングルとアタックアングルの違いを頭に入れよう

する。ジブはサイドステイにフットが当たる状態で、これ以上は引き込めない。この状態で、正しいアタックアングルになるよう、舵でヘディングを調節しよう。

　正しいアタックアングルになっているか否かは、ジブのラフに貼り付けてあるテルテールを見て判断する。このリボンが、目に見えない風の流れを表している。

　風上側のテルテールが乱れている場合、裏風が入る寸前の状態であることを意味する。ここから、わずかに落とし気味に走ることで、風上側のテルテールがやや跳ね上がった状態になる（写真参照）。これが標準のクローズホールドと考えよう。

　ここからさらに落として走ると、風上側のテルテールはきれいに流れるようになる（写真参照）。これが落とし気味のクローズホールド。高さは犠牲にしても、スピードをつけるモードだと考えよう。

　さらに落として走ると、今度は風下側のテルテールが乱れるようになる。これは、アタックアングルが大きすぎて、すでに失速が始まっていることを意味する。いわゆる、落としすぎだ。シートを出すか、ヘディングをアップ（バウアップ）するかしよう。

　また、このテルテールが流れている状態から乱れるまでのヘディング変化の幅を「グルーブ（溝）」と呼んでいる。セールのトリムによって、グルーブは広くなったり狭くなったりする。

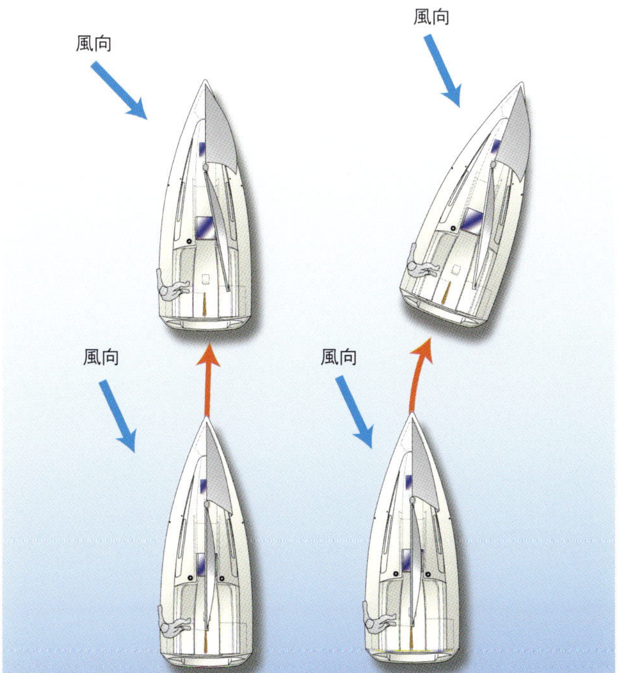

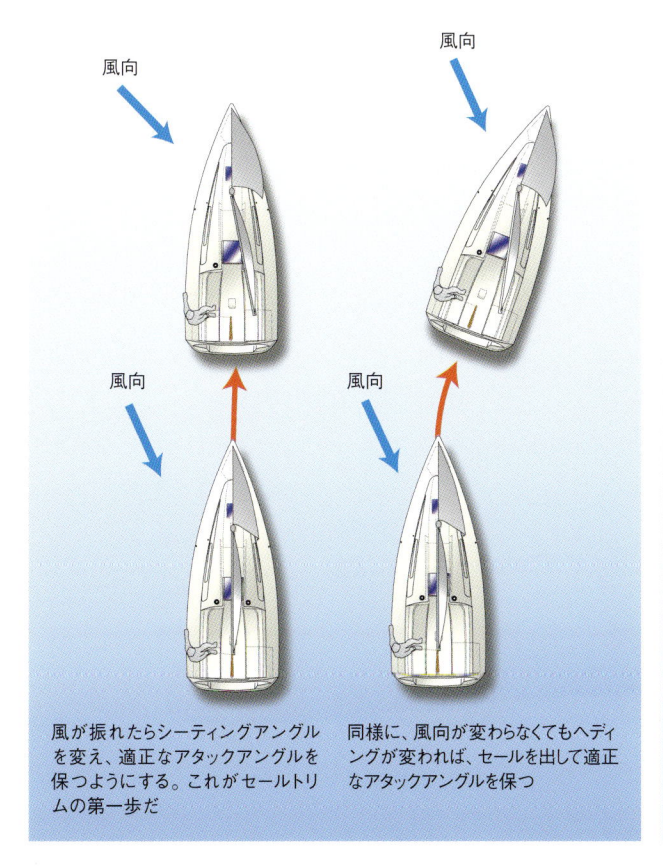

風が振れたらシーティングアングルを変え、適正なアタックアングルを保つようにする。これがセールトリムの第一歩だ

同様に、風向が変わらなくてもヘディングが変われば、セールを出して適正なアタックアングルを保つ

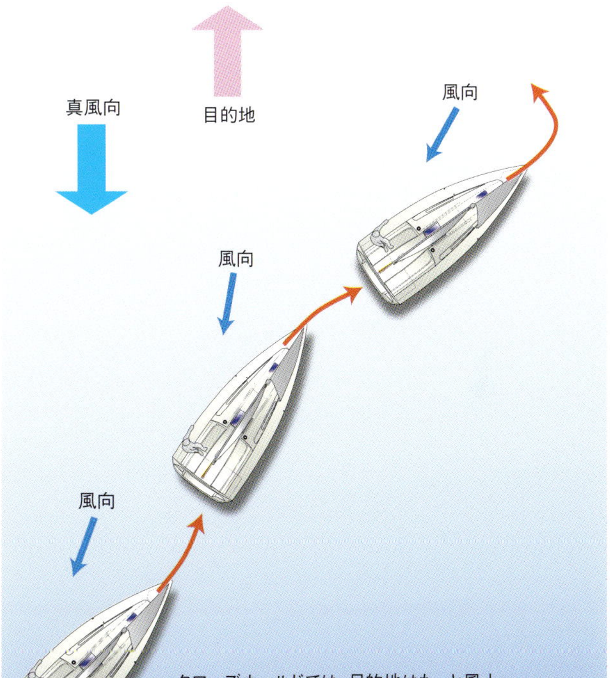

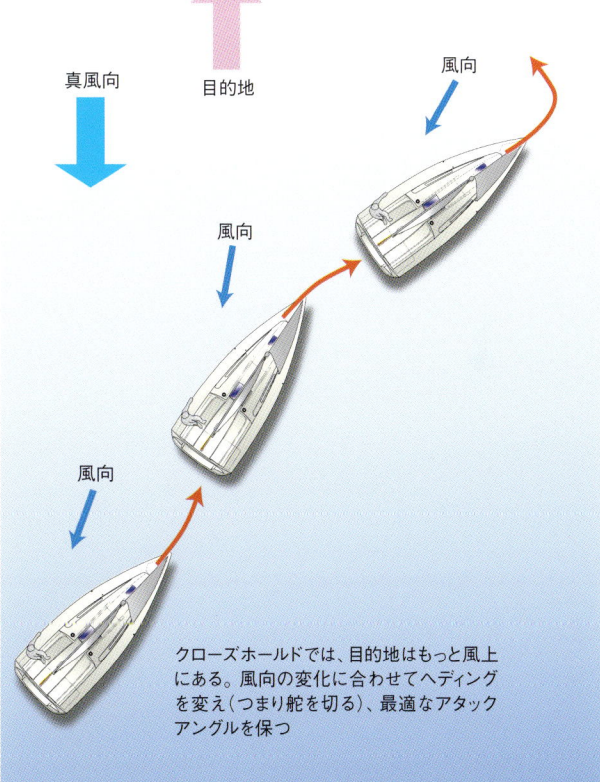

クローズホールドでは、目的地はもっと風上にある。風向の変化に合わせてヘディングを変え（つまり舵を切る）、最適なアタックアングルを保つ

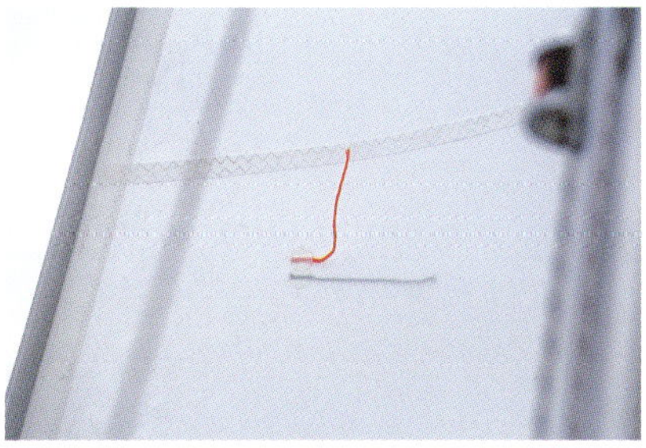

風上側のテルテールが乱れている状態。上りすぎ。これ以上上るとセールに裏風が入る。わずかにバウダウンしてテルテールを流そう

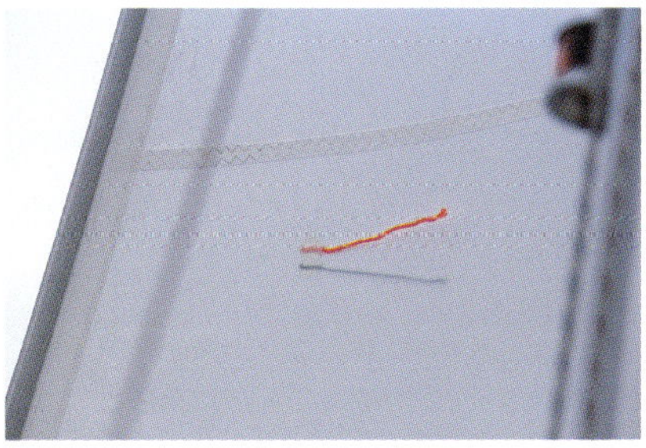

風上側のテルテールがわずかに上に跳ね上がっている。この状態が適正なアタックアングル。クローズホールドにおける基本の状態だと考えよう

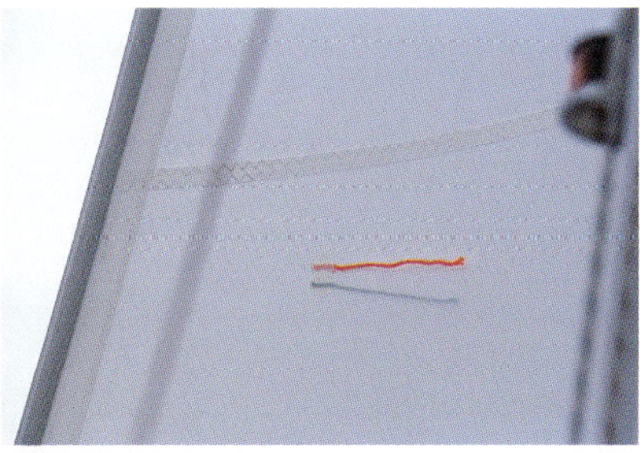

風上側のテルテールがきれいに流れている。落とし気味のスピードモードだ。これ以上落とすと、風下側のテルテールが乱れ始める。失速し始めたサインだ

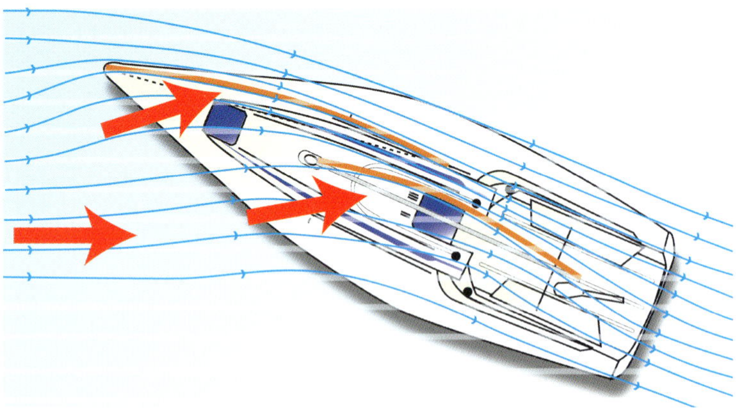

メインセールはブームがセンターライン上に……ということは、シーティングアングルは0度になる。対して、ジブはセンターラインまでは引き込めないので、ジブとメインのシーティングアングルは異なっている。これでいいのだろうか？

第9章で解説したように、風はセールに当たる前にその向きを変える。これをアップウォッシュというのも説明した。

ジブには、ジブ自体のアップウォッシュに加え、メインセールのアップウォッシュによってさらに向きが変わり、より横に回った風が当たると考えられる。そのため、ジブのシーティングアングルはメインセールよりも広くてかまわないことになる。

見方を変えると、メインセールとジブの2枚を合わせて、途中に隙間のある大きな一つの翼と考えてもいいのかもしれない。セールが2枚あることで、より効率良く揚力を得ることができるのだ。

多くのヨットが2枚帆のスループリグになっているのは、こうした理由にもよる。

ツイスト

ツイストとは、セールのねじれだ。セールは、上部にいくにつれて開いていく。

ツイスト量の違いは、リーチのテンションの違いでもある。リーチテンションが弱い＝リーチが開いている＝ツイスト量が大きいということになる。逆にリーチテンションが強い＝リーチが閉じている＝ツイスト量が小さい、ということでもある。

ツイストの必要性

なぜツイストが必要なのだろうか。それには、いくつかの理由がある。

まず、海面付近の風と、上空の風が異なること。海面に近いほど海面の抵抗を受け、風速が落ちる。セール上部ほど強い風が吹いている。

真の風速が強いほど、見かけの風向は後ろに（クローズホールドでは横へ）回ることになるので、セール下部に比べ、上部では艇上で感じる見かけの風向は後ろへ回っている。

となると、セール下部から上部まで、適正なアタックアングルを保つためには、上部にいくに連れてリーチが開いていかなくてはならないはずだ。

セールが適正にツイストしていてはじめて、セールの上から下まで一様に適正なアタックアングルが保たれることになる。

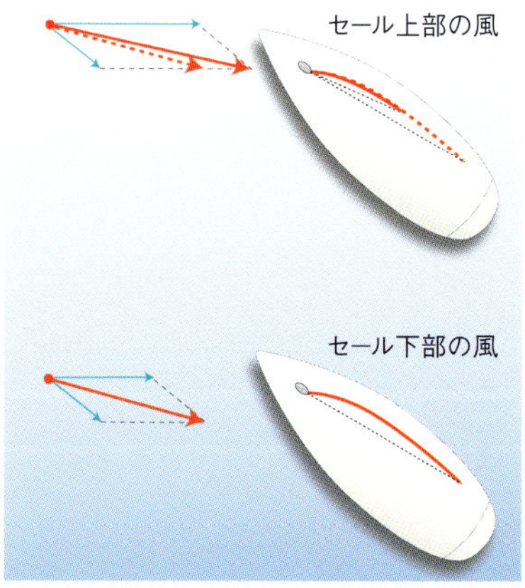

海面近くよりも、上空の方が真風速が速くなる。すると、見かけの風向は、セール上方にいくに連れて後ろへ回る。ねじれた風に合わせて、セールもツイストさせる

その他の効用

ツイストの効用は他にもある。波のある海面や、微風で風向が定まらないようなコンディションでは、常にセール全面にきれいに風を流し続けることが難しくなる。

そんな状況でも、ツイスト量を多くすると、セールのどこかで風をつかみ続けることができるようになる。ツイスト量を増せば、それだけグルーブが広くなるということでもある。もちろん、その分、上り角度は悪くなる。

また、風速が上がってオーバーヒールしてしまうような時は、ツイスト量を増やすことによってセール上部の風を逃がし、ヒールを抑えることもできる。過度のウェザーヘルムを抑えるために、特に後ろにあるメインセールをツイストさせると効果的だ。

ツイストのコントロール

メインシートを出し入れすることで、ブームは横方向に移動する。これでシーティングアングルを調節してきたわけだ。

ところが、ブームがセンターライン近くまで引き込まれた状態では、メインシートを引くと最終的にブームは下方へ引かれていく。すると、リーチにテンションが入り、ツイスト量が減っていく。

先に「シーティングアングルはメインシートとジブシートで行う」と書いたが、実際には、セールが一杯まで引き込まれているクローズホールドでは、メインシートはツイストのコントロールをするた

めにあると考えよう。

当然ながら、メインシートを出せばツイスト量は増え、引けばツイストは減る。

横方向への調整（シーティングアングルの調整）は、メインシートトラベラーで行う。メインシートをそのままにし、トラベラーを動かすことで、リーチのテンション（メインセールのツイスト量）を保ったままシーティングアングルを変化させることができる。

メインセールのツイスト量は、「トップバテンがブームと平行」にするのが基本だ。それより下のバテンは内側（風上側）に向いている。これでもセールのそれぞれの地点のコード（ラフとリーチを結んだ線）は、上に行くにつれて開いていっていることになる。

ブームがセンターライン上にあり、トップバテンがブームと平行になるように、メインシートとトラベラーで調節しよう。

ちなみにモデル艇にはトラベラーがない。クルージングタイプのヨットには多いが、この場合はブームバングでリーチテンションを調整する。ブームバングの使用方法は次の章で詳しく紹介する。また、この艤装でブームをセンターラインと平行にしようとすると、リーチが閉じすぎてしまうので注意しよう。

一方ジブのツイストは、まずジブシートリーダーの位置で調整する。目安は、ラフした時にテルテールが上から下までほぼ同時に（僅かに上から先に）乱れ始めるようにする。ジブシートリーダーの位置を後ろに下げればツイスト量は増えるので、上部のテルテールがより早く乱れ始めるようになる。前に移動すればその逆だ。

セールにツイストを持たせたことで、ちょうど同時にテルテールが乱れ始めるようにできるだろう。それだけ、実際に吹いている風はねじれているということだ。

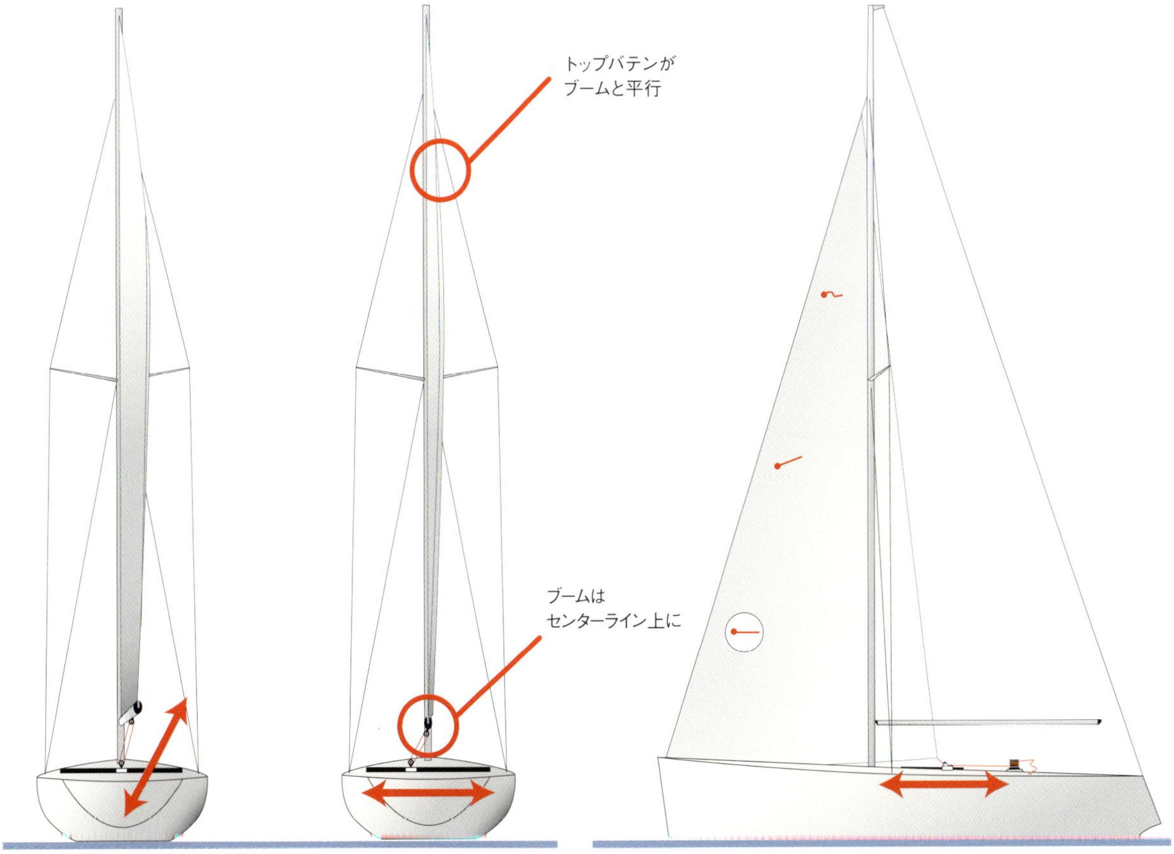

メインシートを緩めると……、ブームは横方向にも動くが上下にも動く。ブームが上に跳ね上がるにつれてリーチも開いていく

リーチの開き具合を調節し、トラベラーを操作すれば、ブームは好みの位置に、なおかつ適正なツイスト（ブームとトップバテンが平行）にセットできる

ジブは、上下のテルテールが同時に乱れ始めるように、あるいは上が僅かに早く乱れ始めるように、トラベラーを前後に移動させて調整する。トラベラーを後ろに移動させるとツイスト量が増え、上のテルテールが先に乱れ始めるようになる。トラベラーを前に移動させるとリーチテンションが上がりツイスト量は減る

セールシェイプ

セール全体の形状をセールシェイプと呼ぶことが多いが、ここでは断面形状をセールシェイプと呼ぶことにしよう。セールシェイプによって、高さかパワーか、セールの効率が異なってくる。

セールシェイプは、「深さ」と「深さの位置」という2つの要素によって表現できる。

ドラフト量でギアチェンジ

セールの深さは、コード長に対するドラフト(深さ)量のパーセンテージで表す。コードの長さの10%前後が標準だ。

ドラフトが深いほどパワーはあるが、高さは稼げない。ドラフトが浅くなれば、パワーは減るが高さは稼げる。ドラフト調整は、自動車でいえばギアチェンジのようなものだ。ローギアからトップギアへ。コンディションに合わせたドラフトを作り出そう。

ドラフト量の調整

ドラフト量は、セールの設計段階である程度決まってくる。ここからコンディションに合わせて調節していくことになる。

メインセールのラフには、ラフローチという膨らみがある。これを真っ直ぐなマストに沿って展開すれば、その膨らみ分がセールの深さとなって現れる。

ここでバックステイを引くなどしてマストを後ろに曲げる(マストベンドという)と、ラフローチはマストの曲がりに吸収されてメインセールのドラフト量が減り、フラットなシェイプになる。

また、アウトホールを引けば、メインセール下部が浅くなる。緩めれば深くなる。

一方、フォアステイのたわみを、サギングという。サギング量が増えるほどジブのドラフトは深くなる。バックステイを引くと、マストがベンドすると同時にフォアステイにもテンションがかかりサギングが減る。サギングが減れば、ジブのドラフトも浅くなる。

ジブシートで複雑な変化が

メインセールと異なり、ジブにはブームがない。そのためジブシートを出し入れすることで、ジブのクリューは前後、上下、左右に移動し、複雑な動きをする。しかも、わずかに(ほんの2~3cm)出し入れしただけで、セールの形状は大きく変わる。

また、ジブシートリーダーを前後に動かすことによって、メインセールのアウトホールを出し入れしたような効果が出る。つまり、ジブシートリーダーを前に動かせば、ジブは深くなる。

これは同時に、リーチを下に引っ張ることにもなるので、リーチのテンションが増す。ツイスト量を同じにするには、ここでジブシートを緩めることになる。

メインシート同様、クローズホールドではジブシートでジブのリーチテンションをコントロールすると考えよう。

ドラフトポジション

最大ドラフトの位置をドラフトポジションという。コード長に対して、前から何パーセントの部分にあるかで表現する。

通常、メインセールのドラフトポジションは45~50%程度。つまりメインセールは真ん中あたりが一番深い。それに対してジブは40~45%と、メインセールに比べるとやや前方にドラフトポジションがある。

同じドラフト量、同じアタックアングルでも、ドラフトポジションが前に来るほどセール前縁(エントリーという)と風との成す角度は小さくなる。その分、上り角度は悪くなるが、グルーブは広くなる。

ドラフトポジションはラフにかかるテンションによって調節できる。ジブならジブハリヤードで、メインならメインハリヤード、あるいはタック側を下に引くカニンガムホールで調節する。テンションをかければドラフトポジションは前に移動する。

マストをベンドさせると、メインセールのラフ側から浅くなっていくので、元に戻すためにもカニンガムを引く……といった調整も必要になる。

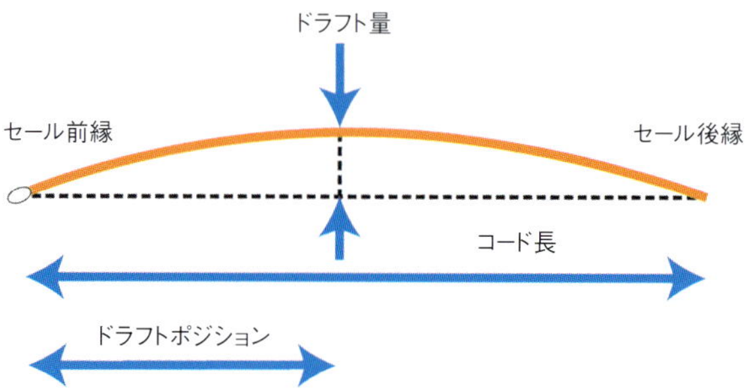

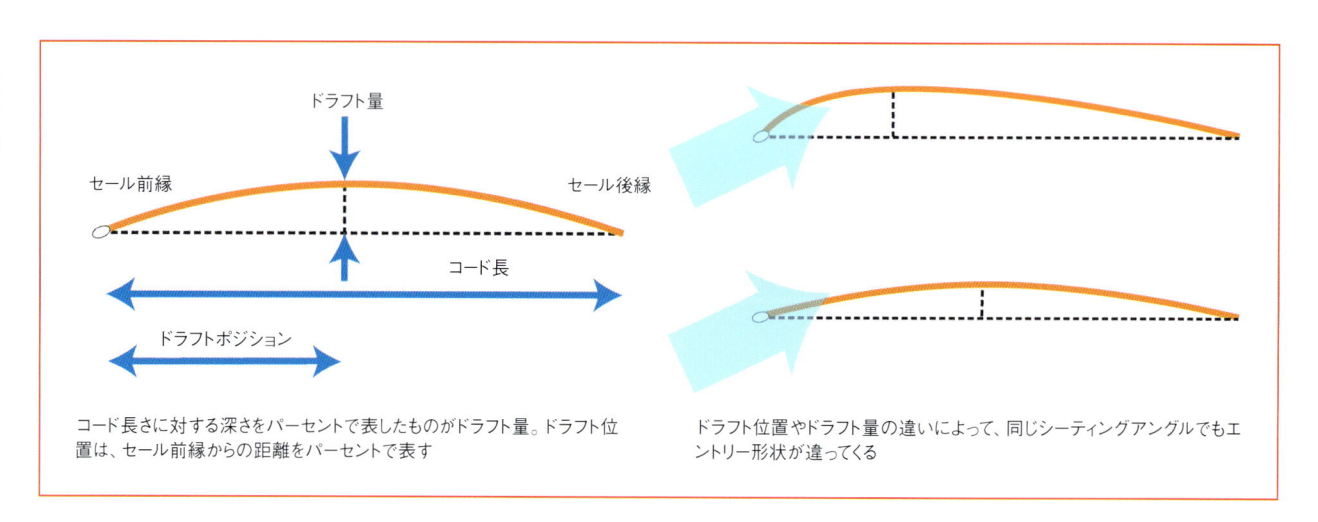

コード長さに対する深さをパーセントで表したものがドラフト量。ドラフト位置は、セール前縁からの距離をパーセントで表す

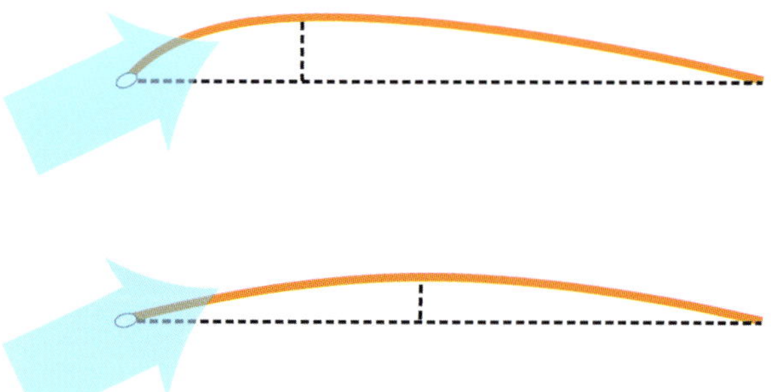

ドラフト位置やドラフト量の違いによって、同じシーティングアングルでもエントリー形状が違ってくる

コンディションに合わせよう

アタックアングル、ツイスト、シェイプ、この3つの要素を駆使して、あらゆる状況に合わせたトリムをしよう。

加速モード

ヨットは常に走り続けているわけではない。タッキングの直後や波に叩かれた時など、艇速が落ちてしまったらそこから加速していかなくてはならない。

加速が必要な時は、まず高さを稼ぐのはあきらめて、スピードモードで走ろう。

バックステイを緩めてメイン、ジブのドラフトを深く。また、シートも緩めてツイスト量を増やす。これで角度は稼げないがスピードがつくモードになる。

後は、加速していくにつれてシートを引きこんでいこう。タッキングの解説で、「タッキング直後はジブのフットがライフラインに当たるくらいに」としたのは、このためだ。

微風時のトリムも同様になる。特に微風時は、スピードがなければ高さを稼げない。まずスピードを付けることに全力を傾けよう。

クリューアウトホールをゆるめれば、メインセールの下部はさらに深くなる。ジブシートリーダーを前に移動させるのも同様だ。

また、微風時は必要なウェザーヘルムを得るために、風下側に乗ってわざとヒールさせることもある。

VMGを稼ぐ

風速によって、適正な上り角度と、ターゲットとなるスピードは変わってくる。当然ながらセールのトリムも変わる。

最初に「ジブシートは引けるところまで引く」と書いたが、これも風速に合わせて調整しよう。

ジブシートの引き込み具合は、リーチとスプレッダーの間隔で目安をつけるといい。スプレッダーに当たる直前まで引き込めるわけだが、これではスピードに乗り切れないようならコブシ1つほど離してもいい。これで十分な艇速が得られているなら、さらに引き込んで高さに代える。逆に、それでも十分な艇速を得られないような状況ならば、さらにシートを出してスピードをつける。

メインセールは、リーチリボンが目安になる。トップバテン部のリーチリボンがたまに乱れる程度が標準。シートを出すとリーチリボンは流れ続けるようになり、スピードは付くが、その分角度が稼げない。シートを引き込めばリーチリボンはより乱れるようになり、角度は稼げるがスピードは落ちるかもしれない。

繰り返すが、高さかスピードか、そこが問題だ。

強風モード

強風時は、セールからのパワーも十分に生じる。第9章でも見てきたように、前から風が吹いてくるクローズホールドでは、セールから生じる抗力は前進の妨げになる。そこで、なるべく抗力が少なくなるようなセールトリムが必要になる。

ドラフトが深いほど、揚力は増すが抗力も増す。そこで、抗力を減らすためにも、アウトホール、バックステイを引いてドラフトを浅くしよう。

ドラフトポジションは、より前にすることで抗力が減り、グルーブも広くなる。ハリヤードを引いてラフのテンションを増そう。

風が吹き続けると波も大きくなってくる。悪い波を乗り越えるためには、高さを犠牲にしてでもパワーが必要な場合がある。となると、セールトリムもそれに対応して、パワーを引き出す必要が出てくる。

高さかスピードか、やっぱりそこが問題なのだ。

デパワー

オーバーヒールでウェザーヘルムがきつくなったら、リーフやセールチェンジでセールエリアを減らして対応する……ということだった。が、ここでメインセールのツイスト量を増す、あるいはシーティングアングルを開いてアタックアングルを変えることで、メインセールから風を逃がし、適正なヘルムとなるように調節するという方法もある。

メインシートを緩めればツイスト、トラベラーを風下側に移動させればリーチのテンションはそのままでシーティングアングルが変わる。適正なウェザーヘルムに収まるよう、トリムしよう。

ただし、セールがバタバタ暴れた状態で走り続けると、そのうちセールが破れてしまう。セールトリムで耐えられなくなったら、セールチェンジで対応しよう。

正しいセールトリムには、マストとリグの扱いも重要になってくる。マストは真っ直ぐに立っているか？ 前後の曲がり（ベンド）によってもメインセールのシェイプは変わってくるし、マストベンドとフォアステイのサギングの関係など、難しい問題も多い。そのあたりはまた、項を改めて説明しよう。

セールトリムについては、それだけでも本が1冊できてしまうくらい奥の深いものだ。今回はほんのサワリだけになってしまったが、各自工夫して、セーリングのキモであるクローズホールドを楽しもう。正しいセールトリムは、安全にも繋がるのだ。

第１１章

フリー

クローズホールド以外の走りがフリーだ。
この章では、フリーの走りについて触れていく。

フリーを科学する

フリーとクローズホールドではどう違うのか？ ここでもまずは科学的に見てみよう。

揚力と抗力

最初に、極端な例として、後ろから風が吹いてくる状況（ランニング）を見てみよう。

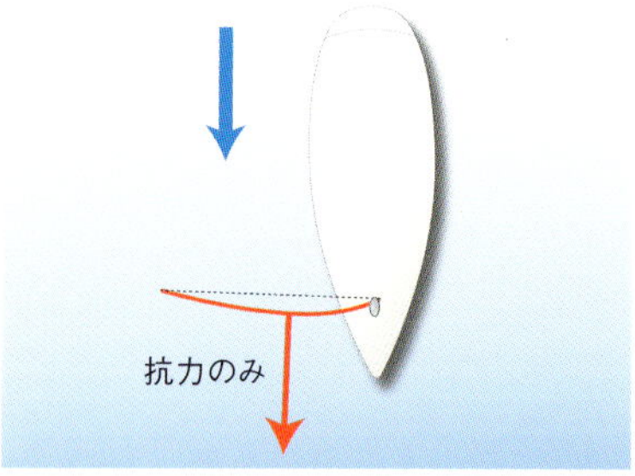

風が真後ろから吹いていると、セールからは揚力が発生しない。抗力のみで走っていることになる。加えて、見かけの風も弱くなるのであまり効率がいいとはいえない

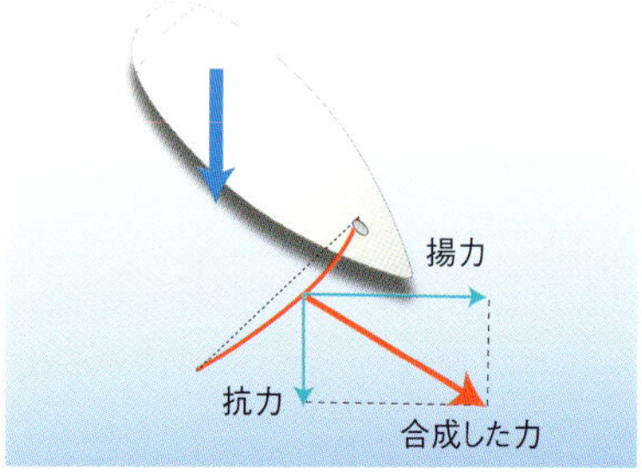

斜め後ろから風を受けることで、揚力も抗力も有効に前進力となる。抗力だけでは十分な推力が得られない時は、このように走った方が効率がいい

ランニングの中でも、特に真後ろから風が吹いてくる状態をデッドランと呼んでいる。dead（完全な）ランだ。

ここでは、セールを真横に開いても（シーティングアングル＝90度）、風はセールに直角に当たる。アタックアングルが90度ということになる。これではセールから揚力は発生しないであろうことは、第9章で見てきたとおり。ランニングでは、セールから生じる抗力のみが前進力として作用していることになる。

では、斜め後ろから風を受けている場合はどうか。

うまくセールをトリムして、セールから揚力を発生させてみよう。揚力とは、風向と直角に生じる力である。斜め後ろからの風ならば、揚力は進行方向に対して斜め前に生じるはずだ。

一方、セールから生じる抗力は風向と同じ方向に生じるので、これもやはり斜め前に向かって生じる。

斜め後ろから風を受けて走る（ブロードリーチ＝クォータリング）の状態では、セールから生じる揚力も抗力も、ともに前進力として作用することになる。

抗力のみで走るランニングよりも、ずっと効率がいいといえるのだ。

ハルスピード

船は、波を立てながら走っている。船首が水を押しのけてできるのが船首波だ。ハの字に白く波が砕けて広がっていくのをよく目にすると思うが、これとは別に、進行方向に直角にうねりのような波が立つ。舷側部をよく観察すると分かると思う。これをハの字波（diverging wave）に対して横波（transvers wave）と呼ぶ。

波を蹴立てるということは、それだけエネルギーを使っているということで、これが前進の際の抵抗のひとつとなる造波抵抗だ。

軽風下で、あまり波を立てずに走っている時は、船体表面の摩擦抵抗が大きいが、艇速があがると造波抵抗が大きくなっていく。ハの字の波の造波抵抗はさほどでもないといわれているが、この横波の方がくせものだ。

同時に船尾でもこの横波は起き、船首波と船尾波がちょうど重なると、造波抵抗は急激に大きくなる。

この時、強力なエンジンを持ったモーターボートや、軽量で大きなセールエリアを持つセーリングディンギーなどでは、その強大なパワーでこの造波抵抗を乗り切ることができる。すると、船は水を押しのけて走っている状態から滑走状態に入る。これをプレーニングと呼んでいる。

しかし、そこまでのパワーのない船では、急激に増大した造波抵抗に逆らえず、ここが限界速度（ハルスピード）となる。

ハルスピードは水線長（水に浸かっている部分の長さ）によって決まってくる。同じ波長の波の速度（$\sqrt{\text{水線長}}$(ft)×1.34）より少し上の、

$\sqrt{\text{水線長}}$(ft)×1.40〜1.45

くらいといわれている。水線長30ftのヨットなら、だいたい7.5〜8ノット程度となる計算だ。

強風下に大きなセールを展開し、さらに波に乗るなどといったその他の力を借りれば、一時的にこのハルスピードを超えて滑走状態に入る場合もあるが、一般的なクルージング艇では、このあたりで艇速は頭打ちとなる。

ヨットは、風が吹けば吹くほど速く走れるという訳でもないということだ。

写真の艇は全長約52ftだからハルスピードは10ノット強というところなのだろうが、軽量で巨大なセールを持ち、20ノット近い艇速でプレーニングしている

フリーは自由か?

先に見たように、ランニングではセールからの揚力は期待できない。セールに生じる抗力のみで走っていると思っていい。ついたてを立てて、風に吹き流されているような状態だ。

これでも、強風時にはハルスピードに達するに十分なパワーになるかもしれない。となれば、もうそれ以上のパワーは必要ない。目的地めがけて突っ走ろう。

しかし、軽風ではそうはいかない。

見かけの風について思い出してみよう。

風が後ろから吹いているということは、艇速が増せば増すほど、見かけの風は弱くなる。自艇が走ることによって生み出す風が、実際に吹いている風(真の風)を打ち消してしまうからだ。

たとえば、仮に5ノットの風が真後ろから吹いていて、艇速が5ノット出てしまうなら、艇上は無風状態になるはずだ。見かけの風速はゼロである。セーリングでこうはなり得ない。

艇速が増すほど艇上で感じる風は弱くなってしまうのだから、後ろから風が吹いている状態というのは特に軽風下ではありがたくない状況といえるのだ。

そのため、軽風下のランニングでは、ある程度角度を付けた状態で走ることによって、セールから揚力を引き出して走る方が効率がいい。艇速がつけば、見かけの風は前に回る。見かけの風は真横になっても、真の風はかなり後ろから吹いていて、これでジャイビングを繰り返しながら走れば、風下にある目的地により早くたどり着くことができるのだ。

これを、クローズホールドで風上にある目的地へ向かう“アップウインド”に対して、“ダウンウインド”と呼んでいる。

ダウンウインドの状態では、アップウインド同様、目的地は目の前にないわけだから、“フリー”とはいいがたい。

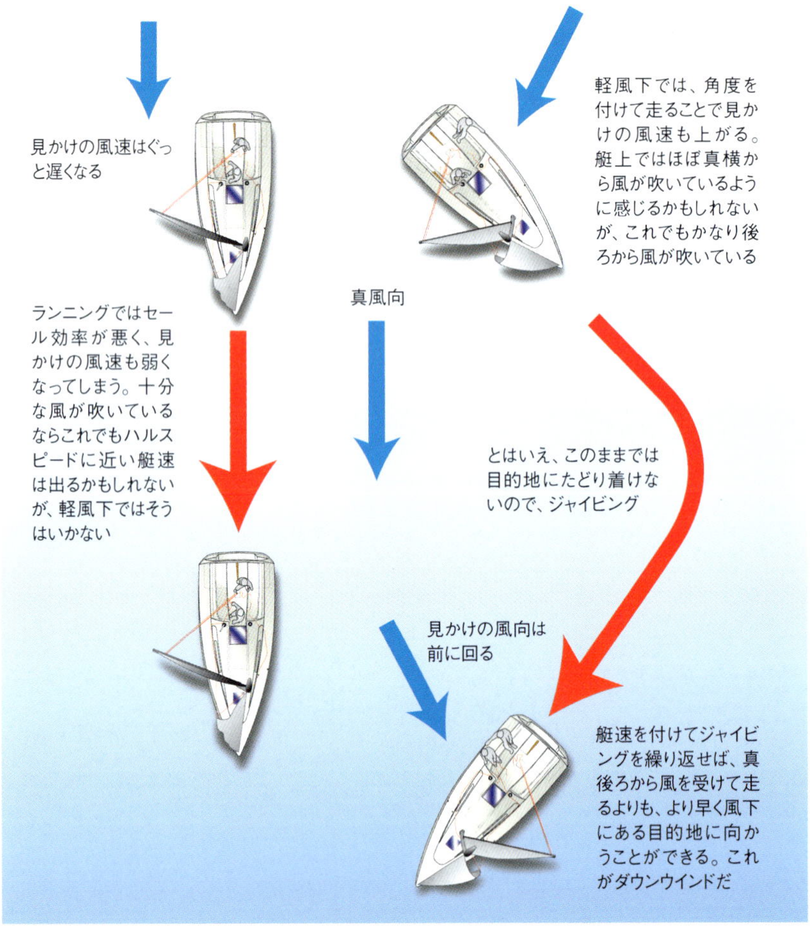

見かけの風速はぐっと遅くなる
軽風下では、角度を付けて走ることで見かけの風速も上がる。艇上ではほぼ真横から風が吹いているように感じるかもしれないが、これでもかなり後ろから風が吹いている
真風向
ランニングではセール効率が悪く、見かけの風速も弱くなってしまう。十分な風が吹いているならこれでもハルスピードに近い艇速は出るかもしれないが、軽風下ではそうはいかない
とはいえ、このままでは目的地にたどり着けないので、ジャイビング
見かけの風向は前に回る
艇速を付けてジャイビングを繰り返せば、真後ろから風を受けて走るよりも、より早く風下にある目的地に向かうことができる。これがダウンウインドだ

リーチング

“フリー”と呼ばれる走りの中でも、ダウンウインドはあまり自由ではないというのは分かった。そこで、フリーの中でも本当に自由な状態、目的地に向かってヘディングを向けられる状態をリーチングと呼ぶことにしよう。まさしく、フリーに目的地を決めることができる走りだ。

第2章で簡単に説明したが、リーチングも風向によってクローズリーチ、ビームリーチ、ブロードリーチと呼び分けられている。

まず、ほぼ真横から風を受けている状態がビームリーチ。見かけの風が真横からなので、実際に吹いている風はもっと後ろになり、前述のように軽風下のダウンウインドでは実質ビームリーチの状態であったりもする。

ここから風が前に回るとクローズリーチ。これでもまだ実際に吹いている風は、真横かそれよりもまだ後ろかもしれない。真の風が真横より前に回れば、艇速がプラスされて見かけの風速は強さを増していく。

反対に、ビームリーチから風が後ろに回ると、ブロードリーチ。特に軽風下では見かけの風は急激に弱く感じ始めることになる。

リーチングと一言でいっても、艇上の雰囲気はビームリーチを境にして、かなり変わると言っていい。変わらないのは、「目的地にヘディングが向いている」ということだ。

アップウインド、リーチング、ダウンウインド。セーリングはこの3つに大別できると思っていい。

ジブのトリム

それでは、リーチング時のセールトリムについてみていこう。

クローズホールドとの最も大きな違いは、目的地がヘディング上にあるという点だ。

そこで、ヘディングは目的地に合わせたまま、風向の変化に合わせてセールのトリムを変えていくことになる。

見かけの風向が後ろに回ればシートを出してシーティングアングルを広げ、前に回ればシートを引いて、適正なアタックアングルを保つ。目安はクローズホールド同様、テルテールだ。風上、風下のテルテールが綺麗に流れるようにトリムしよう。特に風下側のテルテールが乱れていると、それはすでにストールが始まっているということだ。セール自体には風がはらんでいるように見えるが、風下側の風は流れていない。テルテールが流れるまでシートを出そう。

とはいえ、単にジブシートを出していくだけだとリーチはどんどん開いていってしまう。風上側のテルテールは、セール上部から先に乱れていくようになるだろう。

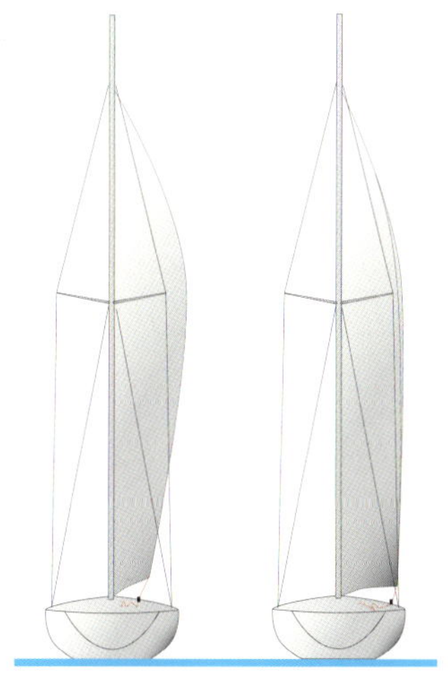

ジブシートをゆるめただけだと、リーチは開きすぎてしまう

なるべく外からリードして、適正なツイスト量を保とう

そこで、セールがツイストしすぎないように、シーティングポジションを横にずらしてやる必要がある。

通常は、ガンネル部(デッキと船体の境目)に別にブロックを設け、ここからリードする。また、前にずらす方法でもリーチのテンションを増しツイストを減らすことができる。

見かけの風が横からさらに後ろへ回ると、セールに生じる抗力も前進力に貢献するようになってくる。深いドラフトは揚力が大きくなるかわりに、抗力も大きくなった。よって、強風下のクローズホールドではドラフトを浅くしたわけだが、ここでは問題ない。バックステイを緩めて、よりパワーのあるセールシェイプを目指そう。

レース艇の場合は、このあたりからスピネーカーを用いる。リーチングからダウンウインド用の大きく薄手の生地で作られたドラフトの深い左右対称のセールだ。

メインセールのトリム

メインセールの場合は、ジブと違ってブームがある。トラベラーがあるなら、トラベラーを風下側に移動させて、ツイスト量を保ったままシーティングアングルをコントロールできる。リーチのリボンがきれいに流れるように、シーティングアングルを調整しよう。

トラベラーの稼働範囲を超え、なおかつメインシートを緩めていくと、ブームは跳ね上がり、やはりツイスト量が大きくなっていってしまう。

そこで、ブームバングの登場だ。

マスト側でブームを下に引くのがブームバングだ。ブームバングの出し入れでツイスト量(リーチテンション)を調節していこう。

クローズホールド時よりもやや多めのツイスト(トップバテンがブームと平行よりやや開いているくらい)を目安にしよう。

同じ風速でも、リーチングではヒールも起き艇速も増す。快適なセーリングだ

ブームバングで、ブームが跳ね上がらないように下に引き、リーチが開きすぎないように調整しよう

ダウンウインド

ダウンウインドでは、艇速を付けるために目的地よりも上らせて走る場合が多い。艇上ではランニングというよりも、ブロードリーチやビームリーチのような状態になっているわけだが、リーチングとの一番の違いは、“目的地はもっと風下にある”という点だ。

下りのVMG

アップウインド同様、ダウンウインドでも「高さかスピードか」が重要になる。

風下に向かっているわけだから「低さかスピードか」と言い換えてもいい。上れば艇速は増すが角度が足りないので、なかなか目的地にはたどり着けない。落とせば、角度は稼げるがスピードが落ちる。

風下への速度成分もVMGと呼んでいる。アップウインド時と区別するために「下りのVMG」と呼ばれることもある。

VMGが最大になるアングルで走ることが、風下にある目的地へ向かう最良の方法になるわけだが、このアングルは風速によって変わってくる。風速が増すほど、より落として走ることができるのだが、アングルの違いは、アップウインドの時よりもずっと大きい。

観音開き

見かけの風が真横より後ろに回れば、スピネーカーの出番だ。

スピネーカーの展開やトリムについては、拙著『クルーワーク虎の巻』や『セールトリム虎の巻』を参照していただきたい。

実際には、小人数で乗り込むクルージング艇やクルージング時には、手間のかかるスピネーカーはあまり用いられない。

しかし、特にランニングでは、ジブはメインセールの陰に隠れて風をはらまなくなる。そこで、先を急ぐならエンジンをかけて目的地を目指すことも少なくない。

どうしてもセーリングをというなら、ジブを用いた観音開きも有効だ。ジブがメインセールの陰から出るので、有効に風をつかむことができる。

キールは不要

クローズホールドでは、ヨットが横流れしないようにキールやラダーからの揚力が必要であった。ラダーからはより大きな揚力を得るため、適度なウェザーヘルムがポイントとなった。

ところが、ブロードリーチ～ランニングでは横流れはないので、ウェザーヘルムは必要ない。揚力を発生させる翼としてのキールも必要ない。セーリングディンギーなど、引き上げ可能なセンターボードは上げてしまうことになる。

メインセールだけだと、セールが片舷に集中してしまうので、セールバランスの面からも観音開きは有効であるといえる

スピネーカーポールを使って、ジブのクリューを押し出すようにするとさらに安定して走れるようになる。いろいろ工夫してみよう

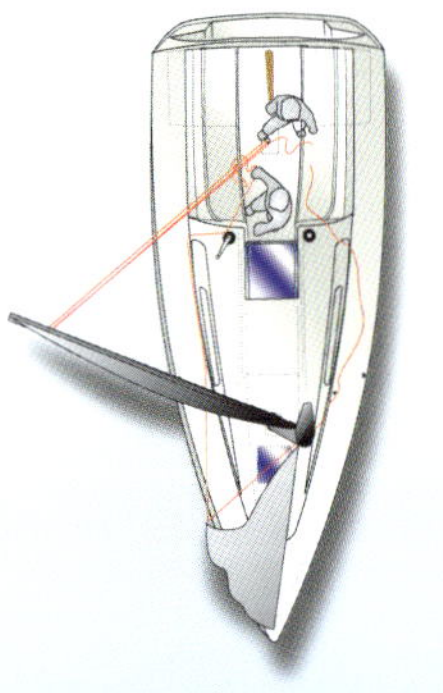

風が後ろから吹いていると、メインセールの影に隠れてジブに風が入らない

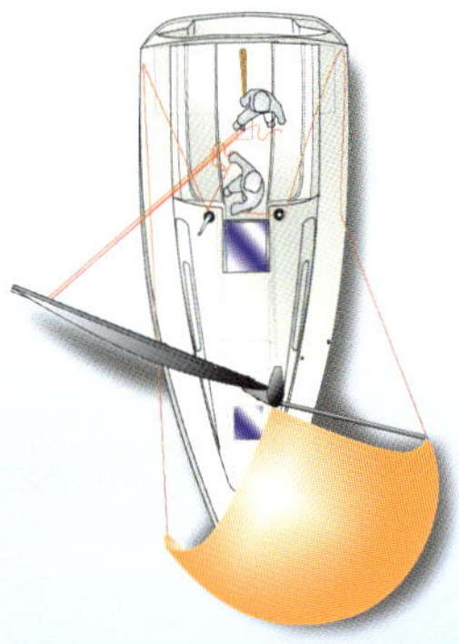

レース艇なら、ここでスピネーカーアップ。真後ろからの風でも十分にはらむ

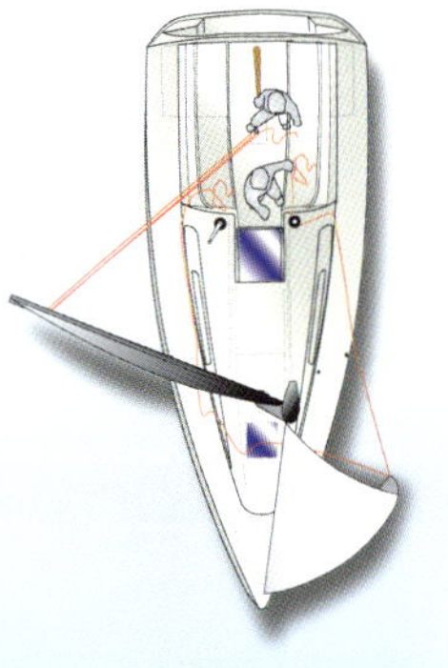

クルージングの場合は、メインセールと反対側にジブを展開する“観音開き”もアリ

上ったり、落としたり

ラフ、上る

風上に向けて針路を変えることを上《のぼ》る(ラフィング、ラフ)という。これは第1章、第2章でも簡単に説明した。

ラフする時は、それに合わせてセールも引き込んでいかなくてはならない。ヘルムスマンが船を回すタイミングと、クルーのセール操作をうまくあわせていこう。

2人乗りなら、ヘルムスマンは舵を操作しながらメインシートも引き込んでいかなくてはならない。これは、舵を持っていない方の手でメインシートをたぐり、舵を持った手にわたす。たぐって、わたす……の繰り返しになる。ティラー・エクステンションを持てば、ティラー側の手もある程度の自由ができるのでやりやすいだろう。

他にも、ヘルムスマンは舵を持ちながら同時にやらなくてはならないことが多い。他のことに気をかけていても、船を真っ直ぐ走らせられるように、視野を広くもとう。

ベア、落とす

風下への進路変更は、落《お》とす(ベア・アウェイ、ベア)だ。上るの反対なので、下す(くだす)という人もいる。落とすと書くと、なんだか下に落っことすみたいだが、“おとす”もよく使われる言葉だ。

落とす場合、特に強風時にクローズホールドの状態からバウダウンしていくためには、まずウエザーヘルムを減らす必要がある。メインシートを緩めてヒールを起こす。あるいはブームバングを緩める必要もあるかもしれない。ウエザーヘルムがキツイ状態では、いくら舵を切ってもベアできないこともある。ウエザーヘルムを減らせば、楽にベアすることができるはずだ。

上ったり、落としたり。普段はわりと真っ直ぐ走ることが多いヨットだが、レースに参加したり、あるいは、急に漁網を避けなければならなかったりといった時には、非常に重要になる。練習して、慣れておこう。

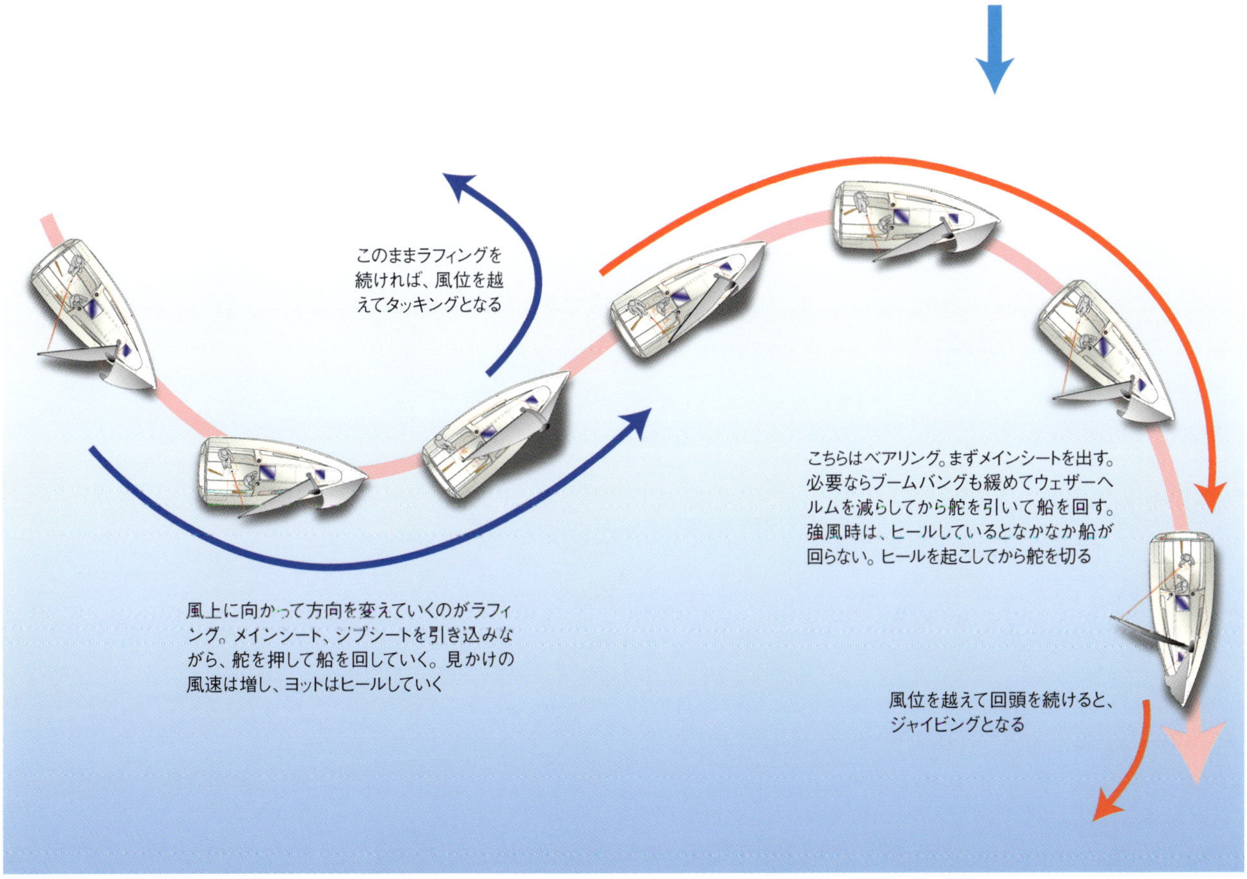

このままラフィングを
続ければ、風位を越
えてタッキングとなる
風上に向かって方向を変えていくのがラフィング。メインシート、ジブシートを引き込みながら、舵を押して船を回していく。見かけの風速は増し、ヨットはヒールしていく
こちらはベアリング。まずメインシートを出す。必要ならブームバングも緩めてウェザーヘルムを減らしてから舵を引いて船を回す。強風時は、ヒールしているとなかなか船が回らない。ヒールを起こしてから舵を切る
風位を越えて回頭を続けると、
ジャイビングとなる

ジャイビング

風下に向かってタックを代える方向転換がジャイビングだ。

風上へ向かっての方向転換であるタッキングとの違いから説明していこう。

タッキングとの違い

風上に向かって走るとき、約90度にわたって走れない部分があった。そのため、タッキング時には約90度、一気にヨットの向きを変えなくてはならない。途中で回頭が止まると、ヨットも止まってしまう。

ジブは、リリースされたら反対舷まで大きく移動する。しかしメインセールの動きはわずかだ。

対してジャイビングではどうか？

タッキングと異なり、走れない部分はない。真後ろから風を受けている時には、スターボードタックでもポートタックでも、どちらでも走ることができ、ジャイビング時に大きな船の回転はない。ところが反対に、メインセールは、もっともシートが出た状態から反対舷へと大きく移動する。それも、タッキングではセールが風になびく状態（シバーという）を挟んで反対舷へと移動するのに比べ、ジャイビングでのメインセールは風に向かって返さなくてはならない。そのため、放っておいてもメインセールが返るタッキングに比べ、ジャイビングの際にはスムースにメインセールを返すのが難しくなる。

一方、ジブは、真後ろから風を受けている状態ではもともとあまり利いていないので、さほど気を使う必要はない。スピネーカーのジャイビングとなると話は別だが、ジブのジャイビングは単に反対舷のシートを引くだけでいい。

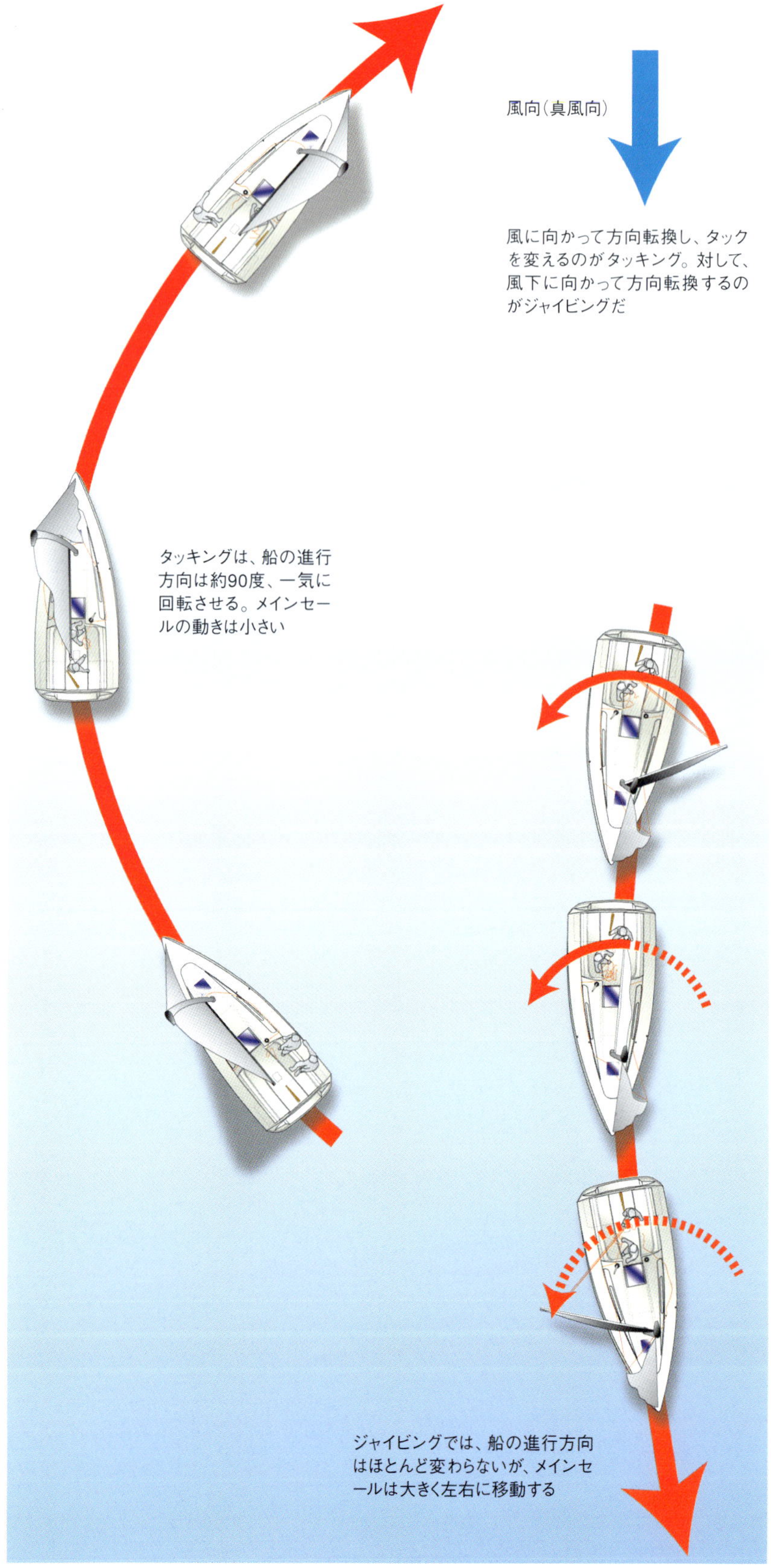

風向（真風向）
風に向かって方向転換し、タックを変えるのがタッキング。対して、風下に向かって方向転換するのがジャイビングだ
タッキングは、船の進行方向は約90度、一気に回転させる。メインセールの動きは小さい
ジャイビングでは、船の進行方向はほとんど変わらないが、メインセールは大きく左右に移動する

舵を切る

風を真後ろから受けるランニングの状態では力の釣り合いが取りにくいため、ヨットは安定した状態とはいえない。クローズホールド時は適度なウェザーヘルムのおかげで真っ直ぐ走りやすいが、ランニングでは真っ直ぐ走ることが意外に難しいのだ。

ジャイビング時の回頭は少ないとはいえ、安定して、必要な量だけヨットを回すのは決して簡単ではない。慎重に、両手で舵をしっかり持って船を回そう。

舵角はわずかでいい。回頭途中で波などによって大きく船が回ってしまわないように注意しよう。特にメインセールが返った瞬間に、風を受けて一気にウェザーヘルムが出る場合がある。セールが返る瞬間に舵を逆に切り返して、船が真っ直ぐ走り続けるようにしよう。

メインセールを返す（軽風時）

ヨットが風位を越える瞬間を見越して、メインセールを返す。

2人乗りなら、ジブは放っておいて、ヘルムスマンは舵に、クルーはメインシートにそれぞれ集中しよう。

軽風時にはメインシートを束ねて持ち、一気にメインセールを返してしまうことができる。うまく体をかわして、メインシートに跳ね飛ばされないように注意しよう。メインセールが返ってから、ジブシートを入れ替えれば、ジャイビングは完了だ。

軽風時のジャイビング

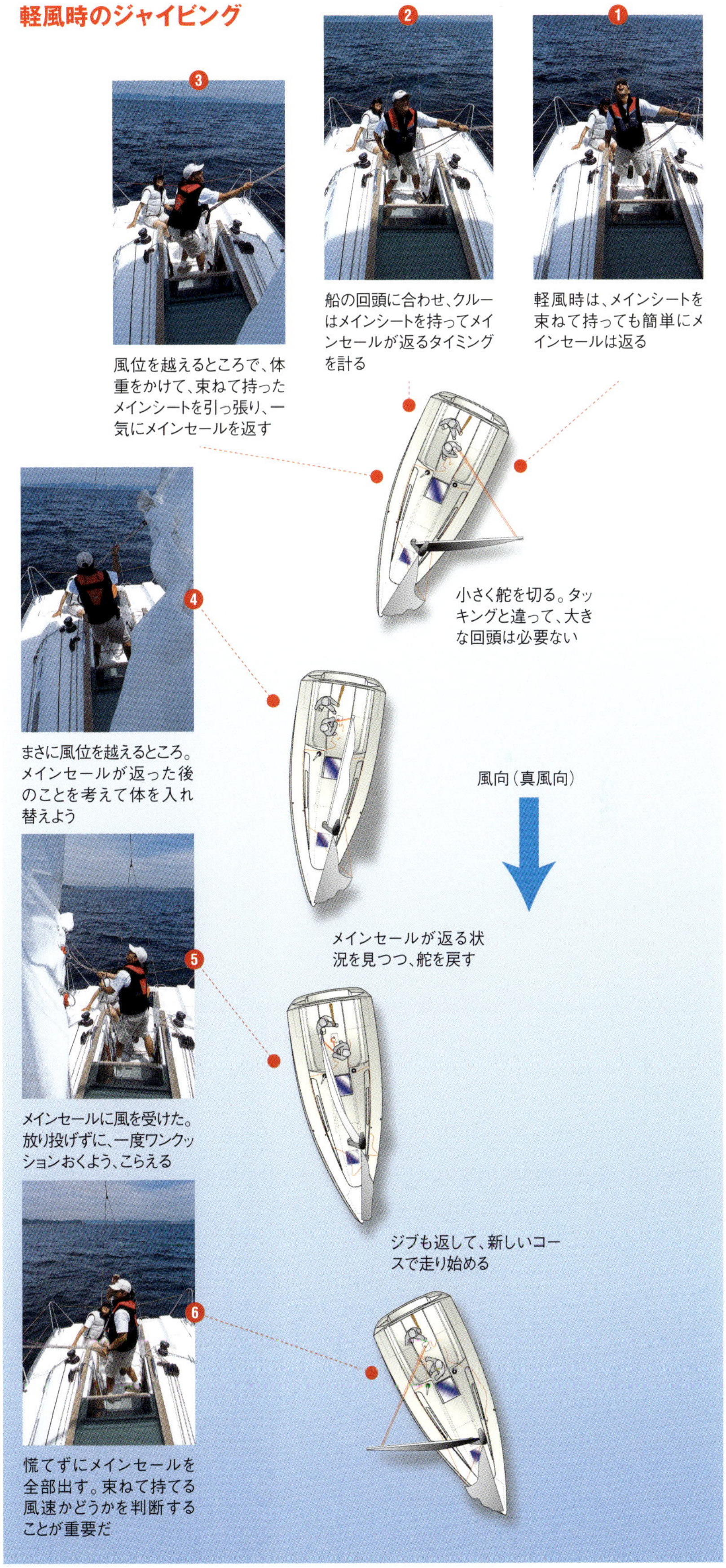

❶ 軽風時は、メインシートを束ねて持っても簡単にメインセールは返る

❷ 船の回頭に合わせ、クルーはメインシートを持ってメインセールが返るタイミングを計る

❸ 風位を越えるところで、体重をかけて、束ねて持ったメインシートを引っ張り、一気にメインセールを返す

小さく舵を切る。タッキングと違って、大きな回頭は必要ない

❹ まさに風位を越えるところ。メインセールが返った後のことを考えて体を入れ替えよう

風向（真風向）

メインセールが返る状況を見つつ、舵を戻す

❺ メインセールに風を受けた。放り投げずに、一度ワンクッションおくよう、こらえる

ジブも返して、新しいコースで走り始める

❻ 慌てずにメインセールを全部出す。束ねて持てる風速かどうかを判断することが重要だ

強風時のジャイビング

強風時には、メインシートを束ねて持って引き込むわけにはいかない。シートエンドをたぐっていこう

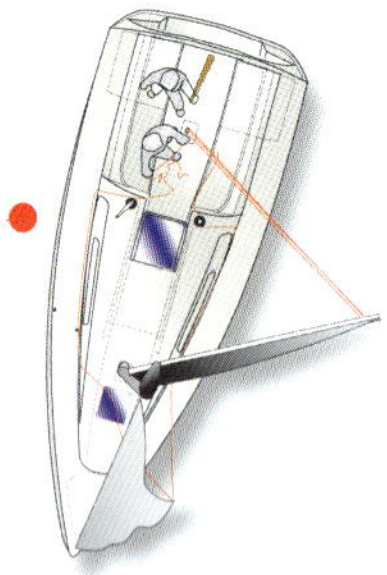

大きなストロークで、素早く引き込む。この間、ヘルムスマンは船を回しすぎないように注意。真後ろから風を受けている状態をキープする

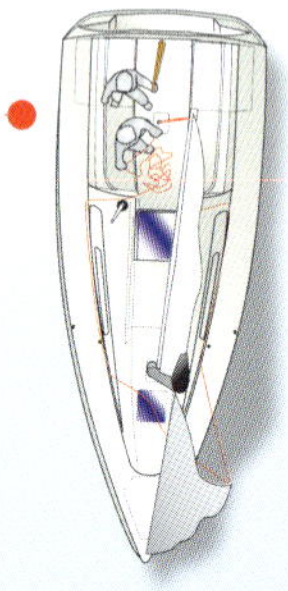

メインセールは、どちらかというとヘルムスマンが船を回すことによって返す。シートが十分に引き込まれた状態を見計らって風軸を越えるよう舵をきろう

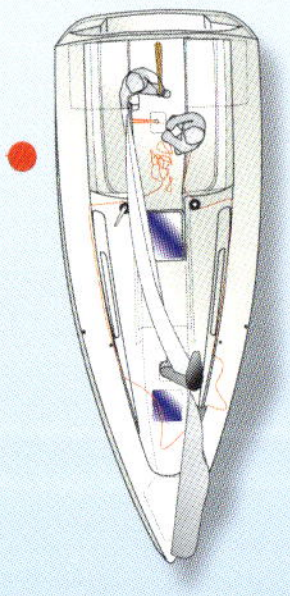

返ったメインセールは勢いよく出て行く、クルーは体を入れ替えて、素早くメインシートを出していこう。ヨットが回りすぎないよう、ここで逆方向に舵を切る。ここでも早めに、小さな舵角で

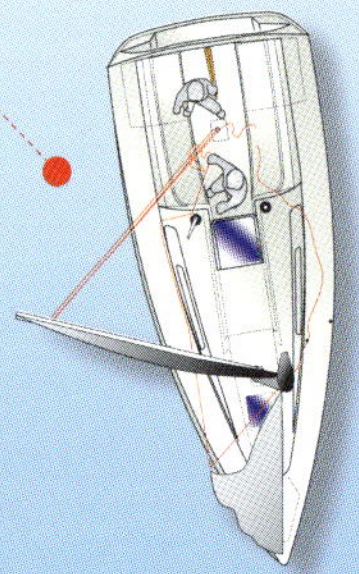

メインセールを返す（強風時）

強風になると、ジャイビングはとたんに難しくなる。特に風をパンパンにはらんだメインセールを返す作業がやっかいだ。

まず、なるべくスピードに乗っている状態の時にセールが返るようにする。艇速が増すほど、見かけの風が弱くなるからだ。

軽風時のように、メインシートをまとめてつかんで引っぱることはできない。シートエンドを持って、メインセールを引き込んでいこう。

メインシートをまとめてつかむのに比べ、当然ながら、引き込むまでに時間がかかる。この間、ヘルムスマンは特に慎重に舵を持ち、なるべく船を真っ直ぐ走らせるようにする。セールが返る間に船が大きく回頭してしまうと、セールが返りきった瞬間に横倒しになってしまうかもしれない。

ある程度引き込んだら、風の力で一気にセールが返る。セールが返ったらメインシートはそのまま出してやる。ここでカムが掛かってしまうとそこで風をはらんでしまうし、またメインシートは勢いよく出て行くので、けがをしないように注意しよう。

リーチ・ツー・リーチ

114ページで解説したように、ダウンウインドでは艇速をつけ、見かけの風速を上げるために、上らせて走ることがある。となると、艇上では見かけの風が真横に感じられることもある。

この状態からのジャイビングでは、タッキング同様、90度近く回頭させる必要がある。

こうしたジャイビングを、通常のランニング～ランニングへのジャイビングに対して、リーチ・ツー・リーチのジャイビングと呼んでいる。

セールの操作はそのまま、ヨットの回頭量が増えるのでそれだけ難しくなるが、ランニング状態を長くとるようにすれば、後は通常のジャイビングと同じだ。

特にレースのコースなどでは強風時にもリーチ・ツー・リーチのジャイビングを余儀なくされる場合もあるが、その際もランニング状態を長くとることでトラブルが防げる。

ワイルドジャイブ

予期せずにメインセールが返ってし

まうことを、ワイルドジャイブと呼んでいる。

ブームが乗員の頭に当たる(ブームパンチ)と、命にもかかわる大けがをする。衝撃も大きく、グースネックが壊れるなどのトラブルも考えられる。

バイザリー

ブームは90度までは開かない。そこで、真後ろから風を受けていても、風はリーチからラフに向かって流れる。この状態でも強風下ではそうそう簡単にセールが返る(ワイルドジャイブする)ことは少ない

ブームはサイドステイに当たるため、真横まで開けないことが多い。シーティングアングルは80度くらいが限界というケースも多いだろう。

この状態で真後ろから風を受けると、風はリーチ(セール後縁)からラフ(セール前縁)に向かって流れる。通常と逆だ。この状態をバイザリー(by the lee)と呼んでいる。

ここからさらに風が反対舷に回れば、メインセールの裏から風が入り、ワイルドジャイブしてしまう。

ジャイブプリベンター

実際には、強風時にはセールはかなりの風圧で押されているので、バイザリーの状態になってもそうそうワイルドジャイブに至るわけではない。通常のジャイビングでメインセールを返そうとしても、なかなか返らないくらいだ。

対して、軽風時にはセールに受ける

軽風下では、波でセール自体が揺れ動き、一気にメインセールが返ってしまうこともある。ジャイブプリベンターでブームを前方に引いておくと、こうしたワイルドジャイブは防ぐことができる

風圧は少なく、波に揺られただけでメインセール自体があばれてしまう。そのまま一気に返ってワイルドジャイブとなることも多い。

そんな状況では、メインセールが不用意に返らないようにブームを前方に引いておくのも有効だ。そのためのギアをジャイブプリベンターという。

ただし、強風下ではジャイブプリベンターなど引きちぎりながらもワイルドジャイブは起きる。このおかげで、かえって大きなダメージになることもあるので気を付けよう。

タッキングで返す

強風時、特に波の悪い海面でのジャイビングはかなりリスキーである。

そこで、無理せずタッキングして大きく回るという手もある。タッキングだから、メインセールはシバーの状態を経て反対舷に返るわけで、ジャイビングよりもリスクが少ない。

ただし、タッキングの際には見かけの風速は強くなり、波もかぶるので身繕いやハッチを閉めるなどの準備も忘れずに。

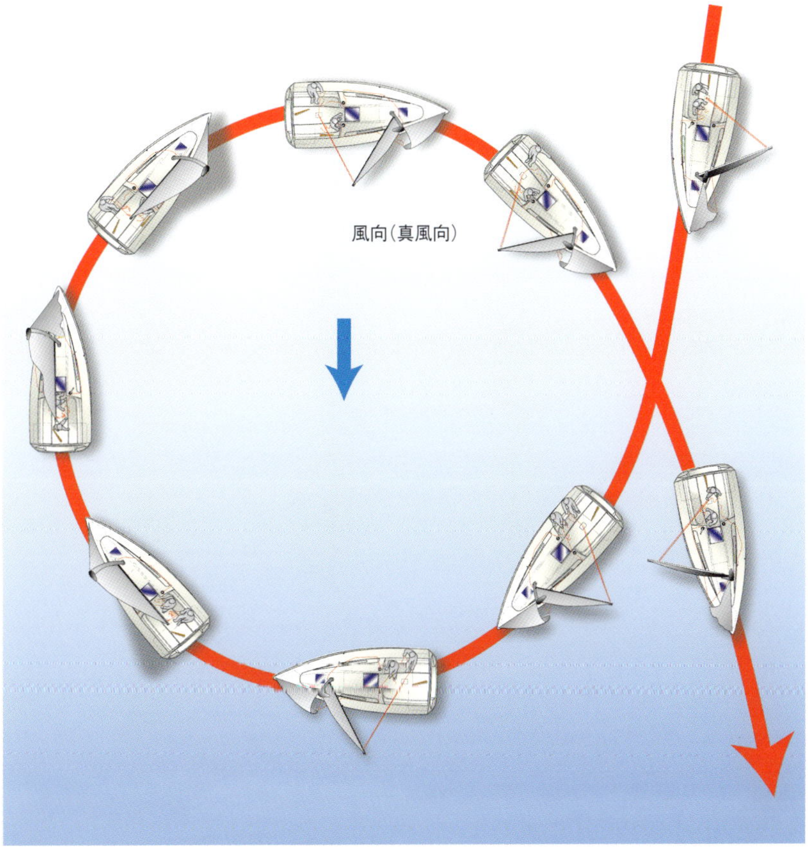
風向(真風向)

強風下で波も悪い中、ジャイビングを余儀なくされるような場合には、無理せずタッキングで大きく回るという手もある

ブローチング

「追っ手に帆かけて……」は、思ったよりも快適ではないことがある、というのはお分かりになったと思う。ここでもう一押し。強風時にはどうなるかを考えてみよう。

動的なヒール角

クローズホールドでは、ヨットは大きくヒールし、波も前から襲ってくる。波を乗り越え叩かれて、乗り心地は決して良くない。

一方、フリーの走りでは、波のあたりも良く、飛沫もかぶりにくいので、ずっと楽に走ることができる。

が、強風になると話は別だ。

波に叩かれびしょ濡れになるクローズホールドでは、衝撃こそ大きいが、セールから生じる力はほぼ横向きに生じ、ヨットの復原力とうまく釣り合っている。ちょうどつっかい棒に寄り掛かるような感じで、波に叩かれこそすれ、適正なセールエリアさえ保っていればヨットはバランスがうまく釣り合った安定した状態といえる。

ところが、強風下のフリーではそうはいかない。風は後ろから吹いてきてセールから生じる力も前方を向いており、横方向に釣り合うものがない。ヒールというよりも、周期を持った横揺れ（ローリング）が大きくなる。

前章で「風の力だけでは外洋ヨットは転覆しない」と書いたが、これは静的なヒール角のことで、実際にはヨットがヒールする時には勢いがつく。もう少し正確にいうと、ヒールに至る仕事量の問題になる。そのため、ヨットは横倒しになる時はなる。一気になる。

オーバーヒール

強風下のフリーで、ヨットが大きくヒールするとセールからの風は抜けにくい。

大きなスピネーカーを展開していれば当然ながら、メインセールもブームが水をすくうと、それ以上メインシートを出しても風が逃げなくなる。

この場合は、ブームバングを大きくリリースしてやろう。とはいえ、小人数のクルージング艇で、常にブームバングに手をかけておくのは不可能だ。

早めにセールエリアを少なくしておくのが最も有効だが、フリーでは見かけの風は弱く感じるし、波もかぶらないので、ついついリーフのタイミングを失うことが多い。その上、いざリーフしようと思っても、いったん風上に向かわないと作業できない。追っ手の時こそ、早めのリーフ作業が必要と心得よう。

サーフィング

波も大きな要素になる。

クローズホールドではやっかいだった波も、後ろからくれば快適だ。うまくタイミングが合えば、波に乗ってサーフィングが始まる。軽量でセールエリアの大きなスポーツタイプのヨットなら、サーフィングをきっかけにしてプレーニングに入ることもある。水を押しのけて走っていたヨットが、そのハルスピードを超えて高速で走ることができるのだ。

ウェザーヘルムについては第9章で説明した。ここでまた思い出していただきたい。セールから生じる力の力点と、水面下の力点とが釣り合っていないと、船は風上か風下へ回頭するというものだ。

ここで、波の中を走るヨットのヘルムバランスについて考えてみよう。波に船尾を持ち上げられてバウが沈むと、水中の力点が前に移動する。バウが沈み、スターンが浮き上がることによって水面下の形状が変化するためだ。すると、ウェザーヘルムが増大する。つまりヨットは風上に切り上がろうとする。

この時ヨットが大きくヒールするとセールは風下舷に大きく移動することになり、ウェザーヘルムはさらに大きくなる。大きくヒ

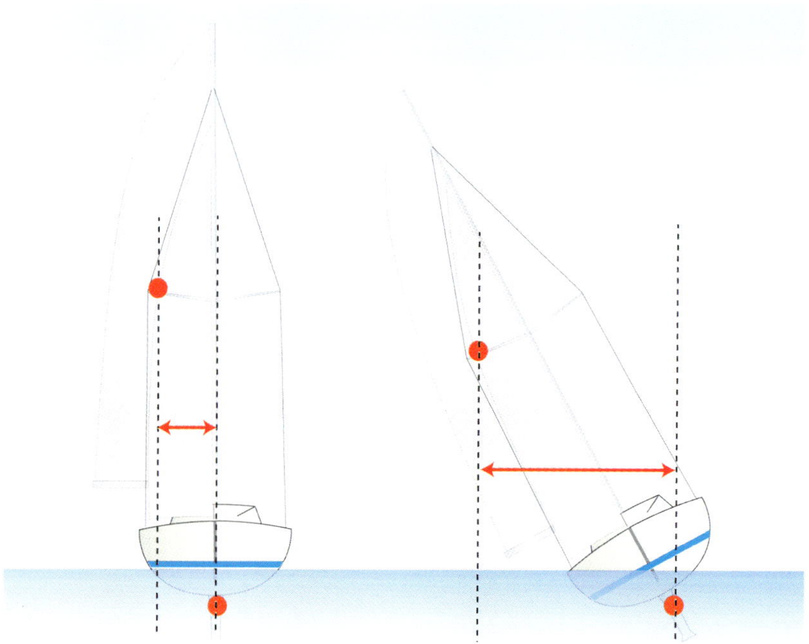

左図：メインセールは風下側に展開されているので、ヨットが直立していてもセールから生じる力点は中心からずれている。これはヨットが風上に向かって回頭しようとすることを意味する。スピネーカーを揚げたり、観音開きにすることによって力点を中心に近づけて、より安定して走ることができる

右図：波によるローリングなどで大きく風下側に傾くと、力点はさらに風下側に移動し、ウェザーヘルムが急増する。ヨットは急激に回頭を始め、大きなヒールでラダーは水面上に出るなどして舵も利かなくなり、そのまま横倒しになることもある

ールしても、メインシートの出きったブームエンドは海面に浸かってしまい、メインセールから風は抜けない。舵も利かなくなり、そのまま一気に風上に切り上がり、横倒しになってしまう。

これがブローチングだ。

ブローチングは、追い波に乗ったモーターボートでも起きる。横倒しになったところで波に巻かれれば……。

強風の追い波は、調子のいいうちは快適だが、いざ船のコントロールができなくなると、非常に危険なシーンでもあるのだ。

操舵のタイミング

強風下、追い波の中を走るのはなかなか難しい。ヨットがラフィングし始めてしまってからでは、いくら舵を切っても間に合わない場合も多い。逆に、うまいタイミングで舵を切れば、小さな舵角で真っ直ぐ走らせることができる。

操舵のキーポイントは「船首の上下動」だ。まずは、波によって生じる船首の上下の動きをよく観察してみよう。

船首は波に持ち上げられて、次に下がる。この繰り返しだ。船首が下がり始めると、船首は風上に振られる。上下動と混同しないように「ラフ」と書こう。船首がラフし始める直前、つまり船首が下がり始める直前。ここが舵を切るポイントだ。

舵角は少なくていい。舵を切るというよりも、"当てる"感じ。もちろんベアする方向に舵を切る。これでヨットはラフすることなく真っ直ぐ走り、うまくすれば波に乗るはずだ。

どのくらいの舵角で、どのタイミングで舵を戻すかが問題になってくるのだが、これは慣れで感覚をやしなってほしい。舵を切り始めるタイミングよりはやさしいはずだ。

とにかく、ヨットがラフし始めてからそれを修正しようとすると、舵角は大きくなってしまう。大きく舵を切ると大きく戻さなくてはならなくなり、蛇行も大きくなる。

船がラフし始める前の早いタイミングで舵を切ることで、少ない舵角で済み、より真っ直ぐ、ブローチングしにくく走り抜くことができる。

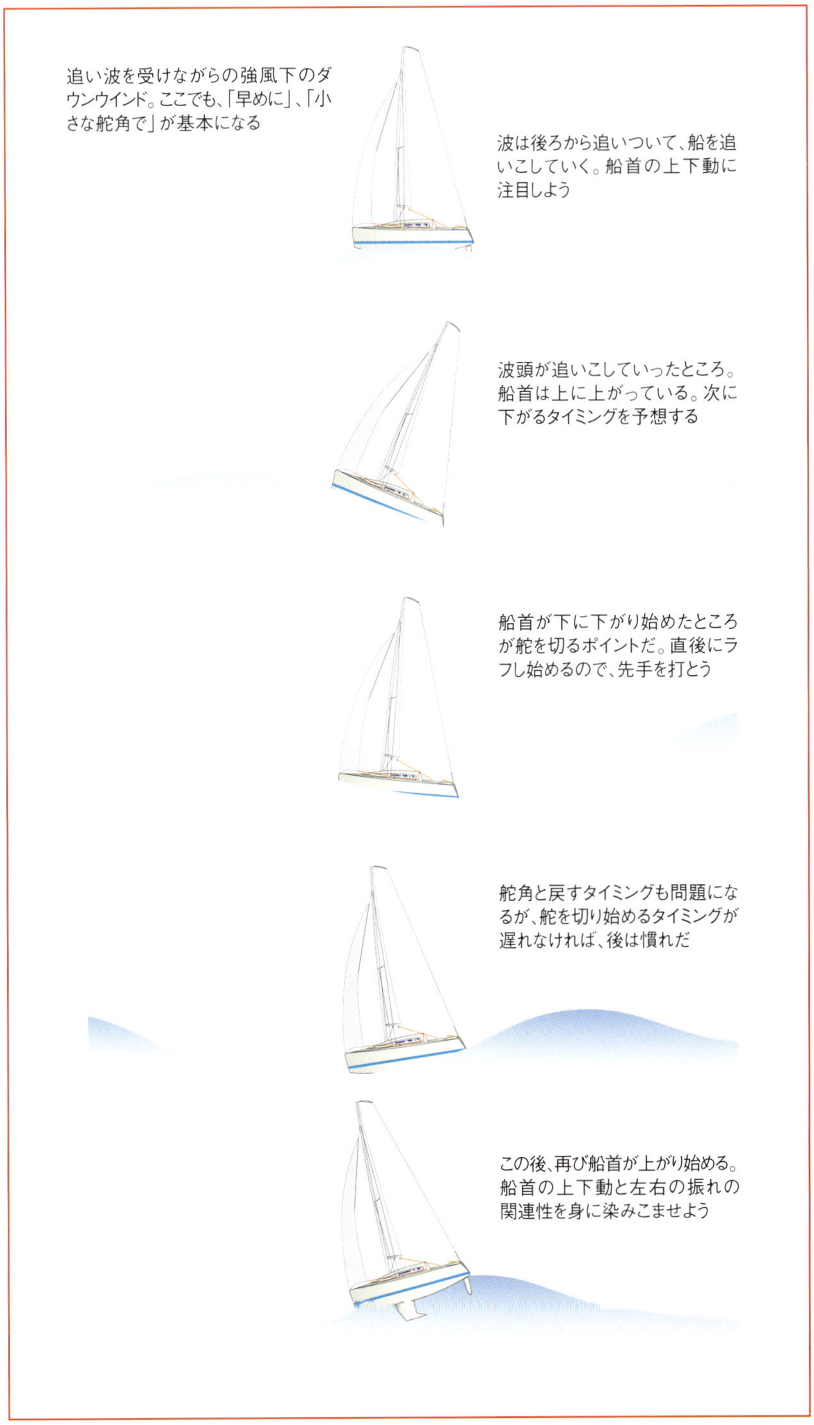
追い波を受けながらの強風下のダウンウインド。ここでも、「早めに」、「小さな舵角で」が基本になる
波は後ろから追いついて、船を追いこしていく。船首の上下動に注目しよう
波頭が追いこしていったところ。船首は上に上がっている。次に下がるタイミングを予想する
船首が下に下がり始めたところが舵を切るポイントだ。直後にラフし始めるので、先手を打とう
舵角と戻すタイミングも問題になるが、舵を切り始めるタイミングが遅れなければ、後は慣れだ
この後、再び船首が上がり始める。船首の上下動と左右の振れの関連性を身に染みこませよう

いろいろ書いたが、ここでもやはり重要なのは適正なセールエリアを保つということ。特に強風下のランニングでは、控えめなセールエリアを心がけよう。良い調子の先に、危険が待ちかまえているのだ。

第１２章

気象、海象

ひと通りセーリングについて見てきたところで、この章では風や波など、気象、海象について解説していく。ヨットは海の上を走る。風を使って走る。外洋を走る場合には、中～長期にわたる気象の変化はさらに重要な意味を持つ。そのためには大自然の成り立ちをよく知らなければならないし、「なぜなのか？」ということにも興味をもってもらいたい。

風が吹くわけ

ヨットを動かすのは風だ。その風について、少し突っ込んで考えてみよう。

そもそも風とは、空気がほぼ横方向に動く運動のことだ。縦の動きは気流として区別される。

さて、それでは、その空気の移動はなぜ起きるのだろうか。

シーブリーズ

シーブリーズという言葉を聞いたことがあると思う。

昼間、太陽に照らされた陸地はジリジリと熱せられ、暖まる。一方、海は陸地に比べて暖まりにくい。海水の熱伝導率が低いからだ。

陸地の温度が高くなるにつれて、周囲の空気も暖まり、軽くなって上昇する。上昇した分の空気を埋めるため、海から空気が移動してくる。この風（空気の移動）をシーブリーズと呼んでいる。

時間とともに海水温も上昇し、陸地との温度差が小さくなると、シーブリーズもやんで夕凪となる。

夜は逆に陸地が先に冷え込み、そこから海に向けて陸風が吹き、朝方には朝凪となる。海から吹き込むシーブリーズと、陸から吹き出すランドブリーズ、これらを合わせて海陸風とも呼ばれている。

海水温は、季節に遅れて変化する。日差しの強い8月でもまだ海水温は低く、初夏から夏にかけてシーブリーズも強くなる。

地表の摩擦

移動を始めた空気は、その他の要素で風速や風向を変化させる。

第10章でも触れたが、高度約1,000m以下を吹く風は、地表の摩擦の影響を受ける。よって、地上に近づくほど風速が弱くなる。ビルの屋上や山の上では風が強いのもこのためだ。

通常、地上風といえば高度10mでの風を基準にしている。小型ヨットのマストの上くらいの高さだ。

デッキ付近では、より風は弱くなり、逆に大型ヨットのマストトップ付近では、より強い風が吹いていることになる。

走るヨットの上で感じる風（見かけの風）では、風速だけでなく風向も変化することになり、この変化がセールトリムにも重要な要素となったわけだ（見かけの風→第2章参照）。

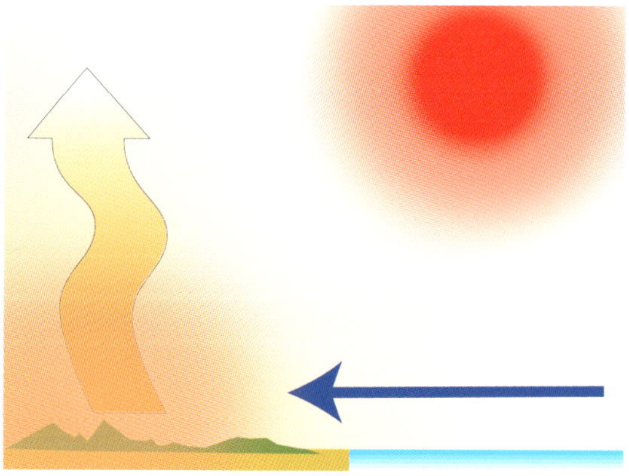

太陽に照らされると、海よりも陸地の方がより熱せられる。暖まった陸地の空気は上昇し、そこへ海から空気が移動する。これがシーブリーズだ

コリオリの力と貿易風

さて、シーブリーズの例でも分かるように、大気現象は、太陽によってもたらされる熱エネルギーによって生じる。理屈っぽくいえば、太陽放射によるエネルギーが均等に行き渡らないとき、それを再分配するために空気が移動する(風が吹く)、と考えてもいい。

もうひとつ例を挙げてみよう。

赤道付近の強い日差しで熱せられた空気は上昇する。そこへ空気が流れ込んで風が起きる。シーブリーズと異なり、広い範囲で恒常的に生じる風で、帆船時代にはこの風を利用して貿易が行われていたことから、貿易風と呼ばれている。

赤道付近の低緯度地方では太陽は真上から照るが、緯度が高くなると太陽のエネルギーは斜めになって地表に当たる。よって、同じエネルギーがより広い範囲に拡散するため、単位面積当たりのエネルギーは小さくなる。赤道付近と比べ太陽エネルギーが不均衡に伝わっているということになり、これが風を生んでいるわけだ。

ということは、北半球では北から南へ(北風)、南半球では南から北へ(南風)向かって吹くことになるのだが、貿易風のように大規模に長い距離にわたって吹く風は、地球の自転の影響を受けてその向きが変わる。ここがポイントだ。コリオリの力と呼ばれるもので、北半球では右向きに、南半球では左に方向を変えるように作用する。

したがって、本来北から南に吹くはずの貿易風は、北半球では北東の風に、南半球では南東の風になる。

地球を取り巻く大気の大循環

太陽エネルギーによって地表は低緯度ほど熱せられる。極地方との温度差によって、地球を取り巻く大気は大きく循環している

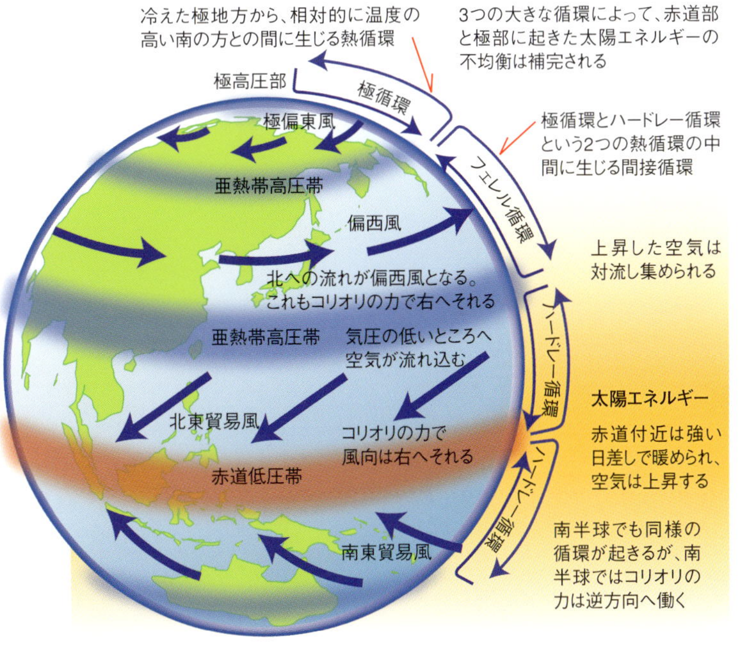
冷えた極地方から、相対的に温度の高い南の方との間に生じる熱循環
3つの大きな循環によって、赤道部と極部に起きた太陽エネルギーの不均衡は補完される
極高圧部
極循環
極偏東風
極循環とハードレー循環という2つの熱循環の中間に生じる間接循環
フェレル循環
亜熱帯高圧帯
偏西風
上昇した空気は対流し集められる
北への流れが偏西風となる。これもコリオリの力で右へそれる
亜熱帯高圧帯
気圧の低いところへ空気が流れ込む
ハードレー循環
太陽エネルギー
赤道付近は強い日差しで暖められ、空気は上昇する
北東貿易風
コリオリの力で風向は右へそれる
赤道低圧帯
ハードレー循環
南半球でも同様の循環が起きるが、南半球ではコリオリの力は逆方向へ働く
南東貿易風

コリオリの力(北半球の例)

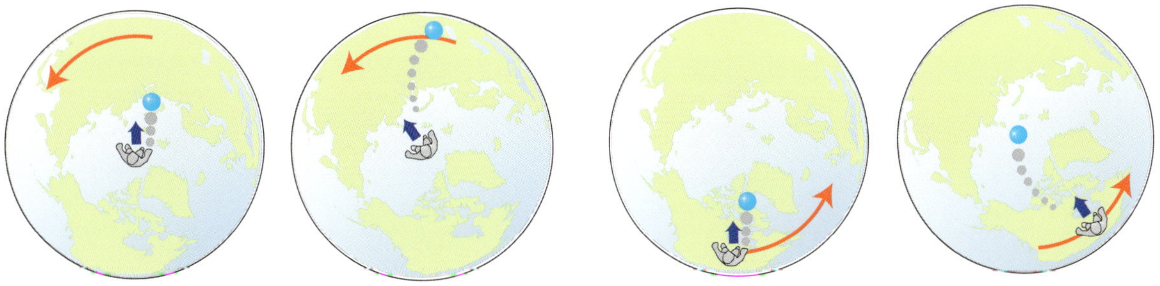

地球を真上から見た円盤だと考えてみよう。今、その中心部に立って外へ向けてボールを投げたとする

円盤は矢印の方向(反時計回り)に回っているので、投げたボールを円盤の上にいる人から見ると、ボールは右に曲がっていくように見える

それでは、円盤の外側から中心に向かってボールを投げると、どうなるだろうか?

最初は左にそれていくように見えるが、ボールは円盤の中心に向かっているわけだから、やっぱり右に曲がっていくように見える

右に曲がる力ということは、進行方向に直角に右向きの力が加わっているということになる。これがコリオリの力だ。
盤の回転が逆(時計回り=南半球)なら、コリオリの力は左向きとなる

地上で吹く風

大気の圧力のことを気圧という。言い換えれば、その地点での空気の重さだ。空気にも重さがあるのだ。

高度が高くなれば、その上に乗っかっている空気の量も少なくなるので、気圧は低くなる。

地表面での標準的な気圧は水銀柱の高さにして760mm。これが1気圧で、1,013.25hPa（ヘクトパスカル）になる。

実際には、シーブリーズや貿易風を例に挙げたように、太陽エネルギーが不均衡に伝わることによって、気圧の高い部分と低い部分が出現する。

圧力に不均衡ができたわけだから、今度はそれが一様になるよう気圧の高い部分から低い部分へ空気が移動する。これが風だった。

海陸風も、昼間熱せられた陸地の空気が上昇して気圧が低くなる、あるいは夜間冷え込んで陸地の気圧が高くなる、といった気圧の不均衡によって起きるわけだし、貿易風は中緯度にある亜熱帯高圧帯から赤道低圧帯へ向かって吹く風だ。

となると、どのような風が吹くかを知るためには、地上付近の気圧の違いを知ればいい。そこで、天気図だ。

天気図にもいろいろあるが、テレビの天気予報で目にする地上天気図は、地表部での気圧の分布を表したものだ。気圧の等しい地点を線でつないだものが等圧線で、これによって気圧の高い部分、低い部分を表している。

風は、気圧の高い部分から低い部分に向かって吹く。坂を転がり落ちるボールのように。この力を、気圧傾度力と呼んでいる。気圧傾度力は、等圧線に直角に生じる。

等圧線の間隔が密になっている部分は、その気圧差が大きいということで、気圧傾度力も大きくなる。風は強く吹く。山の等高線でいえば急坂で、ボールはより勢いよく転がるということだ。反対に、間隔が広ければ気圧差は少ない。なだらかな坂になる。

さてここに、コリオリの力も作用するということをもう一度思い出してみよう。

コリオリの力は、常に進行方向に横向きに生じる。気圧の高い部分から低い部分に向けて等圧線に対して直角に動き出した空気は、コリオリの力によって右に向きを変える。コリオリの力は、常に進行方向に対して右向きに作用するので、風の向きが変わってもさらにコリオリの力によって右に向きを変える。

そうして空気が等圧線と平行に動き、コリオリの横向きの力と、そもそも空気を動かしていた気圧傾度力とが釣り合うと、そのまま等速で動き続けることになる。このときの風を地衡風《ちこうふう》という。

さてここで、地表付近では地表の摩擦力も加わることになる。

摩擦力は進行方向の反対向きに生じるので、摩擦力とコリオリの力との合力が気圧傾度力と釣り合ったところで等速運動に入る。簡単にいえば、摩擦力がコリオリの力の足を引っ張る形になる。

地表の摩擦の影響を受けない高度1,000m以上の高空では風は等圧線と平行に吹くが、高度が下がるにつれて地表の影響を受けることになり、しだいに風向と等圧線は角度を持つようになる。また、緯度が低いほどコリオリの力も小さくなるので、この角度は大きくなる。

日本近海の北緯30～35度付近では、陸上では35度弱くらい、陸上より摩擦が弱い海上では20度弱くらいの角度で、等圧線を横切るように風は吹く。

以上のことから、天気図に記された

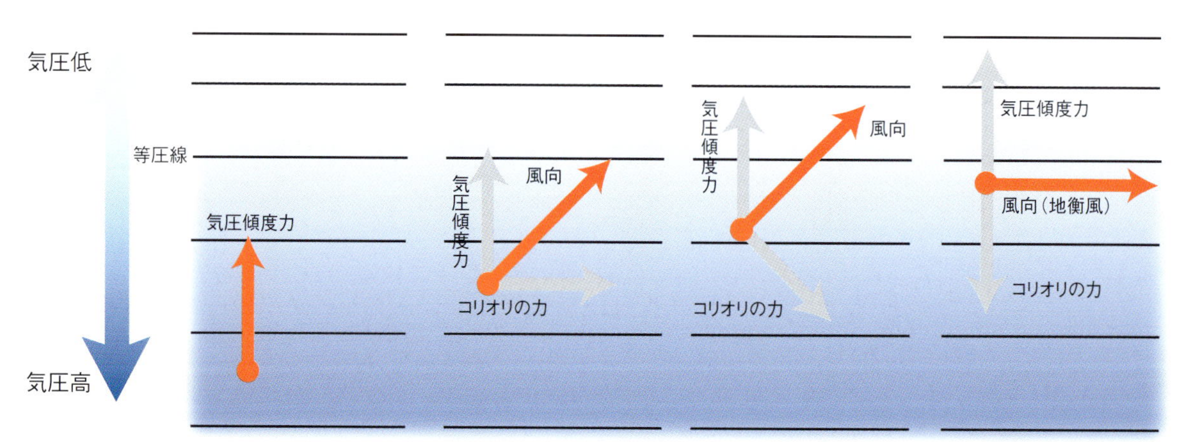

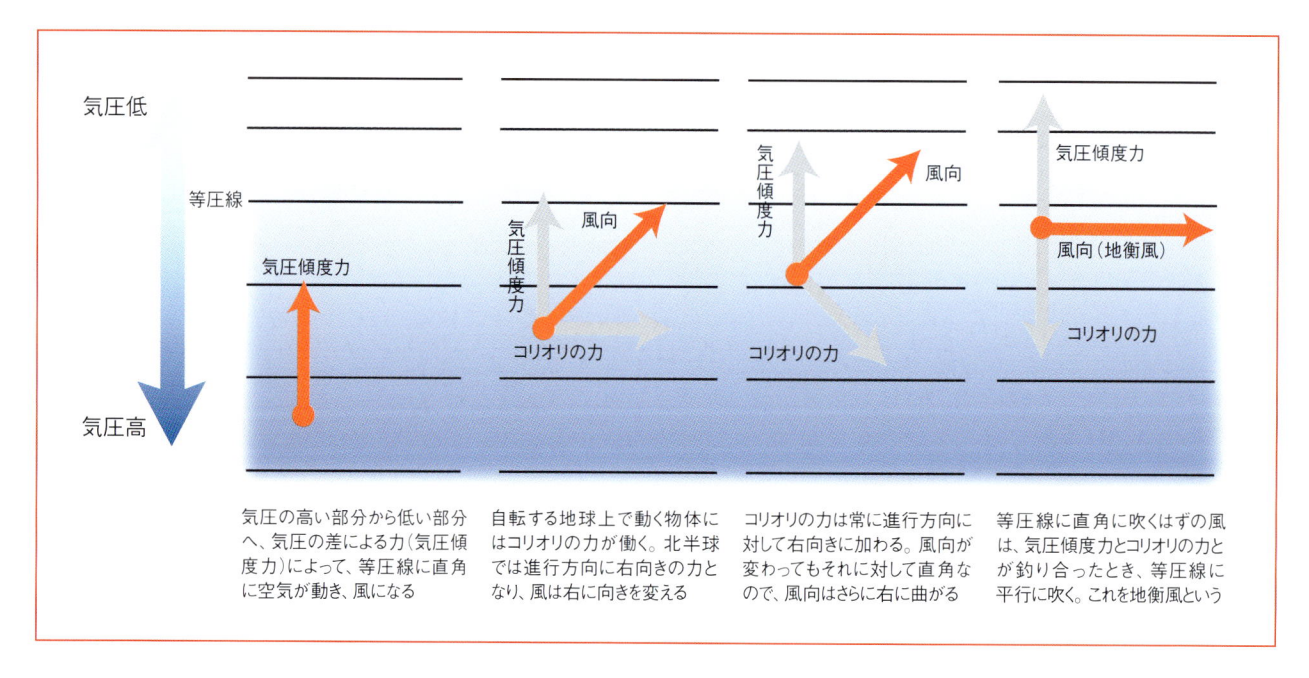

気圧の高い部分から低い部分へ、気圧の差による力（気圧傾度力）によって、等圧線に直角に空気が動き、風になる

自転する地球上で動く物体にはコリオリの力が働く。北半球では進行方向に右向きの力となり、風は右に向きを変える

コリオリの力は常に進行方向に対して右向きに加わる。風向が変わってもそれに対して直角なので、風向はさらに右に曲がる

等圧線に直角に吹くはずの風は、気圧傾度力とコリオリの力とが釣り合ったとき、等圧線に平行に吹く。これを地衡風という

赤道上でのコリオリの力

コリオリの力は、北半球では進行方向の右側に向かって、南半球では左側に向かって生じる。まったく逆だ。

それでは、両者の境目である赤道直下ではどうなるのか？ 右から左へ、アレヨという間に変わってしまうのか？

先の説明では、地球を上からみた円盤にたとえたが、実際には地球は球体だ。北極上に立っている人から見れば、赤道上に立っている人は横倒しになって見えるはずだ。

地球の自転によって、北極上に立っている人は回転運動をしており、赤道上に立っている人は直線運動をしていることになる。

よって、緯度が高いほど回転しているのでコリオリの力も強くなる。緯度が低くなるにつれてコリオリの力も弱くなり、赤道を越えると逆向きに作用し始めるということになる。

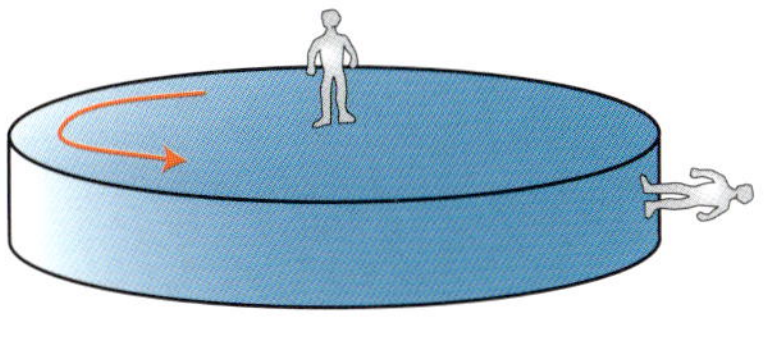

前ページでは円盤の上でコリオリの力を説明したが、赤道上に立っている人は円盤の縁に立っているのと同じだ。回転する円盤上ではないので、コリオリの力は働かない。実際の地球は球体なので、縁と盤面は境目がなく続いていることになる。したがって赤道付近ではコリオリの力は生じず、緯度が高くなるにつれて徐々に大きくなる

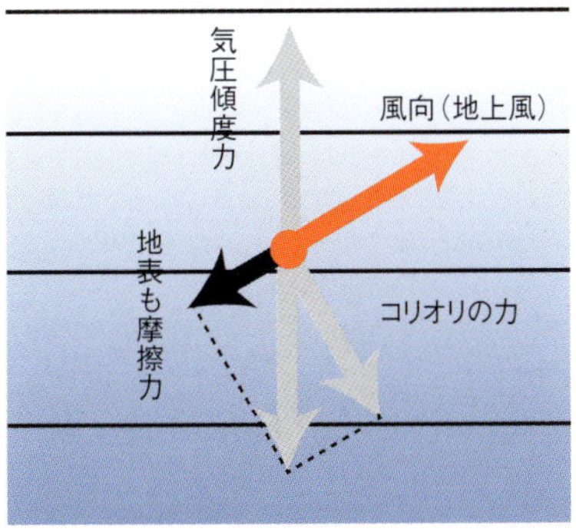

地表の摩擦の影響を受けない高度1,000m以上の高空では、風は気圧傾度力とコリオリの力とによって等圧線と平行に吹く。が、地表の摩擦によって、陸地では約35度、海上では約20度で等圧線と交わる風向となる

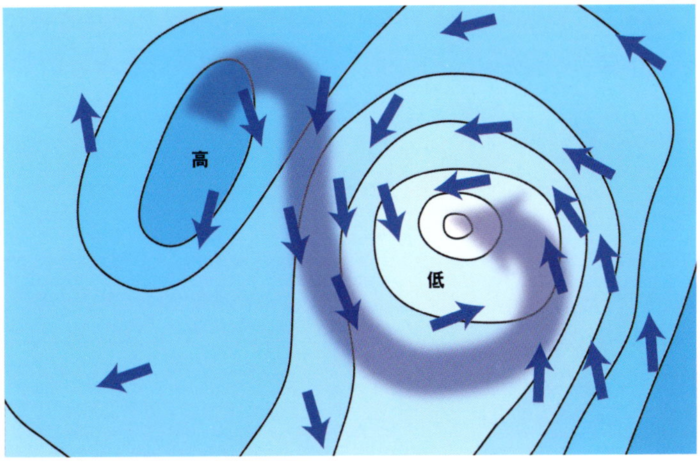

以上のことから、風は気圧の高い部分から時計回りに吹き出し、気圧の低い部分へ反時計回りに吹き込む。等圧線の混んでいる部分では風は強くなる

偏西風

赤道付近で暖められた空気が上昇し南北に広がり、緯度20度から35度付近に集まり地表部分に高圧帯ができる。これが亜熱帯高圧帯（中緯度高圧帯）で、先に述べたように、ここから風が北半球では南に吹き出して貿易風となる。

さらに、ここから北に吹き出すのが偏西風だ。

日本の周辺を含む北半球の偏西風帯域では移動性の高気圧や低気圧が次々に現れるので、貿易風帯のように卓越した風が吹き続けるわけではないが、上層部では西風（西から東に吹く風）が吹き続ける。高度が高く、地表の摩擦の影響を受けないので、コリオリの力で気圧傾度力と直角に曲げられるからだ。

偏西風を起こす大気の循環は、高緯度での極循環と低緯度帯でのハードレー循環という2つの熱循環の間に生じる間接循環（フェレル循環）で、恒常的な流れだが、大きく不規則に蛇行している。これを偏西風波動と呼び、日本周辺を含む中緯度地方の気象変化に大きな影響を与える。

こうした高空の気圧分布は、高層天気図で分かる。これは地上天気図と異なり、基準となる気圧の高度を表した等高線で表されている。通常の天気予報にはほとんど出てこないが、気象ファクスサービスによって洋上でも手に入る。

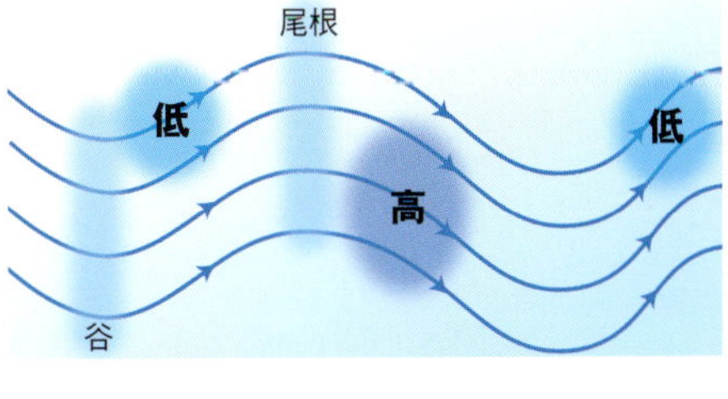

偏西風は、西から東へ向かって蛇行しながら流れている。偏西風は等圧線に沿って吹くが、この等圧線の北に張り出した部分が気圧の尾根であり、南に張り出した部分が気圧の谷になる。谷の東側に低気圧が、尾根の東側に高気圧ができる

高気圧と低気圧

気圧の高低差によって風が吹くということは分かった。周辺に比べて気圧の高い部分を高気圧、低い部分を低気圧という。……と、これはよく聞くが、それぞれどういうものなのだろうか。もう少し詳しく説明しておこう。

高気圧

周辺に比べて気圧が高い部分を高気圧という。地上での平均気圧は1,013.25hPaだが、これより低くても、周囲より相対的に気圧が高い部分は高気圧と呼ばれる。

高気圧には、発生の原因が異なり性質も異なるいくつかの種類がある。日本の周辺で見てみよう。

まず、夏場の天気予報によく出てくる太平洋高気圧（小笠原高気圧）。先に説明した偏西風や貿易風の元となる亜熱帯高圧帯にできる亜熱帯高気圧で、1年を通じて恒常的に存在する。

高気圧からは風が吹き出し、空気は上空から沈下して補給される。沈下する空気は気圧が高まり、圧縮されて温度が上がる。そのため、地上では暖かく、雲も少なく、よく晴れる。こうした仕組みを持つ高気圧を、温暖高気圧と呼ぶ。

次に冬場、シベリア大陸の陸地が冷え込み、ヒマラヤ山脈で堰き止められて、ずっしりと重い空気が地上に溜まる。で、圧力が高くなる。これが、シベリア高気圧（大陸高気圧）と呼ばれる寒冷高気圧だ。

これら2つの高気圧はいずれも広範囲に、長期的に存在するもので、季節風の元となる。

一方、偏西風の波動によって生じ、偏西風に乗って東進するのが移動性高気圧だ。次に説明する、温帯低気圧と温帯低気圧との間の相対的に気圧が高くなっている部分と考えてもよい。

高気圧の等圧線は丸く、風はその丸い等圧線に対して約20度（陸上では35度）で吹き出すわけだから、風向も大きな弧を描いていることになる。

弧を描いて風が吹くのだから、そこには遠心力が働く。高気圧から吹き出す風には、遠心力がプラス方向に生じ、風速を高める作用をする。

高気圧の等圧線は、低気圧に比べて間隔が開いているので気圧傾度力は弱いのだが、遠心力がプラスに働く分、風は強く吹くので注意が必要だ。

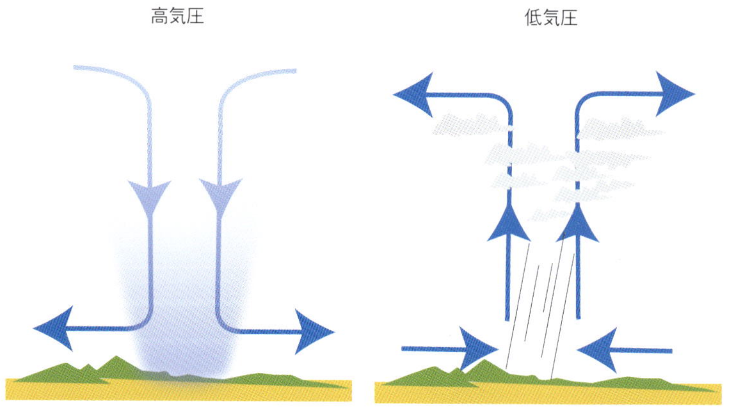

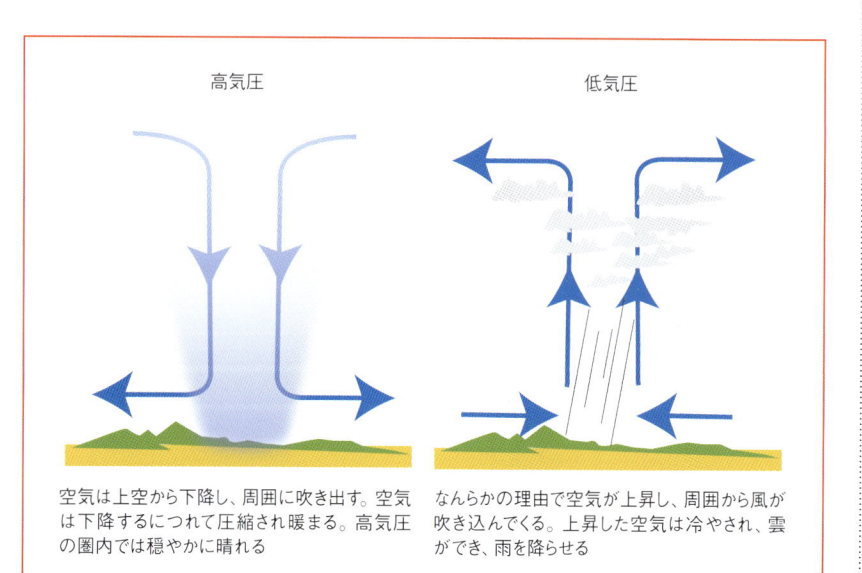

空気は上空から下降し、周囲に吹き出す。空気は下降するにつれて圧縮され暖まる。高気圧の圏内では穏やかに晴れる

なんらかの理由で空気が上昇し、周囲から風が吹き込んでくる。上昇した空気は冷やされ、雲ができ、雨を降らせる

低気圧

高気圧に対して、周辺より気圧が低い部分を低気圧という。北半球では低気圧の中心に向かって、反時計回りに風が吹き込む。

低気圧に類するものとして、気圧の谷がある。高気圧と高気圧との間や、低気圧の出っ張った部分などだ。

先に挙げた赤道低圧帯も、東西に延びる長い気圧の谷ということになる。

なぜ低気圧が発生するかという説明は後に譲るとして、低気圧の特徴は気圧傾度に際限がないということ。高気圧の等圧線は間隔が開いており、その気圧傾度がゆるやかであるのに対して、低気圧は発達すると等圧線の間隔が狭まり、中心付近では顕著になることがある。

低気圧の中心に向かって風が吹き込むので、遠心力は風速を弱める方向に働くが、等圧線が混むことが多いので気圧傾度が大きくなり、その分、風は強くなる。

中心付近では空気は上昇し、冷やされる。すると、それまで空気中に含まれていた水分があふれ出し、雲ができ、雨が降る。荒天は主に低気圧によってもたらされるといってもいい。後でさらに詳しく解説していこう。

風を表す

目に見えない風をいかに表現したらいいのか。誰にでも伝わるように、基準となる決まりがある。

風速の表し方

風の強さは、風速、あるいは風力で表現する。

風の吹く速度が風速だ。ノット（kt）かメートル毎秒（m/s）で表す。

船のスピードもノットで表示されるので、風速もノットで呼ばれることが多い。

天気予報では秒速（m/s）で表されるが、1マイルは1,852kmなので、

1時間＝3,600秒

1kt＝1,852m／3,600s≒0.5m/s

つまり、風速10kt≒5m/sになる。数字がほぼ半分なので、換算は簡単だ。

米国の天気予報では、陸上のマイル（1.609km）を使って時速で表しているのでややこしい。

天気予報でいう風速とは、その時刻の前10分間の平均風速で、瞬間的な風速は瞬間風速という。また、平均風速の最大値を最大風速。瞬間風速の最大値を瞬間最大風速と呼んでいる。

また、風速を0から12までの13段階に分けて表したものが風力（138ページ参照）。天気図などでは、風力で風の強さが表示されることがある。

風向の表し方

風向は、吹いてくる方向を16の方位に合わせて呼んでいる。北から吹く風が北風だ。

それぞれの呼び方は図を参照されたい。

なお、海流は流れる方向に、東から西への流れなら西流《せいりゅう》と呼ぶので混同しないように。東から西へ吹く風は東風《ひがしかぜ》だ。

また、最近の航海計器の発達とともに、数字で風向を表すこともある。北をゼロとして、時計回りに359度まで、通常は磁針方位で表す。

ガスト

地上を吹く風は、強弱を繰り返す。山や建物といった地表面の影響や、局所的な熱の伝わりにムラがあることなどで渦ができているからだ。

海上でも、特に陸地から海に向かって風が吹く（オフショア）場合に、地形や建物の影響を受けてムラが多くなる。

ムラのうち、強く吹く部分をガストやパフ、弱くなっている部分をラルと呼んでいる。ムラの多い状況をガスティーと呼ぶ。

海上での風の強弱は、海面をよく観察することで、ある程度予測できる。

また、セールの揚げ降ろしなどは、陸地によって風が遮られている部分（ブランケット）を利用するなどの工夫をしよう。

マイル、ノーティカルマイル、海里

海の上では、緯度の1分を1マイル（海里）として表している。海図に用いられるメルカトル図法では、角度を正しく表示させるために、緯度が高くなるほど縮尺が大きくなり、同じ距離がより長く表示される。緯度の目盛りも同様に長く表示されるので、緯度の1分を1マイルとしておけば、距離を測るのに便利だ。そこで緯度1分を1マイルとしている。陸上で使われるマイルと区別するため、ノーティカルマイル（nautical mile）と呼ぶのが正しいが、船の上で単にマイルといったらノーティカルマイルのことを指す。

1時間に1ノーティカルマイル走る速さが1ノット（kt）だ。

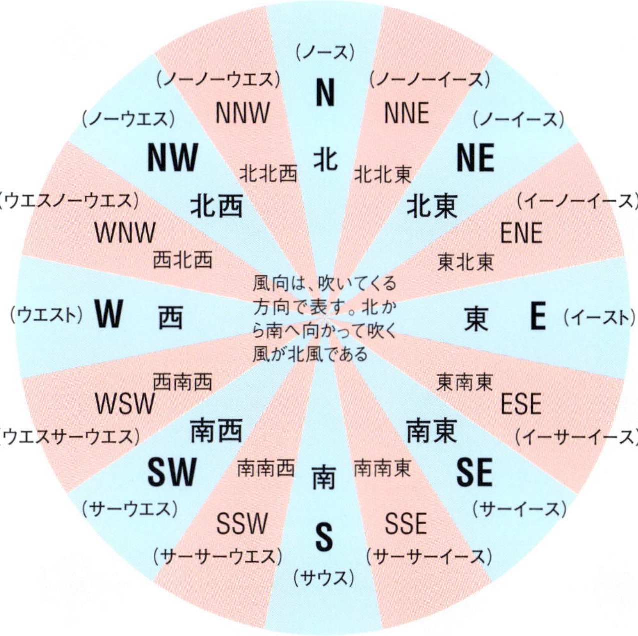

風を読む

いま吹いている風を読むことが重要なことは第2章で述べた。さらには、この後、風はどのように変化していくのかを予想することも重要だ。

ここまで説明してきたことから、低気圧が日本の南岸を通れば、風向は東から北、そして西と、反時計回りに変化していくであろうことがわかる。逆に低気圧が日本海側を通れば、風向は東から南に回る。

いずれも上記、気圧の傾度とその方向によって想像できる。

逆にいえば、風を背にして左前方に低気圧の中心があることも分かる。

雨のメカニズム

時化《しけ》というのは、強い雨や風で海が荒れること。荒天《こうてん》とも呼ばれる。

辞書を引くと「海が風雨で荒れること」とあるが、実際には、晴天でも風が強ければ時化であり、荒天と感じるだろう。あるいは、風が弱くても、雨や霧で視界が悪ければ事故につながりやすい。

ここでは、荒天をおよぼす低気圧について、詳しく説明していきたい。

気団

気圧の違いによって風が吹く、ということは理解していただいたと思う。空気は気圧のほかに、温度や湿度の違いによっても区別することができる。

温度が高い／低い、湿度が高い／低いなど、同じ性質をもった空気のかたまりを気団という。

日本周辺についていえば、夏季、日本を広く覆って蒸し暑い気候をもたらすのが小笠原気団だ。暖かく、湿った空気のかたまりだ。

一方、冬の気候を支配するのがシベリア気団。低温で、乾燥しているのが特徴だ。

南方にある気団は暖かく、北の気団は低温で、海上にある気団は水分を多く含み、大陸の気団は乾燥している……というように、分かりやすい違いになっている。

こうした性質の異なる気団の境界を前線と呼んでいる。そこでは空気は対流を起こし、天候の変化が生じる。

低気圧の誕生

さて、荒天の元となる低気圧はどうしてできるのだろうか。下のイラストを見ながら読み進めていただきたい。

まず、暖かい気団と冷たい気団が出合うと前線ができる。ほとんど動くことのない停滞前線だ。

これが、上空を流れる偏西風の波動などでバランスを崩し、低気圧となって渦巻きをつくるように風が流れ込む。

南から吹き込む暖かい風と、北から吹き込む冷たい風がぶつかると、暖かく軽い空気は押し上げられて対流が生じる。そこへ次々に暖かい風と冷たい風が流れ込んで衝突し、上昇しながら低気圧は発達していく。

これが、日本の周辺を含む、温帯や寒帯で発生する温帯低気圧で、後に述べる熱帯低気圧とは仕組みが異なっている。通常「低気圧」と呼ばれるのはこの温帯低気圧だ。

温帯低気圧の多くは前線をともない、偏西風に乗って発達しながら東進し、移動性の低気圧とも呼ばれる。

前線

暖気団に寒気団がぶつかってできるものを寒冷前線という。寒気団は、暖気の下に潜り込むようにして暖気を押し上げる。

前線部で等圧線が折れ曲がるため、前線通過後には気圧は急速に上昇し、風向も南西から北西に急変する。突風をともない、気温も急速に低下し、強い雨や雷をともなう場合もある。

片や、寒気団に暖気団がぶつかってできるものを温暖前線という。暖気は、寒気の上を駆け上がるように上昇する。

温暖前線が近づくにつれて気圧は徐々に低下し、前線通過後の風向は南東から南西へ変わり、気温は高くなり、気圧の変化は少なくなる。寒冷前線に比べると雨脚は弱いが、雨域は広くなる。

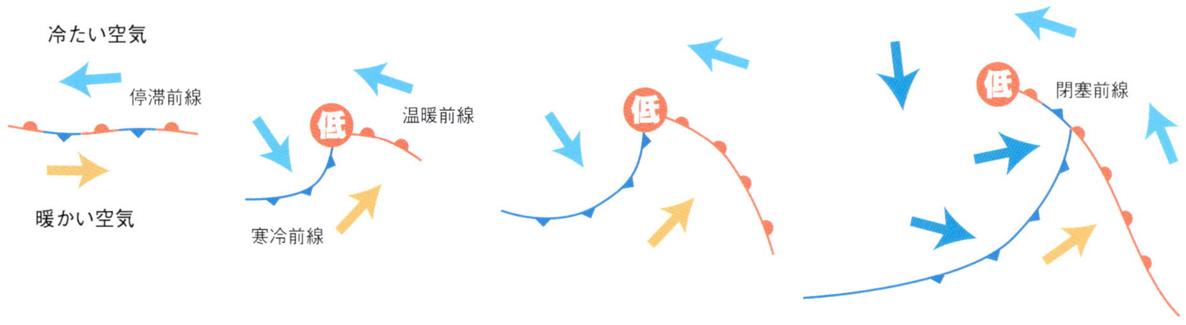

冷たい空気と暖かい空気との境界面に前線ができる。まだ動きのほとんどない、停滞前線の状態だ

偏西風の波動などによって、前線面に低気圧が生じる。南からの暖かい空気と、北からの冷たい空気が反時計回りに吹き込んで、対流が大きくなる。冷たい空気に暖かい空気がぶつかる部分が温暖前線、暖かい空気に冷たい空気がぶつかるものを寒冷前線という

暖かい空気の方が軽いので、冷たい空気に押し上げられ、その位置エネルギーで低気圧は発達していく。同時に、偏西風に乗って西から東へ移動していく。移動速度は30〜50km/hと、けっこう速い

寒冷前線の方が移動速度が速いので、やがて温暖前線に追いついて閉塞前線となる。ここでは、暖気は前後の寒気に挟まれて押し上げられ、風雨はより強くなる。その後、低気圧周辺の気温差は少なくなっていくので、やがて低気圧は衰えて消滅する。日本付近の移動性低気圧の寿命は5〜7日程度となっている

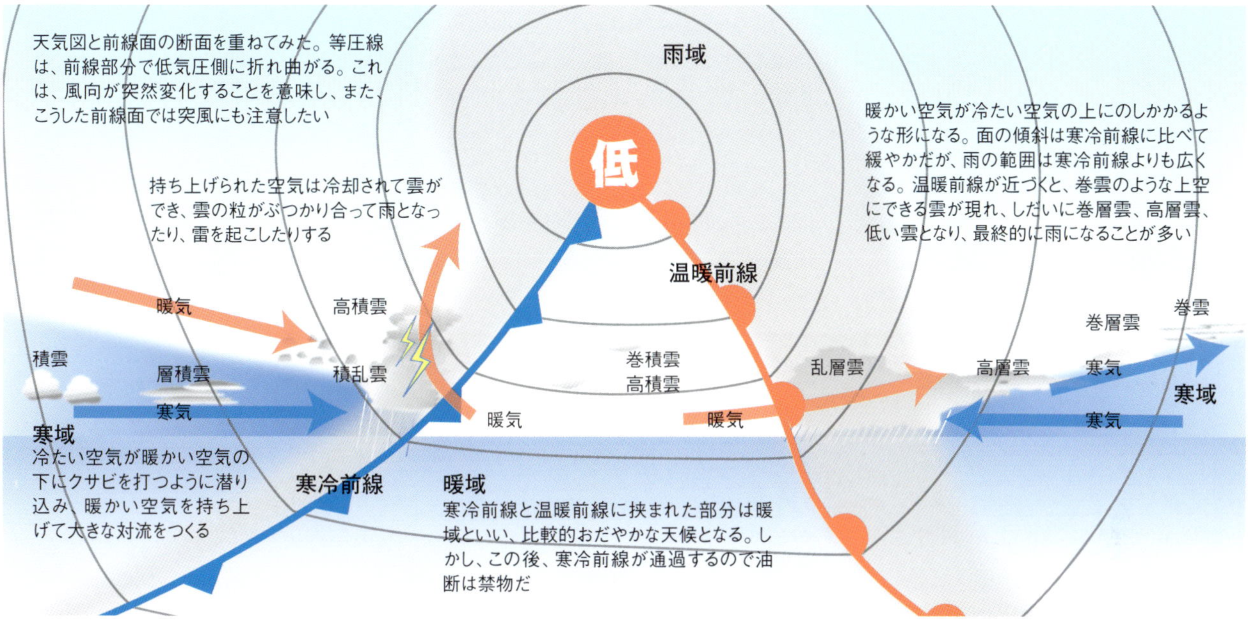
天気図と前線面の断面を重ねてみた。等圧線は、前線部分で低気圧側に折れ曲がる。これは、風向が突然変化することを意味し、また、こうした前線面では突風にも注意したい
雨域
低
持ち上げられた空気は冷却されて雲ができ、雲の粒がぶつかり合って雨となったり、雷を起こしたりする
暖かい空気が冷たい空気の上にのしかかるような形になる。面の傾斜は寒冷前線に比べて緩やかだが、雨の範囲は寒冷前線よりも広くなる。温暖前線が近づくと、巻雲のような上空にできる雲が現れ、しだいに巻層雲、高層雲、低い雲となり、最終的に雨になることが多い
温暖前線
暖気
高積雲
巻層雲
巻雲
積雲
層積雲
積乱雲
巻積雲
高積雲
乱層雲
高層雲
寒気
寒域
寒気
暖気
暖気
寒気
寒域
冷たい空気が暖かい空気の下にクサビを打つように潜り込み、暖かい空気を持ち上げて大きな対流をつくる
寒冷前線
暖域
寒冷前線と温暖前線に挟まれた部分は暖域といい、比較的おだやかな天候となる。しかし、この後、寒冷前線が通過するので油断は禁物だ

雲と雨

空気中には水分が含まれている。水分が多ければ、湿度が高い湿った空気ということになり、含まれる水分が少なければ湿度の低い乾いた空気となる。

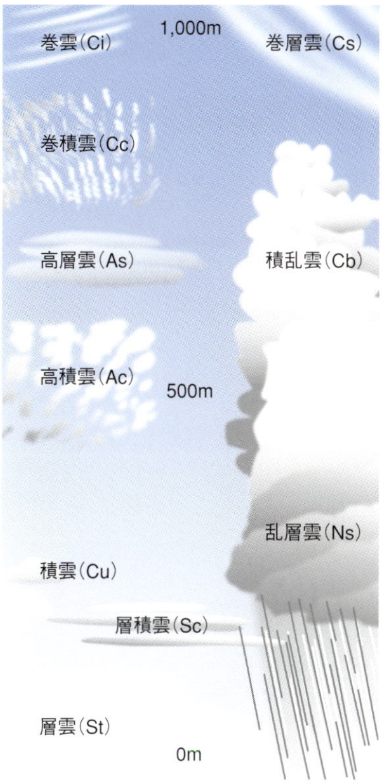
1,000m
巻雲(Ci)
巻層雲(Cs)
巻積雲(Cc)
高層雲(As)
積乱雲(Cb)
高積雲(Ac)
500m
乱層雲(Ns)
積雲(Cu)
層積雲(Sc)
層雲(St)
0m

上層にできる雲には“巻”、中層のものには“高”の字が付く。また“積”はかたまっていること、“層”は一面に広がっていること、というように考えれば覚えやすい

空気中に含むことができる水分量は、温度によって変化する。温度が高いほど、多くの水分を含むことができる。

たとえば、セ氏25度の気温では、空気1立方メートル中に約23グラムの水分を含むことができるが、気温が10度に下がると約9グラムしか含むことができない。仮に、15グラムの水分を含んだ気温25度の空気を10度まで冷やすと、6グラムの水分が余ってしまうことになる。冷たい水を入れたグラスを暖かい部屋に置くと、グラスの周りの空気が冷やされて水滴となってグラスに付くのも、この理屈だ。

さて、低気圧や前線部の対流によって上昇した空気は、上昇するにつれて気圧が下がるために膨張し、温度が下がる。温度が下がると、空気中に溶けきれなくなった水分が余ってくる。余った水分は、空気中のチリなどを核として、小さな水や氷の粒となる。粒といっても直径は0.01〜0.02mmといったごく小さなものなので、簡単には落ちてこない。空中に漂って雲となる。

雲には、その形によってさまざまな名前が付いているが、分かりやすいように10種類に分類されている(右イラスト参照)。

小さな水や氷の粒である雲粒が互いにぶつかり合って次第に大きくなり、ついには落下してくるのが雨や雪だ。溶けずに地上に到達するのが雪、途中で溶ければ雨になる。

霧

地上付近で生じた雲が霧であるといってもいい。視程が1km以上のものは靄《もや》、海上での視程が500m以下になると濃霧《のうむ》と呼ばれる。いずれも水滴の小さなものが空中に漂うことによって起きるが、雲とは発生の原因が異なる。

海上に発生する霧の原因はいくつかある。ひとつは、暖かく湿った空気が冷たい海水の上に流れ込むことで空気が冷やされ、霧になるもの。冷たい海流が流れ込む三陸沿岸や夏の北海道沿岸で発生する海霧《うみぎり》はひとつの例だ。

あるいは冬、まだ暖かい海面に冷たい空気が流れ込むことによって、湯気のように生じる霧もある。

濃霧は、衝突や乗り上げといった海難事故につながる。時には、強風と濃霧のダブルパンチもあり得る。

雷

強い上昇気流によって生じた雲の中で、雲粒同士が激しくぶつかり合って帯電し、地上との間に通電する現象が雷だ。

海のまっただ中に浮かぶヨットは、雷の絶好の標的のようにも思える。海の上で雷に遭遇したら、逃げようがない。

実際にヨットに落雷した例もあるようだが、大きな被害を受けたという話はほとんど聞かない。

通常、マストやパルピットなどのデッキ上の金属物は、キールボルトにアースがとってあり、鉄や鉛でできたバラストキールを伝って海に放電されるようになっている。

米国などでは、こうしたアースの設置が法で規定されているようだ。不用意にアースを取り外さないように注意したい。

熱帯低気圧（台風）

先に述べた温帯低気圧は、冷たい空気と暖かい空気との間に生じる位置エネルギーによって発生し、発達していった。これとは異なり、南方の暖かい海上で生じる低気圧を熱帯低気圧という。同じ低気圧でも、両者はその成り立ちが大きく異なっている。

南洋の熱い風

海上の湿った暖かい空気が上昇し、雲の粒になる時に熱を出す。その熱が、さらに周りの空気を暖めて上昇させる。上昇気流が発達すると、さらに熱を出し……と、この循環によって低気圧はどんどん発達していく。これが熱帯低気圧だ。先に挙げた温帯低気圧が寒気と暖気との温度差によってできるのとは、その発生と発達のしくみが根本的に異なっているので、別に説明していきたい。

熱帯低気圧は、温帯低気圧と異なり前線をともなわない。付近一帯が、みな暖かく湿った空気で満たされているからだ。等圧線はほぼ円形の同心円となり、中心付近にいくに連れて気圧傾度が急激に大きくなる。暖かく湿った空気が急激に上昇するので、厚い雨雲をともない暴風雨となる。

熱帯低気圧は、南洋の暖かい海面からエネルギーを受けてどんどん発達し、中心付近の風速が34ノット（約17m/s）以上になると台風と呼ばれることになる。

台風というのは気象庁の分類で、国際的には64ノット以上をタイフーン（Typhoon）、あるいは発生地域によって、ハリケーン（Hurricane）、サイクロン（Cyclone）と呼び分けられ、34～63ノットをトロピカルストーム（Tropical Storm）、34ノット未満を熱帯低気圧（Tropical Depression）と呼んでいる。

台風は、暖かい海水をエネルギー源としてさらに発達しながら北上し、日本近海に接近する。

日本への影響は8月から9月が最盛期になるが、実際には6月から11月まで、かなり長い期間にわたって日本近海に影響を与える。

発生から日本の沿岸に到達するまでには1週間ほどかかり、予想進路はかなり早い段階から報じられる。天気予報に気を付けていれば、プレジャーボートでの沿岸航海中に海上で遭遇することは極めてまれかもしれない。台風よりも、東シナ海などで発生し、急速に発達しながらやってくる移動性低気圧の方が危険であるともいえるが、台風は、いざ遭遇してしまうとそのパワーはすさまじいものなので、くれぐれも“対決しよう”などとは思わないように。安全な港を選んで逃げ込むのが鉄則だ。

台風が北上する理由

コリオリの力については、すでに詳しく解説した。台風にも、コリオリの力と地上の摩擦によって、反時計回りに風が吹き込んでいる。

コリオリの力は、常に風向に直角に生じていた。これは台風の北側では風向（東風）に直角に、つまり北に向い

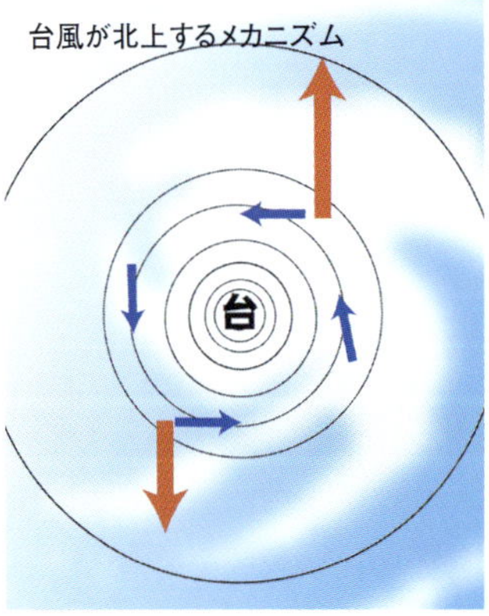
台風が北上するメカニズム
台

台風にも反時計回りに風が吹き込む。風向に直角に働くコリオリの力は、緯度が高いほど強くなる。よって、台風自体が北上する力を持っていることになる

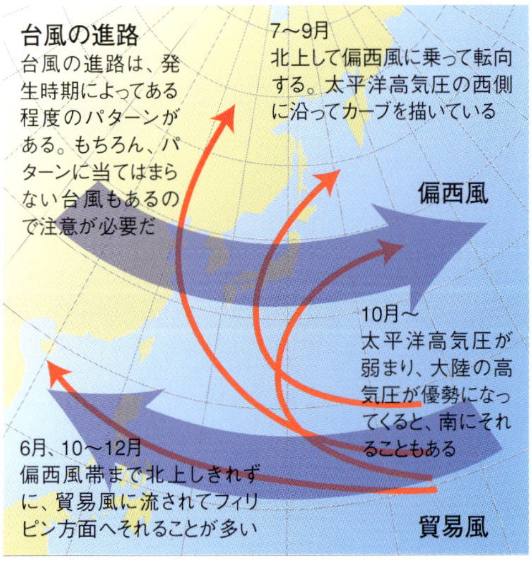
台風の進路
台風の進路は、発生時期によってある程度のパターンがある。もちろん、パターンに当てはまらない台風もあるので注意が必要だ
7～9月
北上して偏西風に乗って転向する。太平洋高気圧の西側に沿ってカーブを描いている
偏西風
10月～
太平洋高気圧が弱まり、大陸の高気圧が優勢になってくると、南にそれることもある
6月、10～12月
偏西風帯まで北上しきれずに、貿易風に流されてフィリピン方面へそれることが多い
貿易風

ていることになる。南側ではその逆で、コリオリの力は南に向いている。

コリオリの力は緯度が高くなるほど大きい。

台風は、直径が1,000～1,500kmと大きく、北面と南面では緯度もかなり異なっている。そのため、北面を吹く風に生じるコリオリの力（北向き）の方が大きくなり、台風はそれ自体で北上する力を持っている。

赤道付近で発生した時は、貿易風に流されて西から西北西へ動き、その後、台風の発達とともに北上を開始し、やがて偏西風に乗って東に進路を変える。

太平洋高気圧の張り出し具合や偏西風の吹き方によって、台風の進路はさまざまに変化する。台風情報は天気予報で詳しく報道されるので、常に注意しておこう。

可航半円、危険半円

台風には、反時計回りに風が吹き込む。同時に台風は移動していく。時速30kmから、時には時速80kmのスピードで進む場合もあるので、台風進路の右側では、気圧傾度による風速に台風が移動する速度が加わり、風はさらに強くなる。逆に進路の左側では、風速は移動速度に打ち消され、右側と比較して風速は弱くなる。

こうしたことから、進行方向の右側を危険半円、左側を可航半円と呼んでいる。“可航”といっても右半円よりもマシという程度だが、台風の進行速度が速いほど、この差も大きくなる。

台風対策

沿岸部で遊んでいる限り、台風の時にわざわざ海に出て行くことはないだろう。

とはいえ、付近の港に逃げ込んでいても、あるいはホームポートに係留している時でも、台風の被害を受けることがある。

台風のエネルギー源は暖かい海水だ。上陸したり、日本海に抜けたりするとその勢力は急速に衰える。

ところが、安心していると、この後に偏西風に流されて速度を上げる場合が多く、となると危険半円に入った太平洋岸には強い南風が吹き込み、大きな被害をおよぼす危険性も出てくる。予想される風向と、港の構造を頭にいれて十分な台風対策をたてよう。

また、台風には雨を多く降らせる雨台風と、強風による被害が多い風台風がある。海ではやはり風台風の方が被害が大きくなるのだが、河口部の港に避難しているような場合、大雨による増水で流木やゴミが大量に流れ出てきて、係留されたヨットやボートが被害を受けることもあるので注意したい。

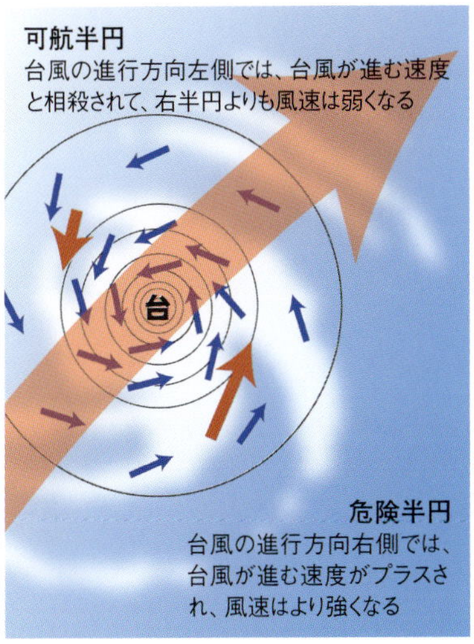
可航半円
台風の進行方向左側では、台風が進む速度と相殺されて、右半円よりも風速は弱くなる
台
危険半円
台風の進行方向右側では、台風が進む速度がプラスされ、風速はより強くなる

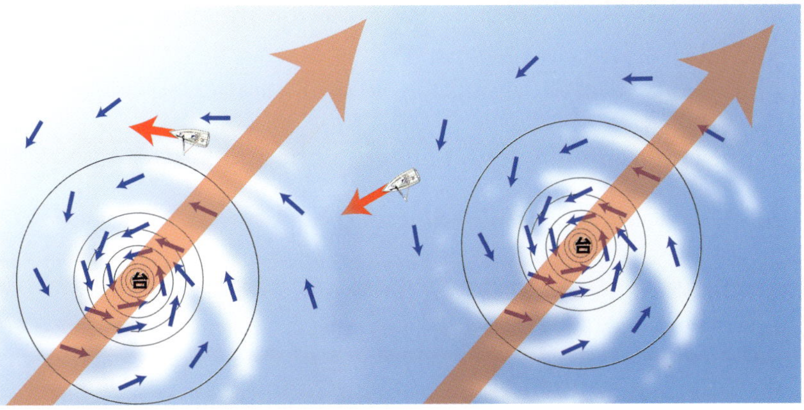
台
台

大洋上で台風の進路上に位置してしまった場合、可航半円に入り、右後ろから風を受けるようにして走れば、台風の中心から遠ざかることができる。もちろん、これは北半球での例だ

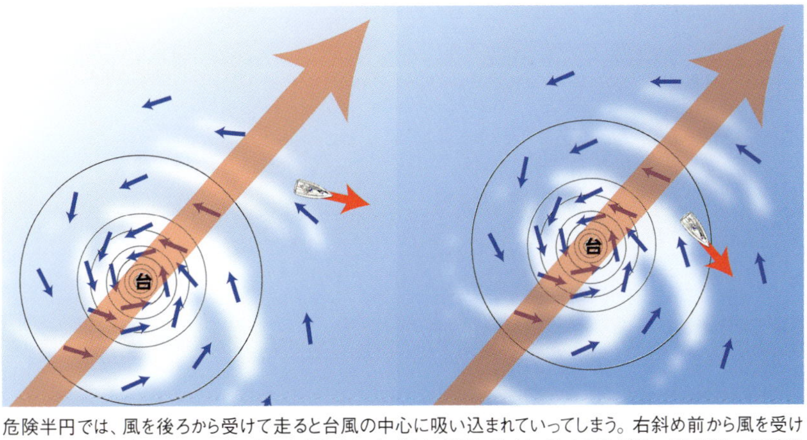
台
台

危険半円では、風を後ろから受けて走ると台風の中心に吸い込まれていってしまう。右斜め前から風を受けて走るしかないが、ヨットではその場にとどまるか、わずかに後ろに流されてしまうのが精一杯だろう。危険半円は、やはりかなり危険であるといえる

四季と陽気

太平洋の温暖高気圧やシベリア大陸の寒冷高気圧、そして偏西風によって周期的にやってくる移動性高気圧や移動性低気圧。さまざまな要素によって、日本列島とその近海の気候は形作られる。春夏秋冬、季節によって特有の気象パターンも存在する。そうした傾向を知ることで、大まかな天候の変化を予測することもできる。

春 ── 風の季節

我々の住む北半球では、昼の時間が最も短くなるのが12月22日ごろで、これを冬至という。太陽の高さも低くなり、地表面が受け取る太陽エネルギーが最も少なくなるのがこのころだ。

冬至を過ぎると昼の時間がしだいに長くなっていくが、すぐに大気が暖まりはじめるわけではない。冷たい大地に熱を奪われ、空気はさらに冷えていく。

昼と夜の長さが同じになる日が春分(3月21日ごろ)で、冬至と春分の中間にあたるのが立春(2月4日ごろ)だが、実際にはこのころが最も寒くなる。

2月4日“ごろ”というのは、地球が太陽の周りを回る周期は365.24219日であるから、暦上の1年(365日)に対し、毎年わずかにずれていくからだ。このずれを修正するために、4年に一度の閏年《うるうどし》がある。

さて、立春を過ぎて吹く強い南風を「春一番」と呼び、長い冬に終わりを告げるさきがけとなる。

春一番は、移動性の低気圧が日本海側を通って東進し、そこに吹き込む暖かな強風で、言葉の響きは良いが海上は大時化となる。

低気圧の通過後、再び北からの冷たい風が吹き込むため、冬の終わりを告げるとはいえ、春はまだまだ先。この後、移動性低気圧が南岸を通れば太平洋岸は雪になったりもする。

低気圧の後には移動性の高気圧がやってきて、爽やかに晴れる。が、すぐに低気圧がやってきて天気は崩れる。天気は2〜3日周期で変化しながら、次第に春めいてくるというわけだ。

春は風の季節ともいえ、中でも黄海《こうかい》や東シナ海で発生した低気圧が、あっという間に発達し、速度を上げて駆け抜けていくことがあり、時に台風並みに発達して大きな被害を出す場合もある。「爆弾低気圧」、あるいは5月に多いことから「メイストーム」などと呼ばれている。

発生場所が日本に近く、動きが非常に速いため、低気圧の発生に気が付かないうちに猛烈に発達しながら急接近することになり、沿岸で遊ぶプレジャーボートにとっては、台風よりも恐ろしいといえるかもしれない。

また、低気圧が通過した後、空は晴れても西寄りの強風が一日中吹き荒れることがある。後からやってきた高気圧から低気圧に吹き込む風だ。家を出る時には「良い天気」に感じても、マリーナに着くとんでもない強風で出艇不可能という場合も多い。そのうち風が落ちるだろうと期待していても、結局一日中吹き続けるパターンが多い。

こうした気象の変化も、南の暖かい空気と北の冷たい空気のせめぎ合いの結果である。冬から夏に向かうこの季節、冬と夏の温度差が位置のエネルギーとなって低気圧を発生、発達させている。

やがて、オホーツク海付近に停滞する冷たく湿った気団と、南の暖かく湿った気団との間で前線が停滞し、梅雨となる。梅雨前線上はシトシトと雨が続き、時に低気圧が前線上を東進して強い風や雷になることもある。

夏 ── 太陽の季節

冬と夏の最終的なせめぎ合いともいえる梅雨が明けると、いよいよ夏本番。日本列島は暖かく湿った太平洋高気圧に広く覆われ、蒸し暑い夏が始まる。

太平洋高気圧は高層までにわたる背の高い温暖高気圧で、そこを移動性の低気圧が通過することが少ない。俗に「梅雨明け十日」といわれるように、梅雨が明けた直後は、しばらくは穏やかな好天が続く。

といっても、海上は午後からシーブリーズ(124ページ)が吹き、これがビギナーにとってはかなり手ごわい風域まで吹き上がることも多い。のんびりアンカリングして遊んでいると、気づい

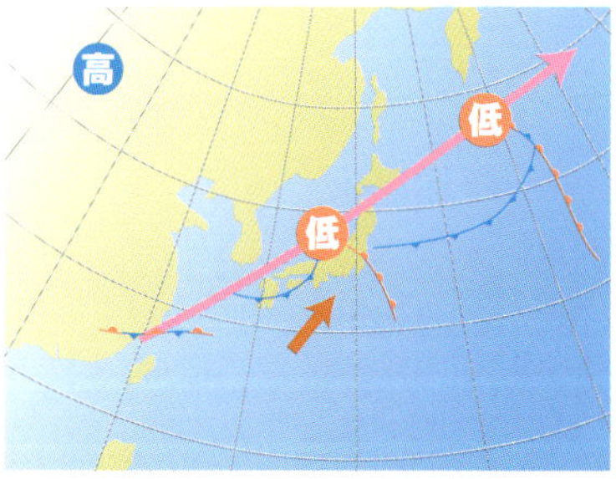

春の爆弾低気圧
黄海や東シナ海で発生した低気圧が、急激に発達しながら日本列島に沿って通過していく。あっという間に台風並みの大荒れとなるので、1回天気予報を見逃しただけで直撃を食らうこともある。ゴールデンウイーク期間に長いクルージングに出るような時は要注意だ

梅雨
冷たく湿ったオホーツク海高気圧と、暖かく湿った太平洋高気圧との間に停滞前線ができ、雨の多いジメジメした天気となる。風は比較的弱いが、前線上に低気圧が発生し、風雨が強まり、雷となる場合もある

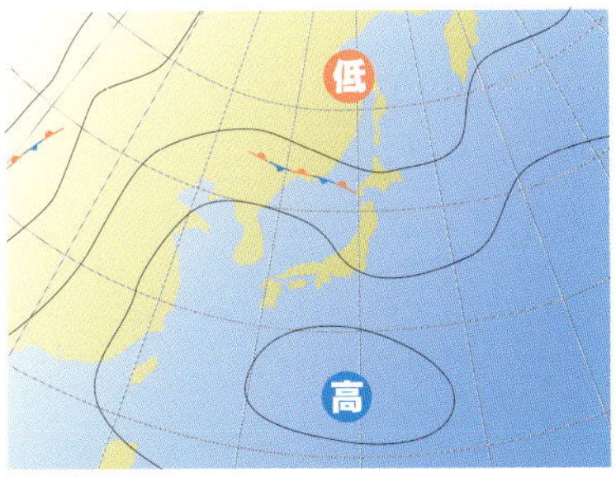

盛夏
夏。冷たい空気は北に追いやられ、太平洋高気圧に覆われて広く晴れる。……が、蒸し暑い

た時には湾外は一面の白波……ということもままある。

強い日差しで陸地が熱せられ、暖まった空気が上昇するためにシーブリーズが吹くわけだが、太平洋高気圧の勢いも一段落すると、上空には北から冷たい空気が入り込むようになる。すると、上昇気流はその温度差からさらに急上昇し、これが入道雲とも呼ばれる積乱雲となり、夕立や雷を発生させる。

これは、陸地が熱せられることによって起こるものなので、「土砂降りの雨。道路で冠水」などとニュースになっていても、沿岸部や海上では何事もない、なんていう場合も多い。

また、早い時期には北上しきれずにフィリピン方面へそれることが多かった台風も、このころから日本列島を襲うコースに乗るようになってくる。

何度も繰り返したように、気象情報に気を付けていれば、日本沿岸航海中、突然台風に巻き込まれることはまずないだろう。プレジャーボートの台風被害は、主にマリーナ係留中に起きると言ってもよい。

たとえば、ジブファーラーに巻き込んでいたジブが解けて風にあおられ、ズタズタになってしまうということもある。ブームが暴れ、他艇を傷つけてしまう事故もある。

マリーナの堤防が倒壊したり、陸置き艇がひっくり返るなどというのはマリーナ側でもケアしてくれるだろうが、オーナー側でも台風シーズンはファーリングジブは外しておいたり、ブームやラダーをしっかり縛り付けておくなどの備えが必要だ。

秋 —— ヨットレース・シーズン到来

太平洋高気圧が次第に弱まると、秋の気配が感じられるようになってくる。

冷たく乾いた大陸の高気圧が次第に勢力を増し、太平洋高気圧との間に停滞前線ができる。これを秋雨《あきさめ》前線といい、梅雨と似たような、ぐずついた天候となる。この時、台風が南海上から暖かく湿った空気をともなって北上してくると、秋雨前線を刺激して大雨となることもある。

やがて、太平洋高気圧が大きく南に後退すると、大陸から移動性の低気圧や高気圧が偏西風に乗って次々に日本列島を通過していく。

移動性の高気圧に覆われると、気持ちのよい秋晴れとなる。こうした移動性高気圧には、大陸北部でできた冷たい高気圧と、南部の揚子江周辺でできた比較的暖かい高気圧があり、移動性の低気圧と交互にやってくる。春同様、変わりやすい天気となり、そしてしだいに秋も深まっていく。

秋はヨットレースのシーズンだ。台風に気を付ければクルージングも気持ちがよい。

秋雨前線と台風
列島沿いに前線が停滞し、台風の接近に伴い大雨になることも

秋晴れ
移動性の高気圧に覆われると、爽やかに晴れる。ただし高気圧の中心が北にあると、太平洋岸では北東の冷たい風が入り込むため、曇りがちになる。一方、高気圧の後には低気圧が接近し、2〜3日周期で天候が変化する

冬 —— シーズンオフ?

発達したシベリア高気圧からオホーツク海の低気圧に向かって、北西の風が吹き続ける。これが冬の季節風で、日本海を渡る際に水蒸気を含み、日本海側の陸地に雪をもたらす。

雪を降らすことで水分を使い果たし、山を越えて太平洋岸にさしかかった季節風は、冷たく乾いている。

冬はヨットもオフシーズンか、と思いきや、かつては年末年始にかけて三浦半島からグアムまで、約1,500マイルを走るジャパン〜グアムレースが行われていた。

日本の南海上には低気圧が周期的に通過し、レースフリートはこの中を突っ切らなくてはならない。グアムにフィニッシュ後、帰りの回航では冬の季節風に逆らって北上しなければならず、おまけに本州に近づくにつれて寒くなっていくので、かなりきつい航路であった。

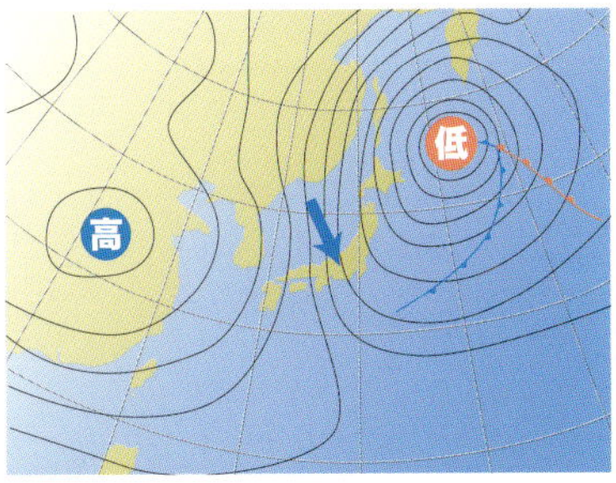

冬寒
大陸の高気圧からオホーツク海の低気圧に向かって季節風が吹く。日本海で大量の水分を取り込み、日本海側では大雪に。雪を降らすことで水分を使い切り、乾いた冷たい風が太平洋側に吹き荒れる

波とうねり

時化、荒天というと、強い風雨が続くことだが、実際に我々の前に立ちはだかるのは、風や雨よりも波だ。

ヨットにとって困難なのは、なんといっても波。「海が荒れる」というのは、風雨が増すというよりも、波が高いということを意味する。

ここでは、その“波”について考えてみよう。

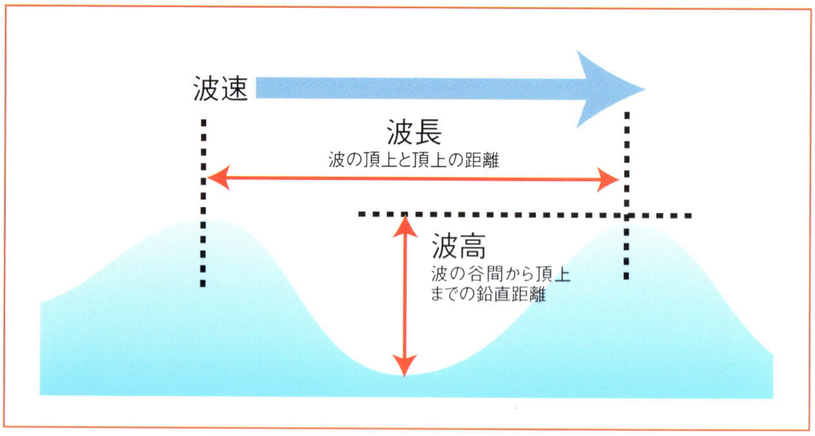

波速
波長
波の頂上と頂上の距離
波高
波の谷間から頂上
までの鉛直距離

波

風によって起きる波を「風浪」という。通常「波」といえば、この風浪を意味する。

理屈っぽくいえば、波とは水面の高低運動だ。風が海面を吹き渡ると、海面が乱れる。乱れた海面は元に戻ろうとする。これが繰り返され、海水の粒子が上下に回転運動することによって波となる。

波は進んでいくように見えるが、実際にはその場で上下の動きをしているにすぎない。スタジアムの観客が引き起こすウエーブも、実際には順繰りに手を挙げては下げる、という繰り返しだが、それが波動のように見えるのと同じだ。

上下動であるから、海水が横方向に移動するわけではない。しかし波の頂上は進んでいくわけで、この速度を波速と呼んでいる。波の高さ（波高）や、波と波の間隔（波長）とともに、波を形容する要素の1つとなる。

波は風によって起きるので、風が強いほど波は高くなる。また長時間吹き続ければ、波も高くなっていく。

あるいは、海上を吹き渡る距離（吹走距離）が長いほど、波は高くなる。つまり、沿岸部で陸地から海に向かって吹く風よりも、沖から風が吹いてくる時の方が吹走距離が長くなるので波は高くなる。

白波

波が発達して波高が高くなると、波頭をささえきれなくなって崩れる。これを白波《しらなみ》、あるいは砕波《さいは》という。

白波は海の荒れ具合を見極める尺度になる。その姿を白いウサギに例え「ウサギが跳んでいる」ともいい、ハーバーから見ても沖合に一面の白波が認められれば、「かなり吹いている」と考えてよい。

さらに風速が上がれば、白波は泡混じりになって糸をひくように吹き流される。

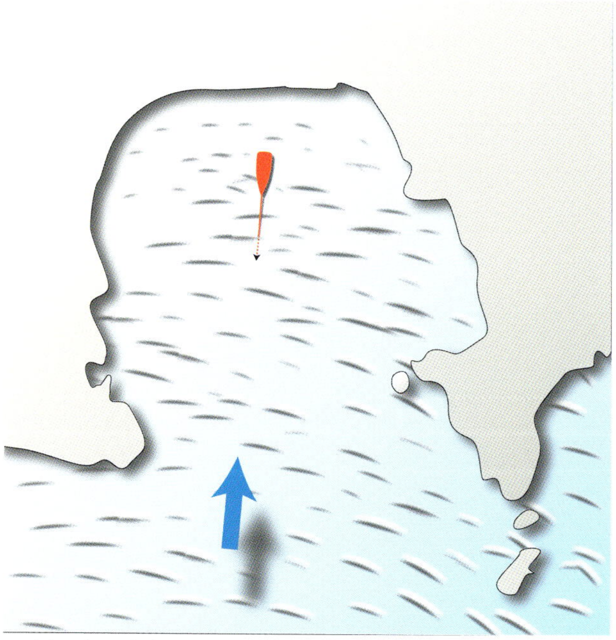

風が吹き渡る距離（吹走距離）が長いほど、波は高くなる

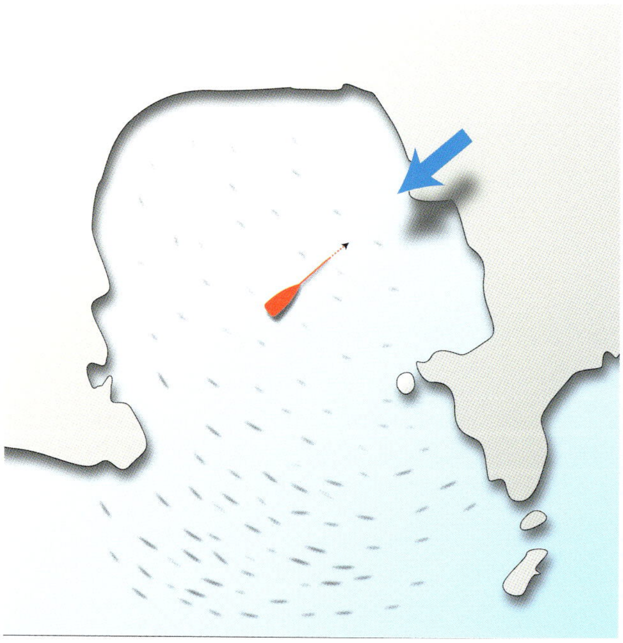

同じ風速で同じ時間吹き続けても、吹走距離が短いと波は大きくなりにくい

三角波

ヨットが走る上で、大きな波が障害になることは容易に想像できる。実際には、波の高さよりも、その斜面の傾斜の度合いがヨットの走行にとって困難な状況を作るといってもいいだろう。

同じ波高なら、波長が長いほど波の傾斜は緩くなる。同じ波高でも、波長が短いとより険しい波となる。

こうした急峻な波を「三角波」、「チョッピー(choppy)な波」、「悪い波」などと呼び、小型のヨットでは単に波高が高い状況よりもずっと走りづらいものとなる。

第8章で解説したように、潮流や海流によって海水に流れが生じることがある。こうした強い流れと風による相互作用、あるいは岸壁などに跳ね返った波が合成されて三角波が起きる。

うねり

「波」と「うねり」は別のものだ。

風によって生じるのが波(風浪)。対して、遠くの海面で生じた波が、長く海を渡ってやってくるのがうねりだ。

波はその場を吹く風によって生じているので、波の進む方向は風向と一致している。ところが、うねりはその場を吹く風とは関係なく、その元となる「波のある場所」からやってきて、道中の地形の影響を受けながら進んでくる。よって、波とうねりの進む方向が違うこともあるし、波はないのにうねりだけあるという海況もある。

波とうねりは別のものとして区別して考えよう。

はるか南方海上にある台風のうねりが土用波と呼ばれるもの。また、大きな低気圧が接近している時などは、風が吹き出す前にうねりが入ってくることもあるし、また低気圧が去った後、風は落ちてもうねりだけが残ることもある。

波に比べるとうねりの波長は長い。波高が同じなら波長が長いほど海面の傾斜は少なくなるから、うねりはヨットの走行に大きな影響を与えないこともある。

地震によって起きる津波もうねりと同じ海面波動だが、その波長は数百kmにおよぶほど長いので、海上では気が付かないかもしれない。しかし海岸に近づき、入江に入ると急激に波高が高くなり、大きな被害をもたらす。

うねりも同様に、沿岸部に達すると海底の影響を受けて波長が減少し、波高が高くなる。波速は減少し、うねりの上部はつんのめるように崩れて一気に叩きつける。磯波、巻波などと呼ばれ、小さなヨットが巻き込まれるとひどいことになる。砂浜ばかりか、河口部やその周辺の港への出入港時には注意が必要だ。

前記の波(風浪)も大きくなると波頭が崩れるようになるが、こちらは砕波《さいは》と呼ばれて区別される。

風浪とうねりはまったく異なるものであり、単に「波」というと風浪のことを指すのだが、天気予報などでは、風浪とうねりを合わせて「波」と表現している場合が多い。「海のレジャーは高い波にご注意ください」と言われ、しかしヨットで海に出るとうねりこそあれ、波は静かでピンと来ないことも多い。うねりが海岸に打ち寄せると磯波になるので、海水浴や磯釣りはご用心ということなのだ。

もちろんヨットやボートでも、河口部やその周辺の港への出入港、あるいは小型のセーリングディンギーで砂浜から出入りするような時には、うねりにも十分な注意が必要になる。

風浪が発達すると、波頭は保持しきれなくなって崩れ白波となる。風速が増すと、砕けた波頭は泡状になって吹き流される。強風、荒天の目安となる

うねりが水深の浅い沿岸部にさしかかると、波高は増し波長は短くなる。波の前面と後面の勾配が異なり、尖った波頭は巻き込むように崩れる。これが巻波だ。砂浜ばかりか河口付近にも見られ、沖側から見ると波が砕けている部分が見えにくいので巻き込まれないように十分に注意しなければならない

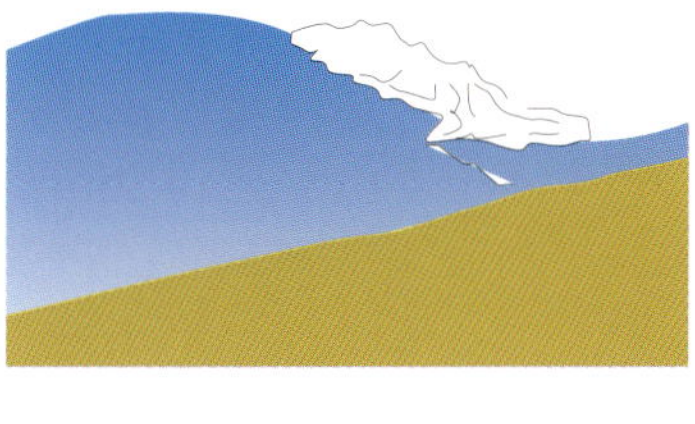

海底が急峻な場合は、前の波が沖に向かって引き一気に崩れる段波(だんぱ)になる

ビューフォート風力階級

波が大きくなると、やがて波頭は砕けて白波となる。波頭が砕けるほど波が大きくなるということは、風も強くなっているわけだから、砕けた波は風下へ吹き飛ばされる。

やがて砕けた波は泡をまじえ、糸を引くように風下に流れるようになる。

風の強さを表すビューフォート風力階級に海上の様子が記されている。参考のために挙げておこう(表)。

ビューフォート風力階級にある風の分類は、マリーナでの会話やヨット雑誌の記事に出てくるような表現とは少し乖離している部分がある。そのあたりも付記しておく。

ビューフォート風力階級表

風力階級	風の分類（気象庁）	風速 ノット m/s	海上の状態	慣用的な表現と、ヨット上の状態
0	静穏 Calm	＜1 0〜0.2	鏡のような海面	無風、完ベタなど。うねりでヨットが傾くたびに、セールがパタン、パタンと返ってしまう
1	至軽風 Light Air	1〜3 0.3〜1.5	ウロコのようなさざ波ができるが、波頭に泡はない	凪、ベタ。この状態では、まだヨットはほとんど進まない。風向も分かりにくい
2	軽風 Light Breeze	4〜6 1.6〜3.3	小波の小さいもので、まだ短いが、はっきりしてくる。波頭はなめらかに見え、砕けてはいない	微風。ヨットはスルスルと走り始める。が、ダウンウインドでは無風に近い状態に感じる
3	軟風 Gentle Breeze	7〜10 3.4〜5.4	小波の大きいもの。波頭は砕け始める。泡はガラスのように見える。ところどころに白波が現れることがある	軽風。アップウインドは気持ちよく走れるが、ダウンウインドではまだまだもの足りない
4	和風 Moderate Breeze	11〜16 5.5〜7.9	波の小さいもので、長さが長くなる。白波があちこちで現れる	中風。もっとも気持ちよく走れるコンディション。アップウインドではたまに飛沫がかかるようになる
5	疾風 Fresh Breeze	17〜21 8.0〜10.7	波の中くらいのもので、いっそうはっきりして長くなる。白波が多く現れる。飛沫を生ずることもある	強風。アップウインドではかなり波をかぶる。適正なセールエリアにしないとオーバーヒールする。ダウンウインドでは豪快に走るが、波の悪い時には注意が必要になる
6	雄風 Strong Breeze	22〜27 10.8〜13.8	波の大きいものができる。いたるところで白く泡立った波頭の範囲がいっそう広がる。飛沫を生ずることが多い	このあたりから、時化という感じになる。アップウインドはかなりキツくなる。ダウンウインドは豪快な走りになるが、操船は急に難しくなってくる。リーチングでは爆走する。マストやラダーのトラブルに注意
7	強風 Near Gale	28〜33 13.9〜17.1	波はますます大きくなり、波頭が砕けてできた白い泡は、筋を引いて風下に吹き流される	
8	疾強風 Gale	34〜40 17.2〜20.7	大波のやや小さいもので、長さが長くなる。波頭は砕けて水煙になりはじめる。泡は明確な糸を引いて風下に吹き流される	完全な時化。沿岸部の航海なら、近くの港への避難を考える。外洋航海ならまだまだ走れるが、ダウンウインドではスピードが出過ぎないように注意が必要になってくる
9	大強風 Strong Gale	41〜47 20.8〜24.4	大波。泡は濃い筋を引いて風下に吹き流される。波頭は崩れ落ち、逆巻きしはじめる。飛沫のために視程が損なわれることもある	大時化。ヨットはまともに走れなくなってくる。波に巻かれないように、また不用意に風下に流されないように、ヒーブツーやライツーといった荒天テクニックが必要になる。次章に詳しく述べたい
10	暴風 Storm	48〜55 24.5〜28.4	波頭が長く、のしかかるような、非常に高い大波。かたまりとなった泡は、濃い白色の筋を引いて風下に吹き流され、海面全体が白くなる。波の崩れ方は激しく、衝撃的になる。	デッキ上を立って歩くことができない。強い雨を伴うことも多く、波飛沫なのか雨なのかが分からなかったりする。マリーナ内でも被害に遭うこともある。浮桟橋も大きく揺れ、ヨットまでたどり着けないことも。こうなる前の、事前の対策が重要だ
11	烈風 Viorent Storm	56〜63 28.5〜32.6	山のように高い大波。海面は風下に吹き流された長く白い泡のかたまりで完全に覆われる。視程はさらに損なわれる	
12	颶風（ぐふう） Hurricane	≧64 ≧32.7	大気は泡と飛沫が充満する。海面は、吹き飛ぶ飛沫のために完全に白くなる。視程は著しく損なわれる	

天気予報

海で遊ぶ上で、気象や海象がいかに大きな影響を与えるかは分かっていただけたと思う。

それらをうまく利用するには、まず情報を得ることだ。幸い、天気予報をはじめとして情報はたいへん入手しやすい。

テレビを見る

出港前、自宅で情報収集をしよう。

基本はテレビの天気予報だ。とはいえ、情報量は意外に少ない。季節の歳時記などで時間が費やされたりしてイライラさせられることも多い。NHK総合放送の、12時前、19時前の天気予報が詳しく、航海の役に立つだろう。民放でも、午後6時台のニュース後半に詳しい解説付きの天気コーナーがある。

天気は連続的に変化するものなので、クルージングなどの前には数日前からチェックし続けよう。

クルージングの予定がなくても、年間を通してこれらの気象知識が盛り込まれた天気予報を見続けることで、気象変化を判断する力がついてくる。

この時間は仕事もあり見逃すことも多いだろうから、HDDレコーダーに続けて録画し、まとめて見るようにするという方法もある。そうすれば、気象に対する知識がより豊富になるはずだ。

NHK総合放送　天気予報
06時54分くらいから
11時53分くらいから
18時52分くらいから

クルージング中の寄港地でもテレビの天気予報が見られると便利だ。携帯型のテレビも普及しており、船に持ち込むのも意味がある。

ラジオを聞く

海上で走っている間はテレビは入りづらい。となるとラジオだが、ラジオの天気予報は情報量が少なかったり広範囲すぎたり、あまり実用的ではない。

ラジオの利用は、NHKの第2放送で流している気象通報から天気図を作成する方法が主流になっている。

とはいえ、これは現在(実際には少し前)の地上天気図であって、予報はここから自分でたてなくてはならない。

これまでの解説を生かせば翌日の気象、海象はおおむね判断できるだろう。単なる天気予報と異なり、紙の上に記録が残るところもいい。

なにより、こうしたことも、海を楽しむ要素の一つとなる。

NHKラジオ第2放送
(東京：693kHz　大阪：828kHz。遠出する時は、あらかじめ該当地域の周波数を控えておくとよい)
気象通報
09時10分～09時30分
(午前6時の天気)
16時00分～16時20分
(正午の天気)
22時00分～22時20分
(午後6時の天気)

電話

海外ではVHF無線で24時間気象情報を流しているところが多いが、携帯電話が発達した日本では、電話で177に問い合わせることが多いだろう。

177の前に局番を入れれば、その地域の天気予報が聞ける。海に近い地方なら、海上の天気(風向や風速)にもふれる。

艇上からでも携帯電話で、いつでもこちらの都合に合わせて聞くことができるところがいい。

ちなみに、時報は117。天気予報と混同しやすいが「ポン・ポン・ポーンが時報」と覚えるとよい。

インターネット

最近ではインターネット上の気象情報が充実している。さまざまな関連サイトがあるので、普段からチェックしておこう。

天気予報そのものはもちろん、天気図も地上解析図はもとより高層図も手に入る。過去にさかのぼったものも入手できるので便利だ。

艇上からもアクセスできれば、きわめて便利である。

気象庁　公式ホームページ
http://www.jma.go.jp/jma/index.html
天気.JP
http://tenki.jp/

気象ファクス

短波を使った気象ファクス放送も世界的に普及している。

専用の受信装置が必要になるが、なによりも紙に記録が残るのがよい。

書式は、ラジオの気象通報から記載するなじみのあるものと異なっているので注意が必要だ。より詳しいデータとなっているが、受信機の解像度が悪いと細かいところまで見えないこともある。

専用受信機がなくても、HF帯のアマチュア無線とPCで受信可能だ。ソフトとデコーダーも安価なので、無線機があるなら大いに価値がある。

JMH局
周波数　3622.5/7305/13597 kHz
放送スケジュール
http://www.jma.go.jp/jmh/jmhmenu.html

天気図

以上のようにして天気図を入手するわけだが、天気図の書式は大きく分けると2つある。

1つは、NHK第2放送などで流している気象通報から作成する天気図に用いる「日本式天気図記号」と呼ばれるもので、新聞などに掲載されるものもこちらが多い。

気象ファクスによる天気図には、雲量など、さらに細かなデータが記された「国際式天気図記号」が用いられる。最近のヨットではこちらを目にすることが多くなっているので、違いを覚えておこう。特に天候や風速の表し方がまったく異なるので要注意である。

また、天気は連続した変化を知ることも重要であり、天気図は連続して入手し、これまでの気圧配置の変化を知ることによって、今後の変化を予測するための資料にしたい。

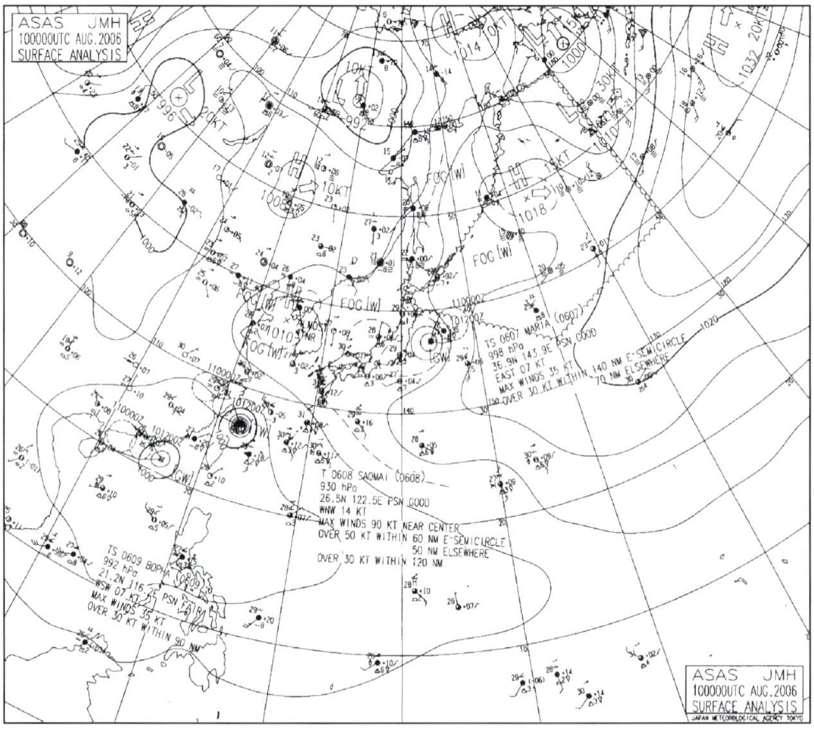

ASAS JMH
100000UTC AUG.2006
SURFACE ANALYSIS

気象ファクスなどで用いられる国際式の天気図

「2006年8月10日グリニッジ標準時00時の地上解析図であることを示す」

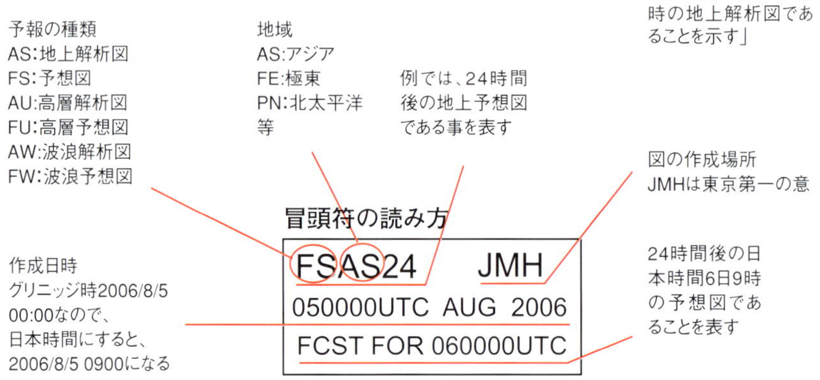

予報の種類
AS:地上解析図
FS:予想図
AU:高層解析図
FU:高層予想図
AW:波浪解析図
FW:波浪予想図
地域
AS:アジア
FE:極東
PN:北太平洋
等
例では、24時間後の地上予想図である事を表す
図の作成場所
JMHは東京第一の意
冒頭符の読み方
FSAS24 JMH
050000UTC AUG 2006
FCST FOR 060000UTC
作成日時
グリニッジ時2006/8/5 00:00なので、日本時間にすると、2006/8/5 0900になる
24時間後の日本時間6日9時の予想図であることを表す

国際式天気図記号

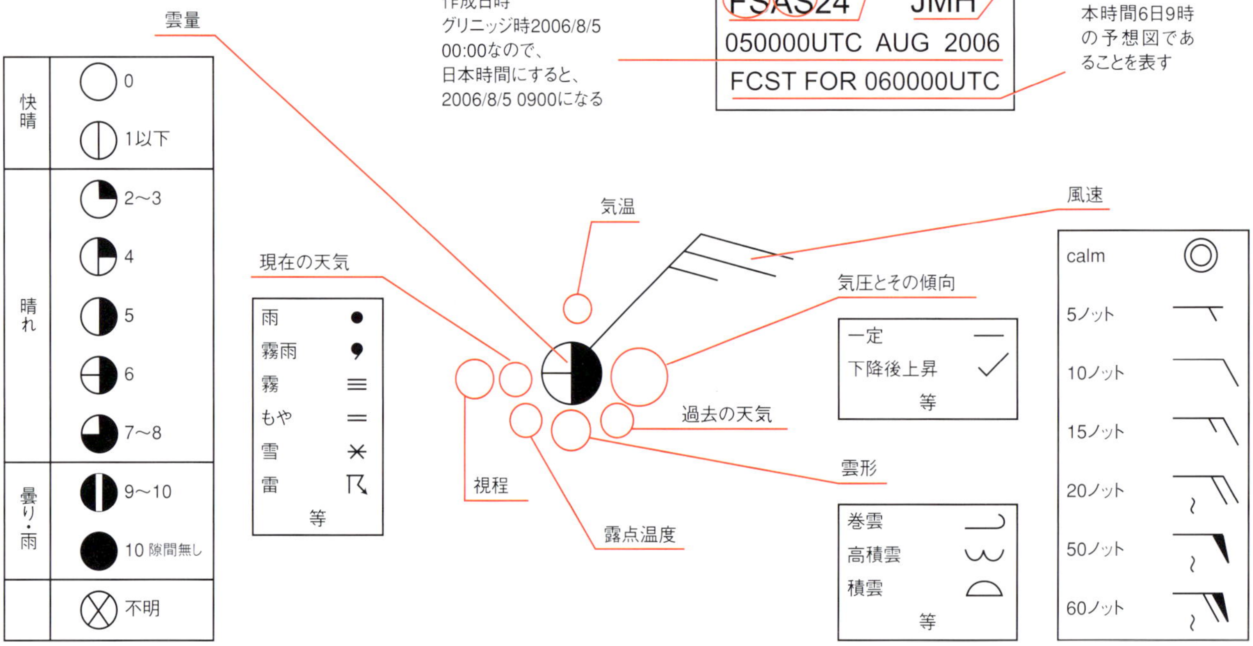

雲量
快晴
0
1以下
晴れ
2〜3
4
5
6
7〜8
曇り・雨
9〜10
10 隙間無し
不明
現在の天気
雨
霧雨
霧
もや
雪
雷
等
気温
風速
気圧とその傾向
一定
下降後上昇
等
過去の天気
雲形
巻雲
高積雲
積雲
等
視程
露点温度
calm
5ノット
10ノット
15ノット
20ノット
50ノット
60ノット

バロメーターと温度計

気温を測る温度計と気圧を測るバロメーターは、もっとも原始的な天気を予想する道具といえる。

国内の沿岸航海では、天気予報の入手にはさほど困らないが、大洋の真ん中や、辺鄙《へんぴ》な場所の入江に何日か錨泊するような時など、気象情報の入手が極めて困難になる場合もある。

そんな時は、風向、風速、そして気温と気圧の変化によって、大きな天候変化の予兆を感じ取ることもできるのだ。

これまで見てきたように、天候の悪化は低気圧によってもたらされる。気圧が下がっていくということは、低気圧が近づいているということ。気圧の変化が急激ならば、より強い風が想像される。気圧が高くなっていくならば、低気圧の中心は遠ざかっていることも分かる。

また風向によって低気圧の位置も想像できる。北半球では、風に背を向けて左斜め前方に低気圧の中心がある。風向がどちらに振れていくかによって、低気圧がどの方向に移動しているのか、そして、その後の風向の変化も予測できる。

さらに、気温の変化で前線の存在が分かる。

BAROMES
ANEROID
BAROMETER

気圧計（バロメーター）も、原始的だがいざという時には役に立つ。時計、温度計と合わせてぜひとも装備したい。装備したら、示度を記録するようにしよう

日本式天気図

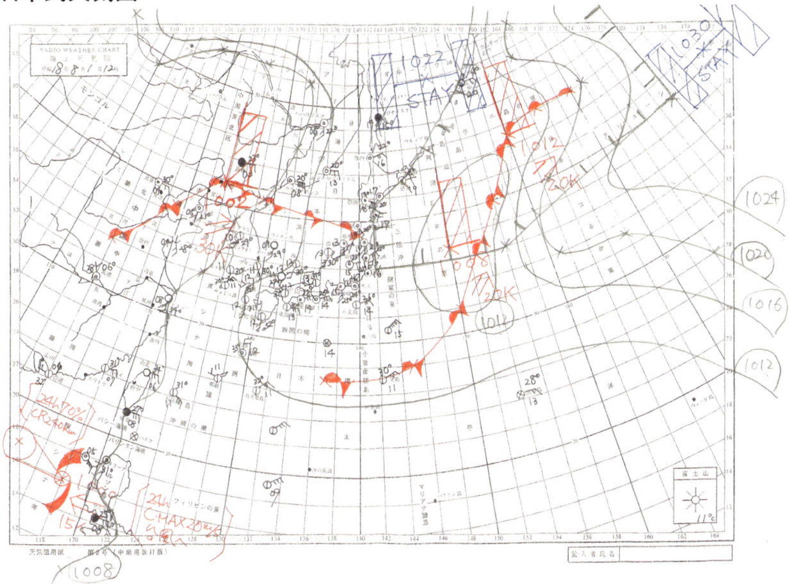

観天望気

空の状況、たとえば雲の動きや太陽、月の見え方、風などから、経験的に天候を予測することを「観天望気《かんてんぼうき》」と呼んでいる。

中には迷信の類もあるが、科学的にある程度証明できるものもある。

「夕焼けは、翌日晴れる」も有名な観天望気のひとつ。相模湾では「富士山がクッキリ見えると、風が強くなる」などがある。

各地でさまざまなものがあるので、情報を収集しておこう。

日本式天気図記号

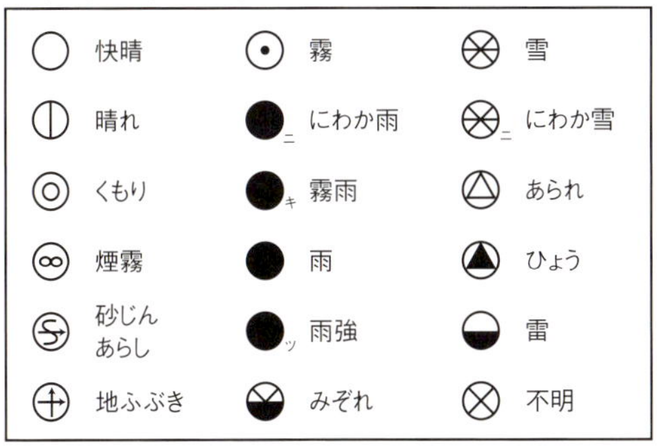
快晴
霧
雪
晴れ
にわか雨
にわか雪
くもり
霧雨
あられ
煙霧
雨
ひょう
砂じん
あらし
雨強
雷
地ふぶき
みぞれ
不明

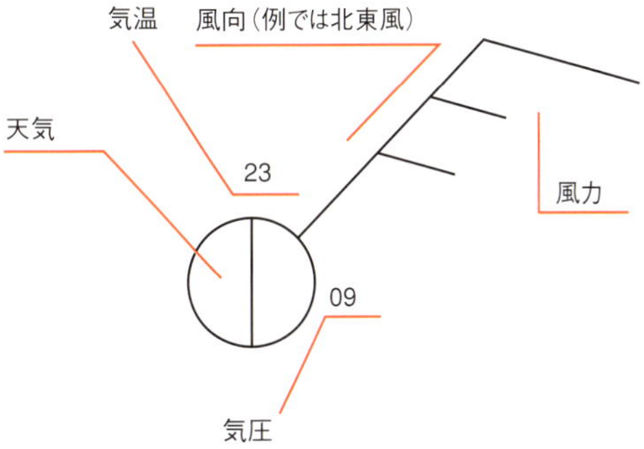
気温
風向（例では北東風）
天気
23
風力
09
気圧

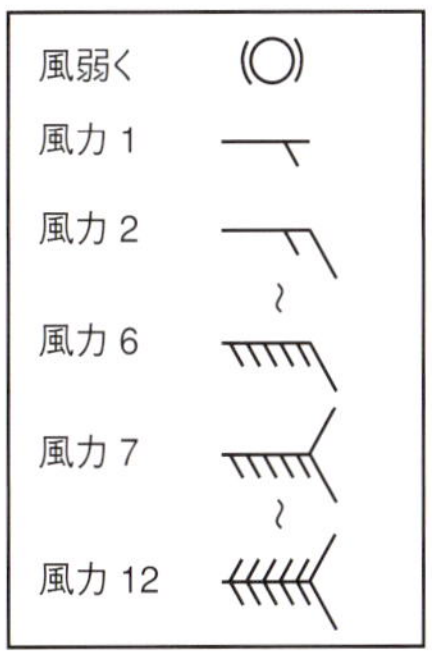
風弱く
風力 1
風力 2
風力 6
風力 7
風力 12

海に吹く風と、それによって起きる波。空を流れる雲や、そこから降り注ぐ雨など、ヨットを取り巻く自然環境はきわめて複雑だ。ヨットの楽しみはこうした自然現象を楽しむことでもある。空を見上げ、太陽の動きや雲の動き、波や風、すべてに興味をもつことで、ヨットはより奥深い喜びを与えてくれるはずだ。

第１３章

荒天帆走

海は、ヨットにとってコンディションの良い日ばかりではない。快晴でも風が強ければ時化になるし、反対にまったく風がなかったり、むしろ1年を通じてさわやかな日の方が少ないほどだ。となると、ヨットを操るにあたって、天気の悪い時の対処の仕方こそが重要だといえる。

最終章では、荒天帆走と対処法について考えてみよう。

沿岸航海と外洋航海

青空のもと、穏やかな風が吹きわたる海は気持ちがいい。日頃の喧噪を忘れてセーリングに没頭することができる。

しかし、風速20ノットくらいから、海の様相は一変する。波に叩かれ、波しぶきをかぶる乗員は荒天用の装備を身に付ける必要が出てくるし、ハッチも閉めないとキャビンが水浸しになってしまう。移動物もしっかり固定しておくなど、荒天対策が必要になる。

とはいえ、適正なセールエリアを保っていれば恐れることはない。外洋ヨットは十分安全にこの海を走りきってくれるはずだ。

選手権レベルのヨットレースなら、風速30ノットでも中止になることはない。トップレベルの選手たちは喜々としてレースを楽しんでいる。

この段階では、各部のトラブルを防ぐことがポイントになる。

強風下、必要以上に大きなセールエリアのままで風を逃がしながら走っていれば、ほどなくしてセールは破れてしまうだろう。

艇体各部には、大きな力が絶え間なくかかる。日頃のメインテナンスが悪ければ、マストやラダーといった重要な艤装や、艇体自体のトラブルの危険も増えてくる。

沿岸航海ならば、もよりの港への避難（避航）を早めに考えよう。いよいよどうにもならなくなってからでは遅い。あらゆる可能性を考えて、早めに手を打っておくことが重要だ。

一方、外洋を航海する場合、避難する港も遠くなる。大洋横断の場合などでは、どんな時化になっても海上で対処するしかない。ヨットにもそれなりの装備が必要になり、対処方法は沿岸航海とは異なってくる。

沿岸航海と外洋航海、特に大洋航

海の違いを思い描きながら、対処方法について考えていこう。

マストの調節

マストはヨットの命である。にもかかわらず、船を買ってからまったく手をかけないことも多い。いざ大時化になってから慌てても遅い。普段からきちんとメインテナンスしておこう。

サイドベンド

マストは後ろにベンド(曲がる)しており、ベンド量を調節することでメインセールのドラフトを調整する……というあたりは第10章で解説したが、横方向の曲がり(サイドベンド)はなく、真っ直ぐになっているのが基本だ。

ヨットがクローズホールドでヒールして走っている時、マストには大きな力がかかっている。ここで、風下側のシュラウド(マストを左右から支えるサイドステイ)をチェックしてみよう。

ブラブラに緩んでいるようなら、マストが風下側に曲がっていることになる。これをサイドベンドといい、マストの強度が低下することを意味する。

逆にこの状態で、風下側のシュラウドがピンピンに張っている必要はない。もしもピンピンに張っていたら、それは必要以上のテンションがマストを下に押しつぶす方向に作用していることを意味する。

風下側のシュラウドにはほとんど力がかかっていない状態、でも弛《たる》んではいない状態が望ましい。

シュラウドのテンションは、ターンバックルで調節する。左右均等にするため、クローズホールド帆走時に風下側の緩んでいる方を回していこう。緩んでいる分の半分を目安にし、タッキングして反対舷も同じ数だけ回してやる。

マストを下から見上げて真っ直ぐになるように、アッパーシュラウド、ロワーシュラウドのバランスを取るようにするのが重要だ。

マストにかかる力

マストにかかる力は、風の力というよりもそれに対抗する力だ。単に風に吹かれただけならヨットは大きくヒールするばかりであり、ヒールすればするほどセールの投影面積は減るのでセールにかかる風圧も少なくなる。

バラストキールや乗員、搭載した水や食料などの重さによってヒールするまいと対抗し、この対抗する力がマストにかかる。

つまり、風速が上がれば上がるほどマストに力がかかるわけではない。ヒールを起こそうとする力(復原力)が大きくなるほどマストに力がかかると考えよう。

マストのチェックは、時化にならなければできないということはない。乗員が全員ハイクアウトするような中風域からマストのチェックはできる。いざ時化になってしまってからシュラウドを……と考えていては遅いのだ。

シュラウドのテンションのみならず、その取り付け部やワイヤ自体の劣化もチェックするために、シーズン前後にはマストに登って、また3年に1度はマストを倒して目に見えない所もチェックしておきたい。

風を受けた時にマストにかかる力

大きくヒールした状態。ヒールすればするほどセールの投影面積は小さくなるので、風は抜ける。マストへのストレスは、単に大きくヒールしている時が最も大きいとは限らない

風の力でヒールしようとしているヨットを乗員の体重で起こす(復原させる)ことによって、マストにはより大きな力がかかる。燃料や清水、食料などを満載した状態も同様だ。ここでマストが曲がる(ベンド)と、風下側のシュラウドが緩むので分かる

最もマストにロードがかかった状態でも、風下側のシュラウドがブラブラしない、かつ張りすぎてもいない状態に調節しよう。ワイヤは経年変化するので、常にチェックしておこう

避航する

沿岸航海での荒天対策は「適切な段階で近くの港に避航すること」が基本となる。

続航か避航か、どの段階で判断するかは自分自身で決めることだが、無理はしないこと。走り続けることが勇気ではない。

大時化になる前に、早めの判断で条件のいい港で時化をやり過ごせれば言うことはないが、避難港は近ければいいというものでもない。港や湾口の立地によっては、追い波や追い風で入港しにくい場所もある。危険は陸地に近づくほど多いと考えよう。

河口部や砂浜が長く続くような海域では巻波に注意しなければならない。特に沖側からみると、白い波頭が見えにくく、険悪な巻波が発生していることが分かりにくい場合も多い。

また、リーショア(風下側の陸地)にも注意が必要だ。もしもラダーやセール、あるいはエンジンのトラブルで航行不能になった場合、リーショアに距離的な余裕があった方が対処は楽になる。余裕がなければそのまま風下に流されて座礁の危険が高くなる。リーショアに余裕をもって、また河口部や砂浜の巻波を避けてアプローチできる港あるいはコースを選ぼう。たとえ引き返すことになっても、そしてそれがクローズホールドで波をかぶりながら進むことになっても、より入港しやすい港を選んだ方が安全な場合もあるのだ。

避航では、セーリングが必ずしも早いとは限らないし、機走の方が早いとも限らない。その時のコンディションと自艇のポテンシャル、乗組員の体力や技量によって最適の選択をしなくてはならない。

特に真上りになってしまったら、角度と艇速の違いによるVMG(速力成分)を考えて、最も効率よく風上に向かう方法を考えよう。

セールを降ろし、機走で直接目的地へ針路を向けた方が早く到着する場合もあるかもしれない。あるいは、それでは波を真正面から受けてしまうので、思ったよりもVMGが伸びない場合もあるだろう。セールに風を受けることによって船は安定し、走りやすくなるかもしれない。とはいえ、艇種によってはセーリングでの上り角度が非常に悪くなってしまい、結果、かなりの遠回りをしなくてはならない場合もある。

リーフしてフラットにしたメインセールをセンターラインまで引きこみ、わずかに裏風を入れながら機帆走することで高いVMGを得つつ、安定して走ることができる場合もある。

常にその場の状況を考えて行動しなければならない。荒天対応は常に先を読み、二の手、三の手を考えた行動が重要だ。

船酔い

荒天の初期では、「船酔いの克服」が大きな壁になることが多い。荒天の辛さの大部分を占めるのが、実は船酔いなのだ。

船酔いは、「いつもと違う状況」に自律神経がパニックを起こすことから起きると考えられている。ここでいう「いつもと違う状況」とは、船の揺れだ。

したがって、ヨット経験の少ない人ほど、船酔いしやすいようだ。

船酔いすると、最初は倦怠感、あくびといった軽い症状から、しだいに顔面蒼白となり吐き気が起こる。重度になると、寝たきりで起きあがれなくなり、脱水症状に至るケースもある。

個人差があるのでなんともいえないが、乗艇前日はタップリ睡眠をとり、腹八分の状態で乗艇する。あるいは、前夜は係留しているヨットに泊まるというのも効果があると思う。

何より、セーリングに興味を持つことが重要だ。自分で船を操っているという前向きな緊張感が、自律神経のパニックを押さえる最良の薬のように思う。

「気持ちが悪くなったら吐けばいい」というポジティブな発想も必要だ。船の周りは海なのだから、他のどの乗り物よりも吐きやすい。

吐いた後、スッキリする人と、スッキリしない人の2パターンがあるようだが「吐けばスッキリする」パターンに持ち込もう。それがヨットを続ける近道だ。

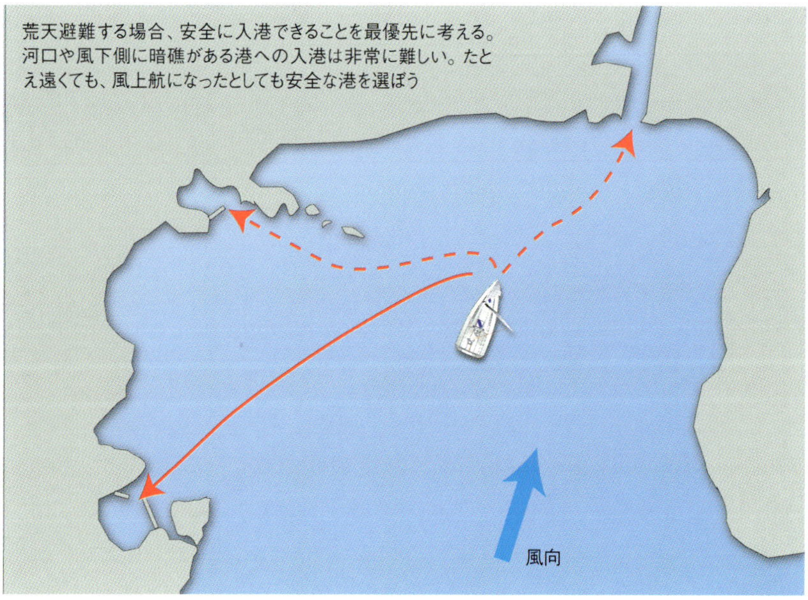

荒天避難する場合、安全に入港できることを最優先に考える。河口や風下側に暗礁がある港への入港は非常に難しい。たとえ遠くても、風上航になったとしても安全な港を選ぼう

セーリング or ノット・セーリング？

風速に合わせて適度なセイルエリアに保つことが重要である、というのは第10章で解説した。ジブとメインセールのさまざまなコンビネーションについてイラストで紹介したが、ストームジブ＋2ポイントメインでもセールエリアが大きすぎるような状況になったら、どうすればいいのだろうか。

ストームジブ

ストームジブ＋2ポイントリーフ（メイン）でもセールエリアが大きすぎる「オーバーキャンバス」状態になったら、次の手としてはストームジブのみ、あるいはメインセールのみという選択肢がある。

それぞれの特徴をみてみよう。

メインセールのみ

ジャイビングが難しい。ワイルドジャイブを防ぐべく操船に気を使う。

降ろしたストームジブは、デッキに置いておくだけだと流されてしまうかもしれない。強風と大波の中では、しっかり縛り付けていたとしても油断ならない。キャビン内にしまうのが確実だが、ビショビショになる。

近くの港までの風上航の避航なら、エンジンも併用し、センターラインまで引きこんだメインセールとエンジンで、高いVMGを達成することができる場合もある。

ストームジブのみ

ブームが関係なくなるのでジャイビングが楽だ。あるいはワイルドジャイブの危険がない。

シーティングアングルが広いので、風上航の性能は悪くなる。

メインセールのラフはマストを線で引っ張るが、ジブはIポイント（フォアステイのマスト側の付け根）1点に力がかかるので、マストへの負担が大きくなると考えられる。

ストームトライスル

荒天時、メインセールの代わりに展開するのがストームトライスルだ。セールエリアはメインセールの20％以下と非常に小さく、ブームを使わないので使い勝手もいい。

通常の沿岸航海では、トライスルの出番が来る前に近くの港に避難しておくのが鉄則だが、避難しようがない大洋渡航では、トライスルは必需品となる。

トライスルを展開する前に、メインセールは完全に降ろしてブームに固縛する。ブーム自体も暴れないようにガッチリと固定しよう。

その上で、マストのグルーブを使ってトライスルを展開する。

シーティングは、風上、風下両舷からスターンパルピットの付け根あたり（通常はスピンシート用の頑丈なアイがある）にブロックを使って左右のプライマリーウインチ、あるいはキャビントップウインチにリードし、シーティングアングルはタックの高さを調節して合わせる。

いざストームトライスルを揚げようかという時になって慌てても遅い。大時化のデッキ上ではちょっとした作業も容易ではない。シートやリーディングブロック、タックペナントに使うシートもあらかじめ長さを決めて用意しておこう。

作業にあたって、焦る必要はないが、段取りよく行おう。ホイスト途中でまごまごしていると、強風でシートが暴れて艤装品に絡みついたり、シート自体が絡まって玉状にもつれてしまったりする。この段階での風の力は想像以上で、暴れるシートに近づくこともできない状態になる。

トライスルを展開してしまえば、メインセールよりもずっと扱いやすい。なんといってもブームがないのでジャイビングも楽だ。大きくヒールしても、ブームが水をすくってブームバングやグースネックを壊すということもない。

リーチローチもなくバテンも入っていないので、シバーしにくいしシバーしても破れにくい。

荒天時のセール

ストームジブのホイストは65％程度。タック部をペナントで上げバウパルピットと干渉しないようにしよう。メインセールは最も小さくなるようにリーフした状態で、通常ラフの長さが60％以下になる

さらに風速が上がったら、ストームトライスルの出番だ。メインセールは全部降ろして暴れないように固縛。スピンシートブロックなどを利用してシーティングする。タックの高さでリーディングアングルを調整する

ジブファーラーでの対応

ジブファーラーでの荒天対応のパターンを考えてみよう。

ファーリングジェノアも、ジブファーラーに巻き込むことでセールエリアを減じて走ることができる。

風速が上がるにつれてファーリングし、セールエリアを減らしていくわけだが、メインセールのリーフに比べてファーリングの手順は簡単なので、ついついフルメインのままジブだけ巻き込んで強風に対処することが多くなる。しかし、これまでに説明してきたように、ジブとメインのセールエリアのバランスを取ることが重要だ。ヘルムバランスが適正になるよう、適時メインセールのリーフも進めていこう。

ストームジブが必要になる程の強風下では、ファーリングジェノアを小さく巻き込んでセールエリアを減らしても、セールには同様にヨットをヒールさせるだけの風圧がかかっている。セールエリアが小さくなったからといって、ギアの負担が減ったわけではない。

多くのジブファーラーはファーリングした状態で長時間走り続けるようにはできていない。この状態で一晩、あるいは丸一日以上走り続けるとファーリングギアのトラブルも多くなる。

ならば、どうしたらいいのか。

ストームジブが必要になるような強風下で、ファーリングジェノアをいったん全部開いてから回収し、ボルトロープ仕様のストームジブを展開するのはかなりハードな作業となる。

大洋航海でもファーリングギアは使われているが、完全に開くか完全に巻き取るかで使われることが多い。この場合は、別にステイを用意し、そこにストームジブを揚げるなり、別にサイズの小さなファーリングジブをセットしたファーラーをセットするといった工夫が必要になる。

また最近では、完全に巻き取ったファーリングジェノアの上から展開するストームジブなども開発されている。

ストームジブは、大洋航海ばかりか沿岸航海でも必要になる。ジブファーラーを装備したヨットでもホームポート付近を走っている分にはいいが、沿岸航海といえども丸1日以上走り続けるような航海に出るなら、ファーリングジェノアに代わるヘビーウェザージブの展開方法と手順を確認しておきたい。

これはメインファーラーでも同様だ。

ファーリングギアのトラブルで巻き取れなくなってしまったら、代わりに使える小さなサイズのセールはどうするのか。あるいは、ラフにスライダーカーを用いてメインセールの揚げ降ろしが楽になるような艤装もあるが、この場合もリーフの仕方、ストームトライスルの展開の仕方をしっかりと考えておこう。

楽できるギアほど、トラブルの時には面倒なことになるものだ。

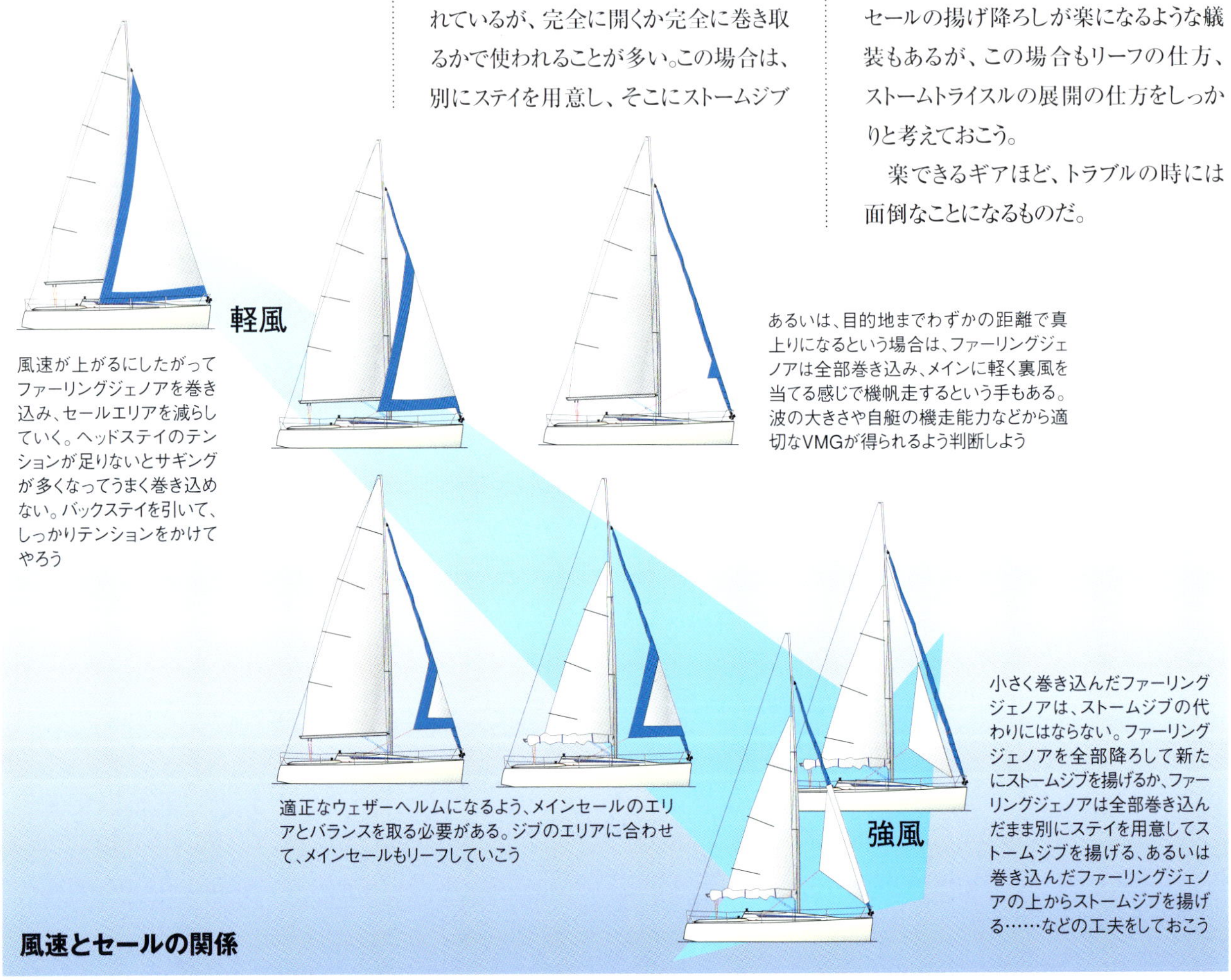

軽風
風速が上がるにしたがってファーリングジェノアを巻き込み、セールエリアを減らしていく。ヘッドステイのテンションが足りないとサギングが多くなってうまく巻き込めない。バックステイを引いて、しっかりテンションをかけてやろう
あるいは、目的地までわずかの距離で真上りになるという場合は、ファーリングジェノアは全部巻き込み、メインに軽く裏風を当てる感じで機帆走するという手もある。波の大きさや自艇の機走能力などから適切なVMGが得られるよう判断しよう
適正なウェザーヘルムになるよう、メインセールのエリアとバランスを取る必要がある。ジブのエリアに合わせて、メインセールもリーフしていこう
強風
小さく巻き込んだファーリングジェノアは、ストームジブの代わりにはならない。ファーリングジェノアを全部降ろして新たにストームジブを揚げるか、ファーリングジェノアは全部巻き込んだまま別にステイを用意してストームジブを揚げる、あるいは巻き込んだファーリングジェノアの上からストームジブを揚げる……などの工夫をしておこう
風速とセールの関係

ドローグとシーアンカー

風速40ノットを超えたあたりから、さらに海況は一変してくる。50ノットを超えると、通常のヨットではまともに走れない状態になっていく。

この場合、セールを全部降ろして風と波に任せるままにしておいたらどうなるか。セールを降ろしたヨットは不安定だ。大きな波を横から受ければ、ヨットは容易に横倒しになるだろう。

荒天下では、セールを全部降ろした状態（ベアポール）でも風下に向かって相当のスピードで走ってしまう。このまま、舵が利かずにブローチング状態に陥る危険もある。

そこで、船尾から抵抗物を流すことによって、艇速を抑え、船尾を後ろに引っ張ってブローチングを防ごうというのがドローグ（drogue）だ。専用の商品もあるが、艇内にあるロープ類を長くつなげてU字に流すことで、ある程度の効果を得ることもできる。

その場合、用意したロープはそれぞれきれいにフレークし、両舷を頑丈なクリートに留めてから流していく。流し始めるとかなりの抵抗になるので、段取りが重要だ。

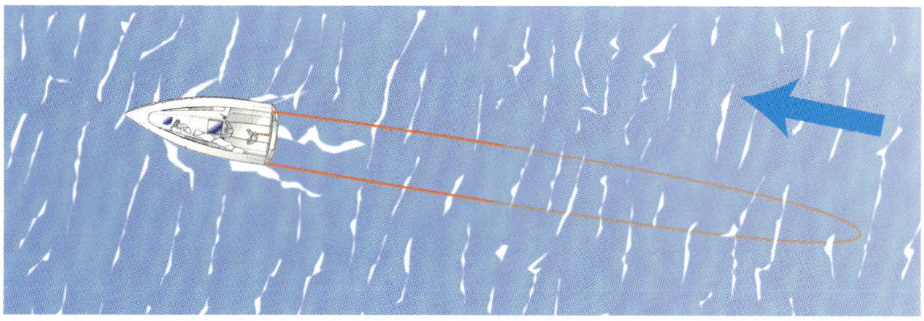

船尾から抵抗物を流し、減速とともに波に乗って切り上がるブローチングによって波に巻かれないようにするのがドローグ。セールなしでも暴風下ではヨットはかなりのスピードが出てしまう

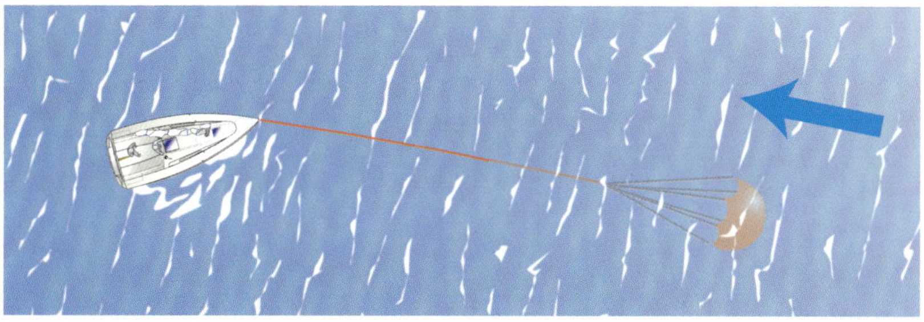

一方、抵抗物を船首側から流して風に立て、なるべく流されないようにするために使うのがシーアンカーだ。セールのないヨットは、放っておくと船首は風下に向いて流れていく。風に立てるのはなかなか難しい

逆に、ヨットを風に立てて時化をやり過ごそうというのがシーアンカー（sea anchor）だ。この場合、波は船首に受けることになる。

また、セールを揚げたままその場にとどまるヒーブツーという方法もある。

この時点では海況もさまざまだし、それがどの程度続くのか、今がピークなのかこの後どのくらいまで悪化するのか、あるいは風下側に陸地や岩場などの障害物があるのか否か、そこを走るヨットの性格（大きさや重さなど）も様々なら乗員の人数や練度によっても最適な対処方法は変わってくる。

ドローグかシーアンカーか、あるいはヒーブツーがいいのか。無事に乗り切ることができたとしても実際にはもっといい対処方法があったのかもしれないし、事故になったとしても、実は他の方法ではもっとひどい事故になっていたのかもしれない。その条件の時にその対処が果たして正しかったのか？　正しい答えというのは、簡単には出ないし、出してはいけないのだと思う。

洋書では、さまざまな実例を収録した書籍も出ている。これらも答えは書いてない。どのようなことが起きたのか、というだけだ。また国際セーリング連盟の外洋特別規定（付則F）ではドローグの使用についての指針が記されている。それらを参考にして、その場に応じた自分なりの対処方法を考えるしかないのだ。

ちなみに筆者は、ロープを船尾から流す方法で何度か大時化をやり過ごした。シーアンカーを使ったことはないが、ストームトライスルを上げたままエンジンの力を借りて波に立てるという方法で台風を乗り切ったこともある。これが正しかったのかどうか、無事に乗り切れたので少なくとも間違いではなかったと思っている。

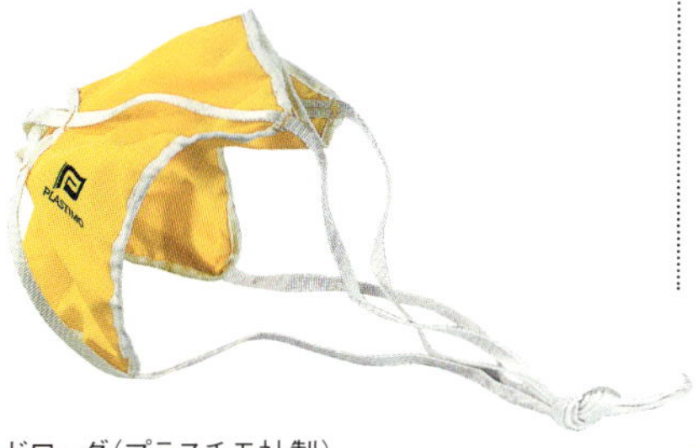

ドローグ（プラスチモ社製）

シーアンカー（プラスチモ社製）

安全備品

ヨットに積み込む安全のための装備を安全備品という。

小型船舶検査機構による船舶検査の際に必要とされる船舶安全法に基づく法定備品は、当然ながら搭載されていると思う。しかし、これらの法定備品すべてが実情に沿ったものとは言い難い。ISAF（国際セーリング連盟）が定めた安全基準（＝外洋特別規定：ISAF Offshore Special Regulations）には、必要な備品と用途について極めて明確に、そして詳しく記されている。JSAF（日本セーリング連盟）のウェブサイト（www.jsaf.or.jp）から日本版をダウンロードできるので、ぜひとも一読をおすすめする。

落水対策

乗員がヨットから海に転落する――落水がいかに重大な事故に結びつくかは、第1章でも詳しく書いた。落水しないためにライフハーネスが、落水した後、溺れないようにライフジャケットな

落水対策備品。左から救命浮環（ライフリング）、ライフスリング、ダンブイ。いずれも、非常時にすぐに使用できるようにしておく

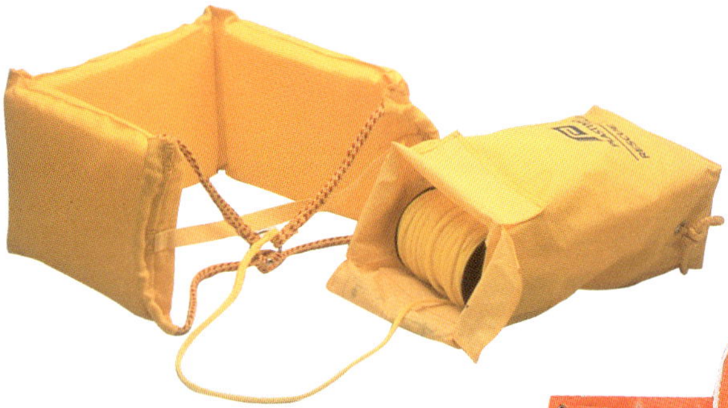

上：船尾から流して落水者の周りを回って落水者を確保し、最終的には船に引き上げるための装備。左下の「ライフスリング」と同じ機能

下：救命浮環（ライフリング）。円形のものよりも、落水者が保持しやすい馬蹄形をしたものが多い

どのフローティング・デバイスがいかに重要であるかも記した。

それでは、落水者が出た後の船に残った側の対処はどうしたらいいか。こちらも非常に重要になる。

救命浮環（ライフリング）は落水者に投げ与える浮力物だが、その役割は大きく二つに分けられる。

一つは、落水直後に海面に投下し、落水地点を分かりやすくするため。もう一つは落水者に接近した際に投げ与え、船まで引き寄せるためだ。

当然ながら、後者は船と救命浮環がロープでつながっていなければならず、前者はロープでつながっていては用をなさない。

このあたりの使い方は、船検備品としての救命浮環ではあいまいになっているので注意が必要だ。

ヨットは急には止まれない。これが一番の問題である。落水者が出ても、ヨットはしばらくそのまま走り続けてしまう。現在は「クイックストップ法」として、すぐに行き足を止める落水救助方法も提唱されているが、それでも落水者を見失う危険はある。

落水者が出たら、まず救命浮環を投下することが基本となる。落水者はそれにつかまり、また救助に当たる船側からは落水地点の目印になる。

この場合の救命浮環は落水地点に留まっていて欲しいので、ヨットとロープでつながっていてはまったく用をなさない。また、風で吹き飛ばされないように、小型のシーアンカーをくくりつけておき、視認しやすいように旗付きの竿（ダンブイ）や自動的に発光する自己点火灯も細いロープで接続するよう、ISAFの安全規則では推奨されている。

これらすべてを一体にしてコンパクトなケースに入れた自動膨張式のものも市販されている。ブイの形状も、落水者をホールドしやすい馬蹄形のものが多く、馬蹄形ブイとも呼ばれている。

一方、落水者を見つけて近寄り、いよいよヨットに引き寄せようという時に用いるのがヒービングラインだ。この場合は浮力よりも遠投能力が必要とされる

落水者に近寄った際、落水者をたぐり寄せるのに用いるヒービングライン。遠投しやすいように、バッグの中にラインが収まっている

ので、自船とロープでつながった救命浮環を投げ与えるよりも、それ専用に特化させたヒービングラインの方が有効なのは、火を見るよりも明らかだ。

落水者をたぐり寄せる道具としては、ライフスリングという商品も有効であるとされている。

これは、投げ与えるものではなく、浮力体を船尾から引っ張り、落水者の周りを回り込みながら落水者とコンタクトさせるというものだ。

浮力体はベルト状になっており、デッキに引き上げる時にはスリングベルトの代わりにもなる。

ライフスリングは、最初に挙げた、落水直後に投げ与えて落水者の位置を知り、落水者の浮力を確保するために用いる救命浮環とは役割が異なるものなのでご注意願いたい。

現在の船検制度が要求する安全備品は、落水対策には無頓着であることに注意し、法にかかわらずオーナー独自の判断で安全対策を講じていただきたい。

信号、火薬類

遭難時に自艇の位置を知らせるために、さまざまな信号類が法で規定されている。

火花が出るもの(ハンドフレア)。それを打ち上げてパラシュートで落下させることによって、より遠くから視認できるようになっているもの(パラシュートフレア)。昼間なら、煙や海面を染色することで上空からの視認性を高めたものなどがある。船検備品として最低限の信号類は搭載するように規定されている。それぞれ使用期限があるので、注意しよう。

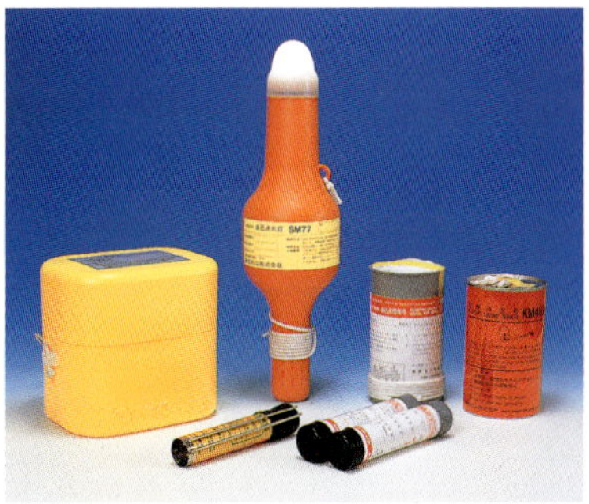

信号、火薬類は、法に従って搭載しよう。ヨットクラブやマリーナで行われる安全講習会で、使用方法を体験しておきたい

通信設備

海上での通信設備として、近距離ではVHF波を用いた無線機が、長距離ではMF〜HF波を用いた無線機が使われる。日本では、長く無線通信に対して厳重な規制が敷かれていたため、世界的に普及している国際VHF無線機の普及が遅れていた。代わって、近年の携帯電話の発展に伴い、海上での近距離通信設備としても、国際VHFに代わって携帯電話が主として用いられるようになった。

携帯電話はVHFよりも波長の短いUHF波を用いた通信設備だが、通信エリアは比較的広く、日本の沿岸部をほぼカバーしてはいる。しかし、携帯電話ではすぐ近くを通る船舶に呼びかけることができないという、安全設備として重大なマイナス要素を持っている。救助に向かう航空機と直接通話することも難しいかもしれない。

対して、国際VHF無線機は端末同士で直接通信をするため、大洋のまっただ中でも近くにいる複数の船舶や航空機と同時に通話ができるなど、安全設備として大きな意味を持っている。

法改正の結果、我が国でも徐々にではあるが国際VHF無線機も普及しはじめてはいる。

長距離通信には、HF波を用いたアマチュア無線が広く用いられてきたが、最近は割と安価にイリジウムサービスなどの衛星携帯電話を使用することができるようになっているなど、ヨットの通信事情は大きく変化している。

もちろん、沿岸航海なら携帯電話は必需品だ。インターネットへアクセスして天気情報などを簡単に得ることもできる。バッテリーを充電できる方法の確保や、防水ケースなどの準備をしておきたい。

消火設備

ヨットの事故で、特にシリアスなのが火災だ。周りは海であるから、消火用の水には事欠かないが、それでは船が沈んでしまうし、なにより逃げ場がない。その割には、外洋ヨットは狭い船内で炊事などで火を使う機会も多い。消火設備もしっかり用意しておこう。

特にヨット用の消火器というものはないので、使いやすいサイズのものを、使いやすい場所に装備しよう。

船火事の実例は決して多くはないが、いざ火事となると大変なことになるので、普段から細心の注意が必要だ。

医薬品

オーナーであるあなただけは我慢強いかもしれない。腹痛くらい気合で我慢できる、ケガなんぞ唾をつけておけば直る……と思っているかもしれない。しかし、他の乗員やゲストもみな我慢強いかどうかは分からない。我慢が、深刻な事態を招くこともあるだろう。医薬品は常備しておこう。

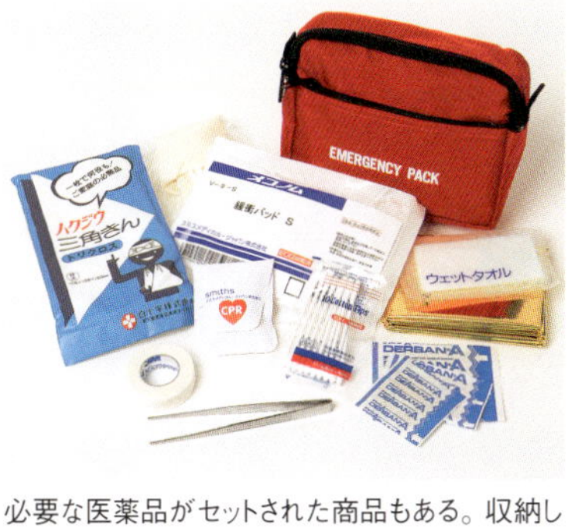

必要な医薬品がセットされた商品もある。収納しやすいバッグに入っていて、扱いやすい。収納場所を決め、クルーに周知させよう

船に常備すべき医薬関係の商品開発では、日本は遅れている。もちろん薬局に行って自分でチョイスしてもいいのだが、海外の通販カタログを見ると、プレジャーボート用の医薬品が、さまざまな航行範囲に合わせてセットになってパックされた状態で商品化されている。価格も手ごろだ。

またISAFの特別規定では、『家庭の医学』的な、治療ガイドになるような書籍の搭載も推奨されている。

レーダーリフレクター

一度でも海上で濃霧を経験すると、その怖さが実感できるだろう。特に日本沿岸部では貨物船や漁船が引きも切らず通行しており、衝突の危険度は高い。

自船の舳先がやっと見えるくらいの濃霧の中、他船のエンジン音がドゥン、ドゥンと聞こえてきた時の恐怖。スピードの遅いヨットでは、どうすることもできないのだ。

自船にレーダーを備えていればかなり心強いが、小型のヨットではそうもいかない。そこで、レーダーリフレクターだ。

ヨットは小さいし、FRP(ガラス繊維をポリエステル樹脂で固めたもの)などでできているものが多く、レーダーの電波を反射しにくい。ということは、相手船のレーダーに映りにくい。

相手のレーダーによりよく反応するように考えて作られた反射板が、レーダーリフレクターだ。

レーダーリフレクター。シュラウドやバックステイに付けっぱなしにしてもいいし、霧の発生時や夜間など、必要なときに吊り上げるタイプもある

細い円筒形をしており、そのままシュラウドなどにくくりつけるタイプのものや、40cm角ほどの板を組み合わせ、組み立てたものを適宜ハリヤードで吊り下げるものなどがある。

ライフラフト

いよいよ船が沈む、という時に乗り移る救命筏がライフラフトだ。実際にはかなりの水船になっても、沈まない限りヨットに残っていた方が安全とされている。大きい分、見つかりやすいからだ。ライフラフトは最後の頼りなのだ。

通常はケースにパックされており、索を船につないでから海面に投下す

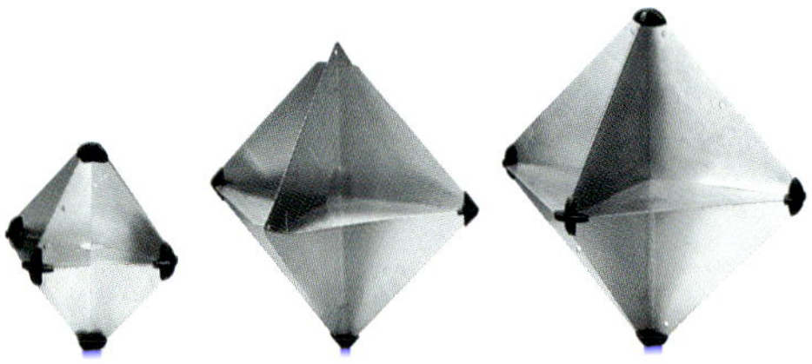

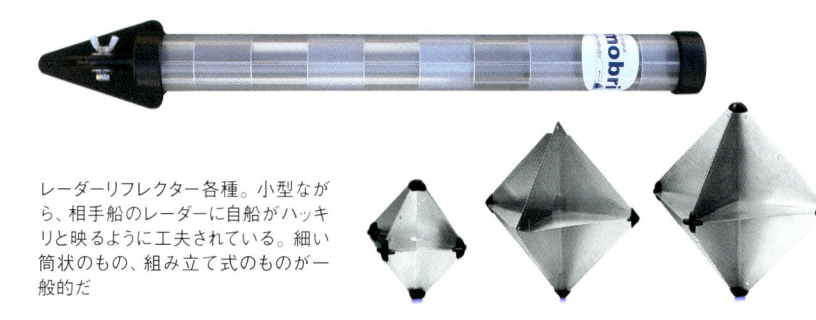

レーダーリフレクター各種。小型ながら、相手船のレーダーに自船がハッキリと映るように工夫されている。細い筒状のもの、組み立て式のものが一般的だ

右が自動膨張式ライフラフト。普段はコンテナなどにパックされている。左はそれに代わる浮器。膨張式のものならライフラフトに比べてはるかにコンパクトだ。浮器は、上に乗るのではなく、周りにつかまるようにする

ると、自動的に膨張展開する。

屋根も付いており、最少限の食料や安全備品も内部に搭載されている。

パックされた状態でもかなりかさばるものなので、普段の搭載場所に苦労する。めったに使うものではない、というか、まず使うことはないものだけに、奥にしまい込んでしまいがちだが、それではいざという時に困る。

専用のロッカーがコクピットに用意されている艇もある。

ライフラフトに代わるものとして、浮器というものもある。マット状のものだが、その上に乗るというよりも、周りにつかまるという感じで使う。

ライフラフトに比べれば筐体もずっと小さく、金額的にも安価だが、能力としてはライフラフトとはまったく異なるものであると思って良いだろう。

イパーブ

EPIRB(Emergency Position Indicating Radio Beacon)は、遭難時に遭難信号を発信する装置だ。日本語では「非常用位置指示無線標識装置」という。

通信設備の一つでもあるが、こちらは小型のブイ形状をしており、手動、あるいは自動で離脱し、48時間以上、遭難信号を発信し続ける。

古くは、近くを通過する航空機が受信して通報する121.5MHzのものだったが、近年406MHzの極超短波を使い、人工衛星を介して各船固有の識別信号と位置情報を送信するものなど、技術革新が続けられている。

グラブバッグ

非常用の持ち出し袋を、グラブバッグという。家庭で用いる防災バッグのようなものだ。

航行範囲によって、食料や水、フラッシュライトや小型無線機などを防水バッグに入れておこう。

ライフラフト内にも専用のグラブバッグが備え付けられているが、ライフラフトを積まない艇では別に用意する必要がある。グラブバッグに用いる防水バッグは、そのほかにもいろいろ使えるので有効に利用しよう。

個人装備

外洋ヨットは、デッキの上で操船する。荒天時は波をかぶり、風に晒されるわけで、個人装備は非常に重要だ。

コンディションに合った機能の高い装備を身に着けることで、デッキ上でぐっと快適になる。

大自然の中で体がむき出しになるスポーツとしては、山登り同様、質の高い個人装備を整えることが非常に重要だ。

カッパ

一番外側に着て雨や波飛沫を防ぐのがカッパ。ヘビーウエザーギア、ファウルウエザーギア、オイルスキンなどとも呼ばれる。たとえ好天が予想されても、何が起こるかわからない。これらは、かならず積み込むべき、ヨットの必需品だ。

外洋、それも南氷洋を想定したヘビーなものから、夏の沿岸航海用のライトなものまである。大は小を兼ねるというわけにもいかない。ヘビーなものはそれなりに動きにくかったりするので、用途に合わせて用意したい。

生地そのものの防水性というよりも、縫い目、襟元やフードの機能、袖口などの作りにも注意して購入の目安にしよう。

基本的に防水性の高い衣類なので、当然蒸れる。高価にはなるが、通気性の高さをうたった商品もある。

アンダーウエア

防水性の高いカッパを着ていれば雨や波飛沫は防げるが、汗で蒸れやすい。

外洋ヨットは、デッキワークで汗をかいた後、長時間じっと座ってワッチ(当直)するといった極端な動作になることも多いのだ。

そこで、体に直接触れるアンダーウエアが実は非常に重要だ。汗を吸い、しかし乾きが早く、肌触りがいい商品を選ぼう。

幸い、現在この手の商品は数多い。化学繊維の発達で、ここ10年間で最も機能が向上したものの一つといえるだろう。

海の上は気象変化の影響をもろに受ける。個人装備は重要だ。快適さが安全にもつながるので、季節や海の状況に合わせた装備を身に着ける(女性モデルの白いベストはフロートジャケットです)

保温着

アウターのシェル(殻)となるカッパと、直接肌に触れるインナーウエアとの間で保温を担当する衣類をミッドレイヤーと呼んでいる。

具体的にいえば、フリース素材のジャケットやパンツだ。

フリースとは、ポリエステル繊維でできた保温性に富んだ布地で、安価で軽量、洗濯も楽であるため、街着としても一般的に普及している。

前あきタイプやベスト型のものなどスタイルもさまざまで、生地の厚みも各種ある。外面に簡単な防水、防風性を持たせたものは、軽装のアウターウエアとしても機能する。

アウターのカッパとフリースのミッドレイヤー、そしてアンダーウエアの三つのレイヤー(階層)構造によって、セーラーの体は快適に保たれる。

セーリングウエアの例。アンダーウエア、ミッドレイヤー、アウターの三つの階層で保温と防水を目指そう。バッグには、天気の変化に備えたウエアを用意しておこう

ブーツ、手袋

デッキシューズは靴底が工夫されており、デッキの上で滑りにくいようになっている。スニーカータイプのものが活動的で人気だ。

デッキ自体がノンスリップ加工されているので普通のスニーカーでも使えないことはないが、黒いゴムの靴底だとデッキが汚れてしまうので注意しよう。

足が濡れると、夏でも夜など寒いことがある。オーバーナイトの航海では

デッキ作業では、足元を固めることが重要だ。保温も、まずは足元から。靴下を濡らさない工夫がポイントになる

マリンブーツが効果的だ。あるいは、ゴアテックスなどの防水透過性のある素材でできた靴下を利用すると、普通のデッキシューズでも快適に過ごせる。この場合も、靴下には即乾素材のものを選ぼう。

一方、セーリンググローブは、手を保護するもの。勢いよく出て行くシートを握って、やけどを負うこともある。特にビギナーのうちはセーリンググローブを用意しておきたい。

セーリンググローブは、保温性は低い。厳冬期のセーリングでは保温性の高いグローブが欲しいところだが、今のところこれといった物には出合っていない。ポケットに手を突っ込んで暖を取ろう。

セーフティーギア

ライフジャケットやライフハーネスは安全備品でもある。これまで何度も記してきたが、身近にあって非常に危険な出来事……それが落水だ。

ライフハーネスは落水しないために身に着ける。ハーネスからはテザーと呼ばれるフック付きのベルトが延び、それを船のどこかに留める。

ライフジャケット。船検対応品の多くは、このタイプ。最近は機能性にすぐれた膨張タイプが一般的だが、こちらも浮力は十分だ

一般的な膨張式ライフジャケット(右)と、ライフハーネス。船検対応のライフジャケットとは別に、普段のセーリング中に使用するものは、浮力はもちろん機能性も考えて選ぼう

まず、ハーネスは自分の体のサイズに合わせよう。この時、厚着をしていれば当然ハーネスも大きくないといけないが、薄着の時はそれではぶかぶかになる。

こうした調節作業は、いざ時化てきて船が揺れるようになってから行うのはなかなかおっくうだ。この作業が船酔いにつながったりする。走り出す前に、その日の装備(厚着か否か)に合わせてセットしておこう。そして走り始めたらすぐに着用する。

フックをかけると行動が制限されるので、「常にテザーのフックをかけておけ」とまではいわないが、ハーネスさえ身に着けていれば、後は海況しだいでフックをかけるだけでいい。

また、この作業(フックをかけたり外したり)は慣れも肝要だ。普段から使用することで、いざというときによりスムースに使いこなすことができるだろう。

ライフハーネスも研究が続けられ、特にテザーには改良が加えられている。ロープ部分にゴムが入っていて伸び縮みするもの、途中にもう一つフックが付き、長さが2段階に調整できるもの、またフック自体も、ストッパーが付いていて簡単に開かないようになっているものもある。逆にハーネス側のフックは、スナップシャックルなどを使い、いざという時(船体側でフックをかけた部分が水中に没してしまい、引きずり込まれそうになった時など)には簡単にリリースできるような工夫がされていることが重要だ。

ライフジャケットは、第1章で記した通り、普段から身に着けるためのものと、いざ船が沈みそうになった時にライフラフトの代わりになるような、より大きな浮力をもったものと、二つに分けて考えてもいいだろう。

普段着用するものには、膨張式のものやハーネスも兼ねているもの、あるいはジャケットではなくウエストポーチ型のものなどいろいろあるので、航海の形態によってチョイスしたい。

いずれも、衣服の一つとして考えた方がいいのではないだろうか。

ヨットで楽しむ

ヨットを操ることができるようになったら、さて何をするか。
もちろん、セールを操作しヨットを自由に操るだけでも十分に楽しいかもしれない。でももう一つ、帆を進めてみよう。

クルージング

ヨットで遠くの目的地へ行く、それがクルージングだ。

日帰りならデイクルージング、走りながら夜を明かせばオーバーナイト。目的地の港や入り江で停泊する長期のクルージング、大洋渡航の長距離航海、究極は世界一周……と、その魅力は広い。

オーバーナイト

外洋ヨットは夜も走り続ける。

夜の海には街灯はないし、ヨットにはヘッドライトもない。コンパスを頼りに方向を決め、ひたすら前に進むことになる。

沿岸には灯台などの航路標識が設けられており、それを目安に自艇の位置を出し、船には航海灯をつけて他船から見えるように、また他船の存在や動向もその航海灯によって判断できる。

実際には、夜の海といっても真っ暗闇であることは少ない。月が出ていれば新聞でも読めるのではないかと思うこともあるし、コンパスを灯すライトの明かりなどで、デッキの上ではなんとなくすべてを見通すことができるものだ。

西の空に陽が落ちて、やがてあたりが闇に包まれる……。最初はちょっと緊張するかもしれないが、オーバーナイトのセーリングは外洋ヨットの醍醐味でもある。

基本的な技術を身に付けて、クルージングの楽しさを見いだそう。

眠る

夜も走り続けるためには、操縦や見張りを交代で勤めなければならない。これをワッチ(またはウォッチ、watch)と呼んでいる。

4時間ずつの2交代。あるいは3交代にして、4時間オンワッチで8時間オフワッチ、というようなケースもある。長距離の航海なら、昼間6時間、夜4時間で2交代にすれば、翌日は時間帯がシフトする……など、さまざまな工夫がされている。

小人数で走り続ける場合はどうしたらいいのだろうか？　1人乗りで長距離を走るには、デッキを空にして寝ないわけにはいかない。

そこで、電動のオートパイロットや水流を利用したオートベーン(ウインドベーン)という自動操舵装置に舵を任せることになる。

外洋ヨットのベッドはバース(ボンク)という(41ページ)。船がヒールしてもずり落ちないように、揺れるヨットの中で眠るというのも一つの技術だ。ぐっすり睡眠をとって、その後の作業に備えよう。

食べる

外洋ヨットのキャビンには、ギャレーが用意されている(41ページ)。

陸の上との違いは、ヨットの中にあるものですべてを賄わなければならないところだ。何かが足りないからといって、「ちょっと買いに行ってくる」というわけにはいかない。逆にそれがまた、ヨットの楽しいところでもある。

また、航海中は揺れるキャビンの中で調理しなければならない。

メニューを考え、段取りよく調理しよう。もしかしたら、セーリングよりも難しいことになるかもしれない。

沿岸部での航海なら、出航前に調理しておいたり、レトルト食品やカップ麺といったインスタント食で済ませる場合も多い。それでも暖かい食事というのはありがたいものだ。

お湯を沸かすだけでも、やけどなどのトラブルが考えられる。また、船のトラブルでもっとも怖いのは火事であるということも頭にいれておこう。

ナビゲーション

広い海の上には道はない。クルージングでは自艇の位置を常に把握するための航海術(ナビゲーション)も必要になってくる。

航海術には大きく分けて、次のような種類がある。

・推測航法
針路と、走ったであろう距離から、自艇の位置を推測する

・地文航法
陸地の目印(灯台や山の頂上など)から自艇の位置を特定する

・天文航法
天体の高度(水平線との角度)を計測し、自艇の位置を特定する

・電波航法
GPSに代表される人工衛星を用いた衛星航法など、電波を使って自艇の位置を特定する

ナビゲーションのためには、航路標識などの見分け方や航路などの法規も知る必要がある。

また、漁網の位置などのローカル情報も手に入れ、航海計画を立てる必要もある。

ナビゲーションの技術や知識は、拙著『プレジャーボートのためのGPSナビゲーション』などを参照していただきたい。

ヨットレース

ヨットレースといっても、けっして大げさなものばかりではない。気楽に参加できるオープンヨットレースも開催されているので、ヨットの楽しみの一つとして参加してみてはどうだろうか。

ヨットレースの種類

一言で「ヨットレース」といっても、競技性の高いものから合同帆走に近いお祭り気分のものまで、その種類もさまざまだ。コースも、大きく分けるとオフショアレースとインショアレースの2つに大別できる。

外洋を走るものがオフショアレースで、島などを回って帰ってくるようなコースを「島回り」、A地点をスタートしてB地点でフィニッシュするようなコースを「パッセージレース」などと呼んでいる。

それぞれ、朝スタートして明るい内にフィニッシュできるものもあれば、オーバーナイトで走り続ける長距離レースもある。究極は、無寄港世界一周のような冒険要素の高いレースもある。

一方、インショアレースは、沿岸部に設置したブイを回ることから「ブイ回り」、あるいは「コースレース」とも呼ばれる。

通常、スタートラインは、風向に直角に設置された本部船とブイ(リミットマーク)の見通し線上となる。スタート4分前に準備信号が、それを知らせる予告信号がその1分前(スタート5分前)に音響ならびに視覚信号によって告知される。

最近の主流は、風上側に設置されたマークを回航し、スタート地点に戻り、再び風上マークを目指すという、上下(かみしも)コース。ソーセージコース、ウインドワード・リーワードコースともいう。

風上を目指すアップウインド・レグと、風下を目指すダウンウインド・レグは、戦略的にも戦術的にもヨットレースの面白みが凝縮されている。

勝敗は、着順勝負で競う「スクラッチレース」と、レーティングシステムを用いて所要時間を修正する「ハンディキャップレース」に分けられる。

スクラッチレースを行う場合には、当然ながら参加艇を規格に合わせる必要がある。同型艇で行うものをワンデザインクラス。規格に合わせて自由設計となるボックスルール……と、さまざまなスタイルがある。

ヨットレースの要素

レースであるから、まず艇速をアップさせることが重要になる。

艇速といっても、95ページにも挙げ

ヨットレースでは追い風用のセールであるスピネーカーやジェネカーが使用される。その取り扱いは本書では解説しなかったので、別の入門書、専門書を参照していただきたい

た最大VMGを求める「高さ」と「スピード」の2つが関係してくる。VMGを高めるためには、風速や海面のコンディションに合わせた的確なセールのトリムや、艇の前後の傾き(トリム)などから適度なウエザーヘルムを得ること。なによりスムースなヘルムワークも重要になる。

ダウンウインドではスピネーカーも使うことになり、セール選択も重要になるし、セールトリムの土台となるマストのチューニングも大きな要素となる。

セールトリムを中心としたスピードアップのための細かなテクニックについては、拙著『セールトリム虎の巻』をご参照いただきたい。

また本格的にレースに参戦するためには、船を選ぶことも重要になるし、場合によっては設計からオリジナルのものを描き起こすことさえある。こうした特注艇は、量産艇(プロダクションボート)に対してワンオフ艇と呼ばれている。

風上マークを回航したらスピネーカーを揚げ、風下マーク回航前にスピネーカーを降ろす。マーク回航の際のコース取りや、セールの揚げ降ろしなどの作業(クルーワーク)も、ヨットレースの重要な要素となる。

全長30ftの艇で5～7人。40ftなら10人以上乗り組むため、チームワークも大切だ。レースにおけるクルーワークについては、やはり拙著『クルーワーク虎の巻』に詳しく記したので、そちらを参照していただきたい。

また、そうしたレースチームを作り上げるマネジメントも大きな要素となる。

ルールと戦術

ヨットレースは風との戦いだ。風は一定の強さと方向で吹き続けるわけではないので、その気まぐれをいかに読んで有利なコース取りをするかも大きな要素だ。

アップウインド・レグでは、クローズホールドとタッキングを繰り返して走ることになる。レースの海面は左右に広い。左海面に比べて右海面の風が強ければ右へ。風が左に振れきると思うなら左海面へ……と、戦略的なコース取りを組み立てる。また、ライバル艇を反対海面に追いやる、あるいは自艇が良いポジショニングになるよう戦術的な展開も考えていかなくてはならない。

もちろん、ルールについても熟知しておかなくてはならない。

そうしたヨットレースの戦術、戦略、ルールについては、これまた拙著『図解ヨットレーシング』を参照していただきたい。

ヨットレースの基本ルール

気軽に楽しむ、といってもヨットレースは競技である。競技であるからにはルールを知っておかなくてはならない。ヨットレースのルールは国際的に決まっており、『セーリング競技規則』として日本語訳のものがJSAF（日本セーリング連盟）から出版されている。ここでは最低限必要な基本のものだけを分かりやすく説明しておこう。

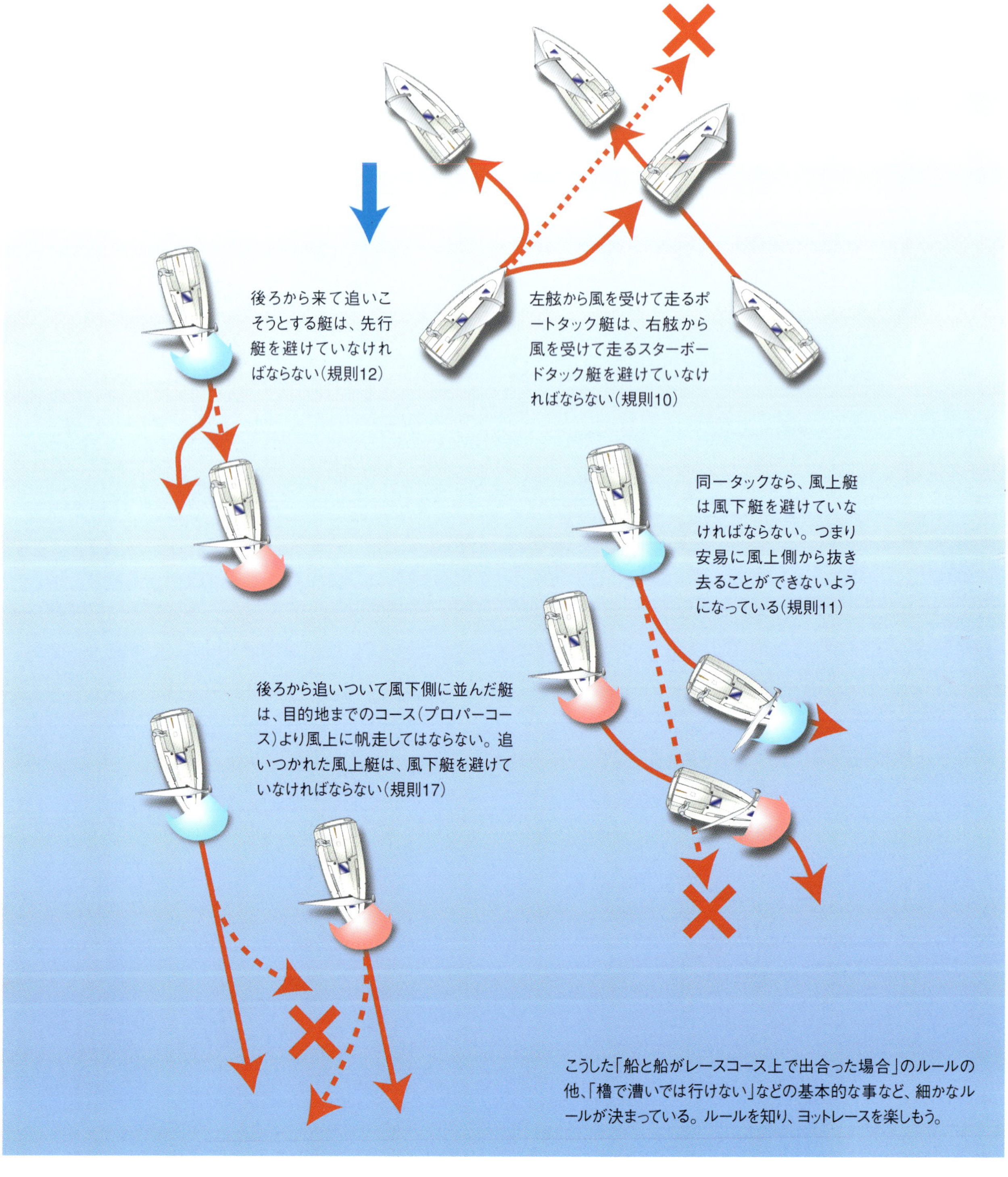
後ろから来て追いこそうとする艇は、先行艇を避けていなければならない（規則12）
左舷から風を受けて走るポートタック艇は、右舷から風を受けて走るスターボードタック艇を避けていなければならない（規則10）
同一タックなら、風上艇は風下艇を避けていなければならない。つまり安易に風上側から抜き去ることができないようになっている（規則11）
後ろから追いついて風下側に並んだ艇は、目的地までのコース（プロパーコース）より風上に帆走してはならない。追いつかれた風上艇は、風下艇を避けていなければならない（規則17）

こうした「船と船がレースコース上で出合った場合」のルールの他、「櫓で漕いでは行けない」などの基本的な事など、細かなルールが決まっている。ルールを知り、ヨットレースを楽しもう。

ヨットと聞くと、ちょっと取っ付きにくいと思われるかもしれませんが、やってみればそれほど難しいものではないということが分かっていただけたと思います。

とはいえ、完全に乗りこなそうと思ったら、用具や用法、地形や天候、通信設備、医療や精神面など、関わる要素は多岐に渡っています。そして、それらは日進月歩、留まることはありません。本書で解説した内容も、その中のほんの入り口に過ぎないのです。

外洋ヨットはその大きさのわりには堪航性が非常に高い乗り物です。全長25フィートの艇でも大洋渡航が可能な艇種もあり、可能性は無限に広がっています。若者から年配の方々まで、世代を超えて一生楽しめる奥の深い趣味といえるでしょう。

安全に気をつけて、クルージングもよし、レースもよし、思うぞんぶん海とヨットをお楽しみください。

2006年12月20日 高槻和宏

新米ヨットマンのための

セーリングクルーザー虎の巻

解説　高槻和宏
写真　山岸重彦
イラスト　高槻和宏
協力　〈Soleil II〉（ジャノー・サンファスト 26）
ハーケン・ジャパン
小田急ヨットクラブ
オデッセイマリーン
湘南港
発行者　大田川茂樹
発行所　株式会社 舵社
〒105-0013　東京都港区浜松町 1-2-17
ストークベル浜松町 3F
TEL：03-3434-5181
FAX：03-3434-5184
編集　森下嘉樹
装丁　鈴木洋亮
印刷　株式会社大丸グラフィックス
2007 年 2 月 20 日　第 1 版第 1 刷発行
2012 年 5 月 15 日　第 1 版第 4 刷発行

定価はカバーに表示してあります。

ISBN978-4-8072-1040-4